Die Société du Familistère de Guise des J.-B. A. Godin

CAMBRIDGE FACULTY OF ARCHITECTURE & HISTORY OF ART
400.01
LIBRARY

AF842152

AHA:931320
Die Société du Familistere de Guise des
AUT/ED: Stauner-Linder, Gabriele
CLASS: 400.01
LOC:ST1. YEAR: 1984
COPY: 1 VOL: 2

Untersuchungen zur Geschichte des Arbeitsrechts und der Sozialpolitik

Herausgegeben von Hermann Nehlsen

Band 2

Verlag Peter Lang
Frankfurt am Main · Bern · New York · Nancy

Gabriele Stauner-Linder

Die Société du Familistère de Guise des J.-B. A. Godin

Eine Würdigung ihrer Geschichte unter besonderer Berücksichtigung der gesellschafts- und arbeitsrechtlichen Problematik

Verlag Peter Lang
Frankfurt am Main · Bern · New York · Nancy

CIP-Kurztitelaufnahme der Deutschen Bibliothek

Stauner-Linder, Gabriele:

Die Société du Familistère de Guise des J.-B. A.
Godin : e. Würdigung ihrer Geschichte unter bes.
Berücks. d. gesellschafts- u. arbeitsrechtl.
Problematik / Gabriele Stauner-Linder. -
Frankfurt am Main ; Bern ; New York ; Nancy :
Lang, 1984.
(Untersuchungen zur Geschichte des Arbeitsrechts
und der Sozialpolitik ; Bd. 2)
ISBN 3-8204-7929-5
NE: GT

ISSN 0723-5720
ISBN 3-8204-7929-5

© Verlag Peter Lang GmbH, Frankfurt am Main 1984

Alle Rechte vorbehalten.
Nachdruck oder Vervielfältigung, auch auszugsweise, in allen Formen
wie Mikrofilm, Xerographie, Mikrofiche, Mikrocard, Offset verboten.

Druck und Bindung: Weihert-Druck GmbH, Darmstadt

GODIN

INHALTSVERZEICHNIS

VORWORT

Mein besonderer Dank gilt Herrn Professor Dr. Nehlsen für seine freundliche und stetige Bereitschaft, mit Rat und Kritik den Fortgang der Arbeit zu begleiten, ferner Herrn Professor Dr. Gagnér und Herrn W. Friedrich für ihre freundliche Unterstützung.

Danken möchte ich an dieser Stelle auch den Herren Marcel Migrenne und Jean-Jacques Migrenne, die mich während eines längeren Aufenthaltes in Guise im März 1978 sehr freundlich aufgenommen haben und mir jede gewünschte Unterstützung bei der Sichtung der dort vorhandenen Quellen und Literatur zuteilwerden ließen.
M. Marcel Migrenne, ehemaliges Mitglied des Verwaltungsrats der Gesellschaft und langjähriger Betreuer des in den ehemaligen Gebäuden der Gesellschaft untergebrachten Godin-Museums, das einen Großteil der Dokumente des Unternehmens beherbergt, hat mir im persönlichen Gespräch das Leben und Arbeiten in der Gemeinschaft des Familistère nahegebracht.
M. Jean-Jacques Migrenne war mir unermüdlich bei der Durchsicht der Dokumente behilflich. Er hat mir zudem Bücher und Dokumente aus seinem Privatbesitz zugänglich gemacht und für längere Zeit nach München mitgegeben.

Zu Dank verpflichtet bin ich ferner M. Gaston Banel, Greffier en Chef beim Handelsgericht in Vervins, der mir bei der Beschaffung verschiedener Registerauszüge behilflich war.

LITERATURVERZEICHNIS

I. Monographien, Lehrbücher, Aufsätze

ABBE, Ernst, Sozialpolitische Schriften, Jena 1906, zit.: Abbe.

ABENDROTH, Wolfgang, Sozialgeschichte der europäischen Arbeiterbewegung, Frankfurt 1965, zit.: Abendroth.

AXHAUSEN, Günther, Utopie und Realismus im Betriebsrätegedanken. Eine Studie nach Freese und Godin, Berlin 1920, zit.: Axhausen.

BAUDERER, Friedrich, Ernst Abbe, Gründer der Zeiss-Stiftung, Wegbereiter des modernen Arbeitsrechts, München 1979, zit.: Bauderer.

BAUMBACH-DUDEN, Handelsgesetzbuch, München 1978, zit.: Baumbach-Duden.

BAYERISCHES STAATSMINISTERIUM FÜR ARBEIT UND SOZIALORDNUNG, Vermögenspolitik – Betriebliche Modelle für Arbeitnehmer in Bayern, München 1980.

BERNARDOT, F., Le Familistère de Guise, Association du Capital et du Travail et son Fondateur J.B.A. Godin, Guise 1892, zit.: Bernardot.

BÖHMERT, Victor, Die Gewinnbeteiligung, Untersuchungen über Arbeitslohn und Unternehmergewinn, Bd. 1, Leipzig 1878, zit.: Böhmert.

BÖTTGER, Hugo, Ein Stück Zukunftsstaat in Frankreich, in: Die Grenzboten, 1901/4, S. 427 ff, zit.: Böttger.

BOLLEREY, Franziska, Architekturkonzeption der utopischen Sozialisten, München 1977, zit.: Bollerey.

BRANDT, Hans, Gewinnbeteiligung und Ertragslohn, Bd. 1, Dresden 1907, zit.: Brandt.

CERNESSON, Joseph, La Participation aux bénéfices, in: La Grande Revue, Juni 1930, S. 63 ff, zit.: Cernesson.

CHAGOT, Jules, Les Associations ouvrières de production dans l'industrie, Paris 1904, zit.: Chagot.

CHOISELLE, Roland, J.B. André Godin et l'expérience sociale du familistère de Guise, Montpellier 1969, zit.: Choiselle.

COUTANT, Lucien, L'évolution du droit coopératif de ses origines à 1950, Reims 1950, zit.: Coutant.

CRÜGER, Hans, Die Erwerbs- und Wirtschafts-Genossenschaften in den einzelnen Ländern, Jena 1892, zit.: Crüger.

DAUDE-BANCEL, A., Gewinnbeteiligung, in: Internationales Handwörterbuch des Genossenschaftswesens, Berlin 1928, S. 382 ff, zit.: Daudé-Bancel.

DELABRE, Guy, GAUTIER, Jean-Marie, L'échec du Familistère de Guise, historique complet, Paris 1972, zit.: Delabre, Gautier.

DELAVALLÉE, L.-V. Marcel, Les Précourseurs de la Coopération en France, Paris 1904, zit.: Delavallée.

DESANTI, Dominique, Les socialistes de l'utopie, Paris 1971, zit.: Desanti.

DESROCHE, Henri, La société festive, du fouriérisme écrit aux fouriérismes pratiqués, Paris 1975, zit.: Desroche.

DROUIN, P., Soixante-dix ans d'expérience „sociétaire", le familistère Godin, in: Le Monde, Paris, Nr. 986, 28./29.3.1948, zit.: Drouin.

DUFOUR, Edouard, Les Coopératives de production dans l'industrie, Genève 1913, zit.: Dufour.

DUNAND, Léon, Le Familistère de Guise, Association du Capital et du Travail, Genève 1933, zit.: Dunand.

DURAND, Paul, Die Beteiligung der Arbeitnehmer an der Gestaltung des wirtschaftlichen und sozialen Lebens in Frankreich, Luxembourg 1962, zit.: Durand, 1962.

ders., Die Vertretung der Arbeitnehmer auf Betriebsebene nach französischem Recht, in: Die Vertretung der Arbeitnehmer auf Betriebsebene nach dem Recht der Mitgliedsstaaten der EGKS, Luxembourg 1959, zit.: Durand, 1959.

DUVAL, Fernand, J.B.A. Godin et le Familistère de Guise, Paris 1905, zit.: Duval.

EICHHORN, Gerd, Genossenschaften und Genossenschaftsrecht in Frankreich, Marburg/Lahn 1957, zit.: Eichhorn.

ENGELS, Friedrich, Zur Wohnungsfrage, Ausgabe Moskau 1940, zit.: Engels.

ENGLÄNDER, Sigmund, Geschichte der französischen Arbeiter-Associationen, Bd. 4, Hamburg 1864, zit.: Engländer.

FAY, Charles Ryle, Copartnership in industry, Cambridge 1913, zit.: Fay.

FAUST, Helmut, Geschichte der Genossenschaftsbewegung, Frankfurt/Main 1965, zit.: Faust.

FISCHER, Marie, Das Familistère Godins. Ein Bild sozialer Reform, Hamburg 1890, zit.: Fischer.

FÖRSTER, Alban, Die Vereinigung von Kapital und Arbeit im Familisterium zu Guise, in: Der Arbeiterfreund, Berlin 1890, S. 1 ff, zit.: Förster.

FOURIER, Charles, Théorie de l'unité universelle, Paris 1822, zit.: Fourier.

FREESE, Heinrich, Die konstitutionelle Fabrik, Jena 1909, zit.: Freese.

FROMMER, Heinrich, Die Gewinnbeteiligung, ihre praktische Anwendung und theoretische Berechtigung, in: Staats- und sozialwissenschaftliche Forschungen, Leipzig 1886, S. 82 ff, zit.: Frommer.

FUCHS, Hans, Der Begriff der Produktivgenossenschaft und ihre Ideologie, Köln 1927, zit.: Fuchs.

GABRIEL, Romain, Des sociétés coopératives de production, Paris 1910, zit.: Gabriel.

GECK, L. H., Das Arbeitergemeinwesen der Öfenfabrik von Godin in Guise, in: Der praktische Betriebswirt, Berlin 1936, S. 790 ff, zit.: Geck.

GIDE, Charles, Les divers types d'Associations Coopératives de Production, Trois leçons du Cours sur la Coopération au Collège de France, Janvier 1923, Paris 1923, zit.: Gide, 1923.

ders., Fourier, in: Internationales Handwörterbuch des Genossenschaftswesens, Berlin 1928, S. 260 ff, zit.: Gide, 1928.

GILMAN, N. P., Die Teilung des Geschäftsgewinns zwischen Unternehmern und Angestellten, Leipzig 1891, zit.: Gilman.

GODIN, Jean-Baptiste André, Solutions Sociales, Paris 1871, zit.: Godin, 1871.

ders., Mutualité Sociale et Association du Capital et du Travail ou Extinction du Paupérisme, Paris 1880, zit.: Godin, 1880.

ders., Le Gouvernement, ce qu'il a été, ce qu'il doit être et le vrai socialisme en action, Paris 1883, zit.: Godin, 1883.

ders., Bulletin de la paix, l'arbitrage international et le disarmement européen, Paris 1884, zit.: Godin 1884.

GROSRICHARD, François, Le Familistère-Godin se livre à une société capitaliste, in: Le Monde de l'Economie, Paris 5 mai 1970, zit.: Grosrichard.

GÜNTHER, Adolf, PREVOT, René, Die Wohlfahrtseinrichtungen der Arbeitgeber in Deutschland und Frankreich, in: Schriften des V.f.S.P., Bd. 114, Leipzig 1905, zit.: Günther, Prévôt.

GUSKI/SCHNEIDER, Betriebliche Vermögensbeteiligung in der BRD, Köln 1977.

HÄNTSCHKE, H., Gewinnbeteiligung der Arbeit, J.-B. A. Godin und seine Schöpfung, das Familisterium von Guise (Aisne) in Frankreich, Abdruck aus den Blättern für Genossenschaftswesen, Berlin 1890, zit.: Häntschke.

HEFTLER, Emile, Les Associations Coopératives de Production sous la deuxième République, Paris 1889, zit.: Heftler.

HITZE, Franz, Das Familistère zu Guise, in: Arbeiterwohl, Jg. 1885, Heft 11/12, Köln, zit.: Hitze.

HONEGGER, Hans, Godin und das Familistère von Guise, Zürich 1919, zit.: Honegger.

HOOG, Georges, La coopération de Production, Bd. 1: Origines et Institutions, Paris 1942, zit.: Hoog.

HORN, Norbert, KOCKA, Jürgen (Hrsg.), Recht und Entwicklung der Großunternehmen im 19. und frühen 20. Jahrhundert, Göttingen 1979, zit.: Horn, Kocka.

HOUIN, Roger, GORE, François, La réforme des sociétés commerciales, in: Recueil Dalloz Sirey de doctrine jurisprudence et de législation, XVIII, Paris 1967, S. 123 ff, zit.: Houin, Goré.

HOUIN, Roger, GRAVENSTEIN, Viky, Französisches Gesellschaftsrecht, Frankfurt/Main 1968, zit.: Houin, Gravenstein.

HOWLAND, Edward, The Social Palace at Guise, in: The Harper's New Monthly Magazine, 1872, S. 701 ff, zit.: Howland, 1872.

ders., The Familistère at Guise, France, in: The Harper's New Monthly Magazine, November 1885, S. 912 ff, zit.: Howland, 1885.

HUBER, Victor Aimé, Reisebriefe aus Belgien, Frankreich und England, Hamburg 1855, zit.: Huber, 1855.

ders., Die gewerblichen und wirtschaftlichen Genossenschaften der arbeitenden Classen in England, Frankreich und Deutschland, Tübingen 1860, zit.: Huber, 1860.

ders., Ausgewählte Schriften über Sozialreform und Genossenschaftswesen, Hrsg. von K. Munding, Berlin 1894, zit.: Huber, 1894.

HUBERT-VALLEROUX, Paul, Etude sur les diverses législations concernant les sociétés coopératives, in: Bulletin de la Société de législation comparée, Paris 1891, zit.: Hubert-Valleroux, 1891.

ders., Les Associations ouvrières et les associations patronales (Encyclopédie industrielle), Paris 1899, zit.: Hubert-Valleroux, 1899.

JAY, Raoul, Die Arbeitsräte in Frankreich, in: Schriften der Gesellschaft für soziale Reform, H. 12, Jena 1903, zit.: Jay.

KOOL, Frits, KRAUSE, Werner (Hrsg.), Die frühen Sozialisten, Bd. 1, München 1972, zit.: Kool, Krause.

KRISTL, Wilhelm Lukas, Die modernste Form des Eigentums, in: Süddeutsche Zeitung vom 9.7.1980, zit.: Kristl.

KUGLER, Lothar, Die Bedeutung der Rechtsform für genossenschaftliche Zielsetzungen, Erlangen 1978, zit.: Kugler.

KUHLMEYER, Elfriede, Von der Gewinnbeteiligung zum gemeinsamen Eigentum und zur gemeinsamen Verantwortung. Die Einflüsse der utopischen Sozialisten auf die Unternehmensreform in Frankreich, Köln 1958, zit.: Kuhlmeyer.

LACROIX, Jean, J.B. Godin et le Familistère de Guise, in: Coopération, Revue mensuelle de coopérations de consommation, Février 1951, S. 5 ff, zit.: Lacroix.

LAVERGNE, Bernard, La Révolution Coopérative ou le Socialisme de l'Occident, Paris 1949, zit.: Lavergne.

LEIFERT, Josefa Friederike, Die Entwicklung der französischen Produktivgenossenschaftsbewegung, Bergisch-Gladbach 1934, zit.: Leifert.

LEMINSKY, Gerhard, Der Arbeitnehmereinfluß in englischen und französischen Unternehmen. Ein Vergleich mit der deutschen Mitbestimmung, Köln 1965, zit.: Leminsky.

LESTELLE, Louis, Etude sur le Familistère de Guise, Paris 1904, zit.: Lestelle.

LUTTER, Marcus, Das neue französische Gesellschaftsrecht, in: Neue Juristische Wochenschrift, 1967, S. 1153 ff, zit.: Lutter.

MACSAY, Stephen, Les étapes de l'émancipation du travail. De Fourier à Godin, le Familistère de Guise, Paris 1928, zit.: MacSay.

MAHLER, Gerhard, Die Grundsätze des Unternehmens- und Betriebsverfassungsrechts in Frankreich, Würzburg 1970, zit.: Mahler.

MOLIERAC, Jean, MOLIERAC, Henri et Maurice, Manuel des Sociétés, Tome I, Paris 1956, zit.: Moliérac.

MORET-GODIN, Marie, Documents pour une biographie complète de J.B. André Godin, 3 Bände, Familistère de Guise, 1902, 1907, 1910, zit.: Moret, Doc. I, Moret, Doc. II, Moret, Doc. III.

PHILIP, André, La Démocratie industrielle, Paris 1955, zit.: Philip.

POST, Julius, Musterstätten persönlicher Fürsorge von Arbeitgebern für ihre Geschäftsangehörigen, Bd. 1, Berlin 1889, zit.: Post.

PRÜM, Jost, Die Aktiengesellschaft im französischen Recht, in: Die Aktiengesellschaft, 1961, S. 17 ff, zit.: Prüm.

RABAUX, René, Un siècle d'expériences sociales, Godin et la Familistère de Guise, Guise 1943, zit.: Rabaux.

RABBENO, Ugo, Le società cooperative di produzione. Contributo allo studio della questione operaia, Milano 1889, zit. nach Förster, Häntschke und Böhmert.

REHFELDT-ZÖLLNER, Wertpapierrecht, München 1975, zit.: Rehfeldt-Zöllner.

RESTEAU, Charles, Traité des Sociétés Coopératives, Bruxelles 1926, zit.: Resteau.

REYBAUD, Louis, Etude sur le régime des manufactures, Paris 1859, zit.: Reybaud, 1859.

REYBAUD, Louis, Le Familistère de Guise, in: Revue des Deux-Mondes, Tome 97, Paris 1872, S. 775 ff, zit.: Reybaud, 1872.

RICHERT, Jeanne, Das Familienheim zu Guise. Eine Studie zur Tilgung der Armut, Gross-Lichterfelde 1910, zit.: Richert.

RIVIERE, H.-F., Commentaire de la loi du 24 juillet 1867 sur les sociétés, Paris 1868, zit.: Rivière.

ROBERT, Charles, Le partage de fruits du travail, Paris 1873.

RÜCKERT, Joachim, FRIEDRICH, Wolfgang, Betriebliche Arbeiterausschüsse in Deutschland, Großbritannien und Frankreich im späten 19. und frühen 20. Jahrhundert, Frankfurt/Main 1979, zit.: Rückert, Friedrich.

SCHULZE-GAEVERNITZ, Gerhart von, Zum sozialen Frieden, Bd. 1, Leipzig 1890, zit.: Schulze-Gaevernitz.

STABER, Wolfgang, Zur Reform des Gesellschaftsrechts in Frankreich, in: Die Aktiengesellschaft, 1967, S. 9 ff, zit.: Staber.

TOMASI, Albert, Das neue französische Gesellschaftsrecht, in: Außenwirtschaftsdienst des Betriebsberaters, 1966, S. 461 ff, zit.: Tomasi.

TROMBERT, Albert, La participation aux bénéfices. Exposé des différentes méthodes adoptées, Paris 1924, zit.: Trombert.

WALDECKER, Ludwig, Der Stand der Gesetzgebung über Erwerbs- und Wirtschaftsgenossenschaften in den wichtigsten Kulturländern bei Kriegsausbruch 1914, München und Leipzig 1919, zit.: Waldecker.

WENDLANDT, Helmuth, Die Umsatz-, Gewinn- und Kapitalbeteiligung der Arbeitnehmer, Berlin 1922, zit.: Wendlandt.

WESSEL, Werner, Charles Fourier als Vorläufer der modernen Genossenschaftsbewegung, Bergisch-Gladbach 1929, zit.: Wessel.

WIESER, Friedrich von, Großbetrieb und Productivgenossenschaften, in: Zeitschrift für Volkswirtschaft, Socialpolitik und Verwaltung, Bd. 1, Wien 1892, S. 102 ff, zit.: Wieser.

II. Protokolle, Zeitschriften, Sammelwerke

Bayer. Landtag, Plenarprotokoll 9/72 vom 27.11.1980, S. 4555 bis 4563, zit.: Bayer. Landtag.

Le Devoir, Revue de Questions Sociales, zit.: Le Devoir.

Garcin-Hepp-Möhring-Serik, Handels- und Wirtschaftsrecht der Länder des Gemeinsamen Marktes, Bd. 1 (Handelsgesellschaften), Berlin 1963, zit.: Garcin, Hepp.

Handwörterbuch der Sozialwissenschaften, 4. Bd., Stuttgart, Tübingen, Göttingen 1965, zit.: HWB Sozialwissenschaften.

Handwörterbuch der Wirtschaftswissenschaft, 3. Bd., Stuttgart, Tübingen, Göttingen 1981, zit.: HWB Wirtschaftswissenschaft.

Jura Europae, Bd. 1, zit.: Jura Europae.

Management-Enzyklopädie, München 1970, zit.: Management-Enzyklopädie.

Notice sur Jean-Baptiste André Godin et sur la Société du Familistère de Guise, R. Rabaux & Cie. à Guise (Aisne), 1937, zit.: Notice, 1937.

QUELLENVERZEICHNIS

Statuts de la Société du Familistère de Guise von 1880.

Assurances Mutuelles de l'Association von 1880.

Règlement de l'Association von 1880.

Statuts de la Société du Familistère de Guise von 1931.

Statuts de la Société Anonyme GODIN (1968).

Procès-Verbal de l'Assemblée Générale Extraordinaire du 4 Novembre 1967

Procès-Verbal de l'Assemblée Générale Extraordinaire du 9 mai 1970

Schreiben der GODIN s.a. an ihre Aktionäre vom 7. März 1970.

Rabaux, René, Unveröffentlichtes Manuskript über Godin und sein Werk ohne Titel und Datum, begonnen 1967, Godin-Museum, Guise.

ABKÜRZUNGSVERZEICHNIS

Abs.	Absatz
AG	Aktiengesellschaft
Anm. d. Verf.	Anmerkung des Verfassers
App.	Appendice
Art.	Artikel
Bd.	Band
BetrVG	Betriebsverfassungsgesetz
BRD	Bundesrepublik Deutschland
bzw.	beziehungsweise
ca.	circa
C. civ.	Code civil
C. com.	Code de commerce
ders.	derselbe
Diss.	Dissertation
d. h.	das heißt
EG	Europäische Gemeinschaft
etc.	et cetera
EWGV	Vertrag zur Gründung der Europäischen Wirtschaftsgemeinschaft
ff	folgende
Fn.	Fußnote
frs.	(französische) Francs
GenG	Genossenschaftsgesetz
gem.	gemäß
Ges.	Gesetz
grds.	grundsätzlich
ha	Hektar
hM	herrschende Meinung
HGB	Handelsgesetzbuch
Hrsg.	Herausgeber
insbes.	insbesondere
insges.	insgesamt
iSd	im Sinne des
iVm	in Verbindung mit

Jg.	Jahrgang
Jrht.	Jahrhundert
jur.	juristisch(e)
KG	Kommanditgesellschaft
KGaA	Kommanditgesellschaft auf Aktien
km	Kilometer
Lit.	Literatur
Mio	Million(en)
m.w.N.	mit weiteren Nachweisen
No.	Numéro
Nr.	Nummer
OHG	Offene Handelsgesellschaft
Ord.	Ordonnance
qm	Quadratmeter
rd.	rund
s.	siehe
S.	Seite(n)
s.a.	société anonyme
S.A.R.L.	société à responsabilité limitée
sog.	sogenannt(e)
tgl.	täglich
u.a.	unter anderem
u.ä.	und ähnlich(e)
usw.	und so weiter
u.U.	unter Umständen
v.a.	vor allem
vgl.	vergleiche
VO	Verordnung
z.B.	zum Beispiel
Ziff.	Ziffer
zit.	zitiert
z.T.	zum Teil

EINLEITUNG

1) Themenstellung

Die Aufgabe der Arbeit besteht darin, die Geschichte der von Jean-Baptiste André Godin im Jahr 1880 gegründeten und fast ein Jahrhundert annähernd in ihrer Grundkonzeption erhaltenen Vereinigung „Société du Familistère de Guise, Association Coopérative du Capital et du Travail“ in rechtlicher Hinsicht zu würdigen.
Das Unternehmen in Guise, das – wie Robert Owens New Lanark – schon zu Lebzeiten Godins eine Wallfahrtsstätte für Genossenschaftler aus allen Ländern war, nimmt aufgrund seiner einzigartigen Unternehmensverfassung in der französischen Rechtsgeschichte einen ähnlichen Rang ein wie die Carl-Zeiss-Stiftung in Jena für den deutschen Rechtsraum.
Die Arbeit ergänzt die umfangreiche, vorwiegend wirtschafts- und sozialwissenschaftliche Literatur zu der Gründung Godins. Gleichzeitig wird ein – allerdings auf den konkreten Fall begrenzter – Überblick über die Entwicklung des französischen Gesellschaftsrecht mit Schwerpunkt auf dem Genossenschaftsrecht gegeben.

Um die Frage zu beantworten, inwieweit das Unternehmen tatsächlich seinem Etikett als genossenschaftlicher Musterbetrieb gerecht geworden ist bzw. welche Handlungsprinzipien die Unternehmensverfassung zugrunde gelegt hat, werden die Rechtsbeziehungen, die zum einen zwischen der Gesellschaft und ihren Mitgliedern und zum anderen zwischen der Gesellschaft und ihren Beschäftigten bestanden, untersucht.
Neben den gesellschaftsrechtlichen Ausführungen wird demnach auf die im Unternehmen bestehenden arbeitsrechtlichen Regelungen eingegangen, wobei auch hier kurz die Entwicklung des französischen Arbeitsrechts als Hintergrund dargestellt wird. Die (teilweise) Regelung von Mitbestimmungs- und Mitbeteiligungsformen im Rahmen der Verfassung der Gesellschaft ist bedeutsam im Hinblick auf die historische Entwicklung von gesetzlichen Regelungen des kollektiven Arbeitsrechts[1] sowie für die Frage nach der Bedeutung der „Unternehmensverfassung“ im Rahmen der Wirtschaftsverfassung[2], der Wechselbeziehung zwischen Rechtsordnung und sozialökonomischer Struktur der Unternehmen[3].

1) Überblick über die verschiedenen betrieblichen Arbeiterausschüsse bei Rückert, Friedrich.

2) vgl. Horn, Kocka, S. 12.

3) vgl. Horn, Kocka, S. 536.

Sie wirft nicht nur die Frage der Tauglichkeit des Gesellschaftsrechts als Instrumentarium für Mitbestimmungs- und Mitbeteiligungsformen auf, sondern läßt auch eine gänzlich isolierte Betrachtung der genannten Beziehungsfelder Gesellschaftsrecht und Arbeitsrecht nicht zu.

Die „Société du Familistère de Guise" ist nicht allein aufgrund ihrer einzigartigen Verfassung von Interesse, sondern auch aufgrund der Tatsache, daß sie auf ein relativ langes, erfolgreiches Bestehen zurückblicken kann.
Sie wurde gegründet etwas mehr als ein Jahrzehnt nach dem Erlaß des für das französische Genossenschaftsrecht bedeutenden Gesetzes vom 24. Juli 1867 und bestand einige Jahre über das gesellschaftsrechtliche Reformwerk der Gesetze vom 24. Juli 1966 hinaus. Die genannten Gesetze sind Meilensteine in der französischen Gesellschaftsrechtsentwicklung[1].

Die Arbeit erschöpft sich nicht darin, die rechtliche Situation der Gesellschaft bei und kurz nach der Gründung zu untersuchen, sondern verfolgt ihre Entwicklung bis in die jüngste Vergangenheit. Dieses Vorhaben muß sich allerdings auf die erreichbaren bzw. noch vorhandenen Quellen beschränken.

2) Zur Methodik

Der erste Teil befaßt sich mit dem Gründer Jean-Baptiste André Godin, seinem Leben und sozialphilosophischen Standort. Die Person Godin und sein Leben sind untrennbar verbunden mit dem konkreten Werk, dem Fabrik- und Wohngebäude umfassenden Wirtschaftsunternehmen mit Hauptsitz in Guise im Département Aisne in Nordfrankreich.

Der zweite Teil behandelt die gesellschaftsrechtliche Einordnung und der dritte die Ausgestaltung der Arbeitsverhältnisse.
Die Grundlage der gesellschaftsrechtlichen Ausführungen bildet die Vereinbarung des „Ersten Teils" des Gesamtvertragswerks vom 13.8.1880 („Statuts"). Die arbeitsrechtlichen Ausführungen stützen sich auf die Vereinbarungen des „Zweiten und Dritten Teils" („Assurances Mutuelles de l'Association" und „Règlement").

1) vgl. Houin, Goré, S. 123: Danach wurde das Erscheinen der Gesetzestexte No. 66–537 und 66–538 vom 24.7.1966 um ein paar Tage hinausgeschoben, damit die Verkündung genau 99 Jahre nach dem Gesetz vom 24.7.1867 erfolgte und der sachliche Zusammenhang dokumentiert würde.

Der zweite Teil trennt zwischen der formellen und materiellen Rechtsnatur der Gesellschaft. Dies ist bedingt durch die rechtliche Situation auf dem Gebiet des Genossenschaftsrechts in Frankreich, die – zumindest bis Mitte des 20. Jahrhunderts – durch ein Auseinanderfallen von Rechtsform und innerer Organisation gekennzeichnet ist.

Im dritten Teil wird auf die Arbeitnehmerstellung der Beschäftigten und die Einrichtungen im Sinne des Betriebsverfassungsrechts[1] eingegangen. Dies geschieht ungeachtet, aber auch unbeschadet der von der Gründungskonzeption gewollten weitgehenden Kongruenz von Gesellschafter- und Arbeitnehmerstellung.

Bei den unter dem Begriff der Vorsorgeeinrichtungen zusammengefaßten Hilfskassen, Bildungs- und Wohnmöglichkeiten, die die Gesellschaft ihren Mitgliedern und Beschäftigten geboten hat, handelt es sich allerdings nicht um die typischen Sozialeinrichtungen, die Ende letzten Jahrhunderts des öfteren bei Industriebetrieben auftauchen. Die Einrichtungen, die im Unternehmen Godin bestanden, sind nicht von der Couleur, wie sie fürsorgliche Fabrikherren zur Wohlfahrt der in ihren Fabriken Beschäftigten geschaffen haben[2]. Die genannten Einrichtungen waren aufgrund der Gründerkonzeption – Association intégrale – untrennbar mit dem Produktionsbetrieb verbunden.
Die Hilfskassen und sonstigen für die Beschäftigten vorteilhaften Maßnahmen werden im Kapitel über die Ausgestaltung der Arbeitsverhältnisse behandelt, da dieser Teil von der Gesellschaft in ihrer Funktion als Arbeitgeber ausgeht.
Auf die Hilfskassen der Gesellschaft wird näher eingegangen; die Bildungseinrichtungen, Wohngebäude und Verkaufsläden werden kurz behandelt, da sie von der rechtlichen Seite her nicht so interessant und an anderer Stelle hinreichend beschrieben sind[3].

Wenn im folgenden die „Société du Familistère de Guise“ als Gesellschaft bezeichnet wird, so geschieht dies nicht aus Verkennung einer spezielleren – zumindest genossenschaftsähnlichen – Struktur, sondern weil die Besonderheit der französischen Rechtslage gerade darin besteht, daß die Gesellschaft im rechtlichen Sinn das Vorliegen einer Genossenschaft nicht ausschließt.

1) Dieser Begriff wird wie bei Mahler, S. 3, verwendet.

2) vgl. die Unterscheidung bei Günther, Prévôt, S. 258.

3) vgl. ausführlich Godin, 1880, S. 77 f; Choiselle, S. 141 bis 158, 223 bis 244; Duval, S. 35 bis 60; Howland, 1872, S. 701 ff; (mit zahlreichen Abbildungen, technischen Angaben, Plänen) Bollerey, S. 150 bis 167.

3) Bisherige Behandlung des Themas in der Literatur

Eine Würdigung fand das Werk von Godin in philosophischer, sozialwissenschaftlicher, wirtschaftswissenschaftlicher und juristischer Hinsicht sowohl in der französischen wie auch in der deutsch- und englischsprachigen Literatur. Genannt sei an dieser Stelle die Dissertation von Honegger „Godin und das Familistère von Guise“, deren Schwerpunkt auf der Darstellung der Sozialtheorie Godins liegt.
Für einen ersten Überblick über die tatsächlichen Verhältnisse Ende des letzten Jahrhunderts bieten sich die Beschreibungen von Fischer „Das Familistère Godins“ und Richert „Das Familienheim zu Guise“ an. Beide Bücher sind das Ergebnis von persönlichen Besuchen der Verfasserinnen in Guise in den Jahren 1889 bzw. 1907.
Das in wirtschaftlicher Hinsicht interessante, durch umfangreiches Zahlenmaterial angereicherte Buch von Bernardot „Le Familistère de Guise, Association du Capital et du Travail et son Fondateur J.B.A. Godin“ zeichnet sich durch besondere Sachnähe aus, behandelt allerdings lediglich die Zeit vor der Jahrhundertwende. Die soziologische Dissertation von Choiselle „J.B. André Godin et l’expérience sociale du familistère de Guise“ enthält zahlreiche Detailinformationen und ist gekennzeichnet durch ein großes Einfühlungsvermögen in die soziale und wirtschaftliche Situation des Gründers und seines Werks. Die Arbeit hat den Vorteil, daß sie jüngeren Datums, nämlich aus dem Jahr 1969, ist und deshalb den Bogen vom Beginn des letzten Jahrhunderts bis in die jüngste Vergangenheit ziehen kann.
Betriebs- und volkswirtschaftliche Ausführungen mit umfangreichem Zahlenmaterial bis in die letzten Jahre des Bestehens des Unternehmens enthält die Diplomarbeit von Delabre, Gautier „L’échec du Familistère de Guise“ von 1972, die neben der Arbeit von Choiselle das Verdienst für sich in Anspruch nehmen kann, das Unternehmen in Guise und seine zeitlose Bedeutung im eigenen Lande in unserer Zeit entsprechend gewürdigt zu haben.
An juristischen Abhandlungen sind für die frühe Zeit der Gesellschaft die Dissertationen von Duval „J.B.A. Godin et le Familistère de Guise“ und von Lestelle „Etude sur le Familistère de Guise“ zu nennen. Auf die spätere Phase wird bei Dunand „Le Familistère de Guise, Association du Capital et du Travail“, bei Kuhlmeyer „Von der Gewinnbeteiligung zum gemeinsamen Eigentum und zur gemeinsamen Verantwortung“ sowie bei der bereits genannten Diplomarbeit von Delabre, Gautier eingegangen.
Unter dem Blickwinkel der wohnungsbaulichen Bedeutung des Familistère enthält die Arbeit von Bollerey „Architekturkonzeption der utopischen Sozialisten“ interessante Ausführungen in der Gegenüberstellung zu den übrigen Siedlungskonzeptionen der utopischen Sozialisten.

Erwähnt sei ferner, daß das Leben der Familistère-Bewohner von August Strindberg in einer seiner um 1885 geschriebenen sozialistisch-pazifistischen „Schweizer Novellen" geschildert worden ist[1].
Daß das Werk Godins auch in unserer Zeit Beachtung findet, zeigt eine Einbeziehung in die Ausstellung „Alternative Gesellschaftsformen" des Kunstgewerbemuseums Zürich im Jahr 1973.
Frankreich hat das historische Planungsbeispiel in Guise durch eine besondere Dokumentation im Pariser Kulturzentrum „Centre Pompidou" gewürdigt.

Zusammenfassend ist festzustellen, daß die Mehrzahl der Abhandlungen um die Jahrhundertwende datiert, sich also mit der Phase kurz nach der Gründung befaßt. Die Gesellschaft fand zu dieser Zeit auch in der deutschen Literatur starke Beachtung, da sie gerade auf die in Deutschland ausgiebig geführte Diskussion über Möglichkeiten und Grenzen genossenschaftlicher Vereinigung traf. In diesen Beschreibungen[2] haftet der Gründung in Guise meist ein Hauch des Exotischen an. Dies mag seine Ursache in der in Deutschland mangelhaften Rezeption der Lehre Fouriers, auf die sich Godin und das Unternehmen – zu Recht oder zu Unrecht kann vorläufig dahingestellt bleiben – immer bezogen, gehabt haben. Zudem ist die Produktiv- oder Vollgenossenschaft, bei der die Mitglieder gleichzeitig Unternehmer und Arbeitnehmer sind, hierzulande sehr bald als wenig akzeptabel für die Organisation eines Industriebetriebs aus der genossenschaftlichen Diskussion verdrängt worden. In Deutschland wurden in erster Linie die Ergänzungs- oder Förderungsgenossenschaften verwirklicht, die auch heute noch zahlenmäßig die Hauptrolle spielen[3].

In den 30er Jahren dieses Jahrhunderts läßt sich eine zweite Phase feststellen, in der die Literatur sich mit der Gesellschaft in Guise beschäftigt hat. Anlaß dafür war wohl das zum überwiegenden Teil mit Erstaunen konstatierte noch immer erfolgreiche Bestehen des Godinschen Modells.

Die Änderung der Rechtsform und der Verkauf des Unternehmens in den 60er und 70er Jahren bildeten den letzten Anlaß für ein Eingehen auf die Gesellschaft, allerdings in weit geringerem Maße und offensichtlich nur im französischen Sprachraum.

1) vgl. Honegger, S. 10.

2) vgl. u.a. Böttger, Wieser, Huber, 1894, Hitze, Post, Häntschke, Förster.

3) vgl. HWB Sozialwissenschaften, S. 353.

4) Gesellschaftspolitische Relevanz in Vergangenheit und Gegenwart

Eine eingehende Beschäftigung mit der Gesellschaft in Guise ist angesichts der im letzten Jahrhundert entfachten und bis heute mit Vehemenz geführten Diskussion über Form und Umfang von Mitbestimmungs- und Mitbeteiligungsrechten der Arbeitnehmer hochinteressant. Das Thema wirft ferner die Frage nach der Eignung der genossenschaftlichen Struktur für die Lösung dieser Probleme auf.

Weder in Frankreich noch in der BRD sind Mitbestimmung und Mitbeteiligung in einer alle Seiten befriedigenden Weise gelöst.

Wie das Unternehmen Godin zeigt, hat man im 19. Jrht. eine Lösung der Probleme der Arbeiterschaft zum großen Teil – zumindest in Frankreich – in einer genossenschaftlichen Organisation der Arbeit gesucht. Die Genossenschaft wurde als die Organisationsform gesehen, mit der das hergebrachte System der Organisation der Arbeit, das Lohnsystem, überwunden werden könnte. Das System des „travail salarié", das als ungenügend empfunden wurde, sollte durch den „travail associé" ersetzt werden[1].

Für eine gerechtere Verteilung des Einkommens zwischen dem Kapital und der Arbeit sollte zunächst die Beteiligung der Arbeitnehmer am Unternehmensgewinn sorgen.

Während Frankreich als „Musterland der Gewinnteilungsidee"[2] galt, hielt sich die Anhängerschaft in Deutschland in Grenzen. Das Thema war lediglich Tummelplatz für den Kampf zwischen den grundsätzlich verschiedenen Auffassungen wirtschaftlicher und sozialer Aufgaben; die Diskussion lief unter den bezeichnenden Schlagwörtern „Steine statt Brot", „Feigenblatt für eine partie honteuse" auf der Seite der Sozialdemokratie und „erster Schritt auf der schiefen Ebene, die zum Kommunismus führt" auf der Seite der Unternehmer mit „Ich bin der Herr im Haus"-Standpunkt[3].

Die Frage einer gesetzlichen Regelung der Gewinnbeteiligung wurde zwar 1883 bei der Vorbereitung des neuen Aktienrechts diskutiert[4] und auch 1889 zur Beilegung der Lohnkämpfe im deutschen Bergbau vorgeschlagen[5]. Der Vorschlag fand jedoch keinerlei Beachtung. Begeisterte Anhänger der Gewinnbeteiligungsidee wie Ernst Engel, v. Thünen u.a. blieben ohne spürbare Resonanz[6].

1) vgl. Dufour, S. 9.

2) vgl. Katscher bei Gilman, S. 8, 9.

3) vgl. Abbe, S. 103.

4) vgl. Wendlandt, S. 29.

5) vgl. Gilman, S. 9.

6) Zwar trat 1912 in Preußen ein Gesetz in Kraft, das die Gewinnbeteiligung der höheren Werkbeamten in den Bergwerksbetrieben vorsah, vgl. Wendlandt, S. 29. Diese Regelung für eine privilegierte Schicht ist aber nicht von grundsätzlicher Bedeutung.

Ein unmittelbarer Zusammenhang zwischen Gewinnbeteiligung und Genossenschaft mag heutzutage nicht auf den ersten Blick einleuchten. Im 19. Jrht. wurde ein solcher jedoch dadurch hergestellt, daß man beide Institute als Punkte in einer Entwicklungslinie sah. Die erste Stufe zur sozialen Besserstellung der Arbeiter sollte die Beteiligung am Gewinn sein. Die zweite Stufe wurde in einer Gewinn- und Geschäftsbeteiligung gesehen. Als höchste Stufe galt die Produktivgenossenschaft, in der die Arbeiter auch an der Verwaltung beteiligt werden sollten[1].

Die Organisationsform der Genossenschaft gilt heute allenfalls für bestimmte, abgegrenzte Gebiete wirtschaftlichen Handelns, wie im Bereich der Landwirtschaft und des Bankwesens, als geeignet. Vereinzelt wird auch die Regelung des heute wieder aktuellen Wohnungsbedarfs durch genossenschaftliche Organisation diskutiert[2]. Allgemein wird die Genossenschaft aber nicht für fähig gehalten, Mitbestimmungs- und Mitbeteiligungsprobleme befriedigend zu lösen[3]. Die französische Tradition der Arbeiterproduktivgenossenschaften scheint allerdings auch heute noch lebendig zu sein, und sei es auch nur, wenn ein Unternehmen kurz vor der Pleite steht, wie die beiden bekanntesten Fälle, die Uhrenfabrik Lip in Besançon und die Fahrradfabrik Manufrance in Saint Etienne, zeigen.
Ob solche Vereinigungen die ihnen vom französischen Planungsminister Michel Rocard zugeschriebene Rolle der „Alternative der Wirtschaft von morgen" spielen können, bleibt abzuwarten.

Eine Lösung der Mitbestimmung wird heute unabhängig von der Organisationsform des Betriebs, außerhalb der gesellschaftsrechtlichen Ordnung, durch Regelungen des kollektiven Arbeitsrechts gesucht. Mitbeteiligung ist für den Gesetzgeber nahezu kein Thema mehr und wird gänzlich der Initiative einzelner Unternehmer überlassen.

Um auf die Anfänge der Diskussion zurückzukehren, sei an die bedeutendsten Gewinnbeteiligungsunternehmen erinnert. Gewinnbeteiligung wurde im 19. Jrht. entweder auf freiwilliger Basis oder aufgrund einer Vereinbarung zwischen dem Fabrikherrn und den Beschäftigten gewährt. Das berühmteste Beispiel in Frankreich war der bereits 1826 gegründete Betrieb des Gebäudemalers Leclaire in Paris. Jean Leclaire, Sohn eines armen Schuhmachers, führte 1842 die Gewinnbeteiligung in seinem zunächst als société en commandite simple, später als société en commandite par actions organisierten Unternehmen ein. Leclaire, der als „Vater der Gewinnbeteiligung"[4] in die Geschichte eingegangen ist, hat nicht nur

1) vgl. Böhmert, S. 22; Schulze-Gaevernitz, S. 360.

2) vgl. Kristl; Bayer. Landtag.

3) vgl. Lavergne, S. 1.

4) vgl. z.B. Freese, S. 87.

in ganz Frankreich, sondern über die Grenzen seiner Heimat hinaus beispielhaft gewirkt[1].
Neben dem Unternehmen in Guise sind als Musterbetriebe – stellvertretend für eine ganze Reihe weiterer – die Papeterie Laroche-Joubert in Angoulême, die auch 1842 die Gewinnbeteiligung eingeführt hat, und das von Aristide Boucicaut gegründete Unternehmen „Grands Magasins du Bon Marché" in Paris zu nennen.

Ein deutsches Beispiel ist die Jalousie- und Holzpflasterfabrik von Heinrich Freese in Berlin. Freese hatte sich das Unternehmen Leclaire sowie die Spiritus- und Preßhefefabrik von van Marken in Delft, die er auch besucht hatte, zum Vorbild genommen[2].
Erwähnt werden sollen ferner die Kupferwalz- und Eisenwerke von Friedrich Harkort in Wetter an der Ruhr. Harkort befürwortete wie Godin die Assoziation der Arbeiter, verfolgte damit aber andere Ziele.
Eine Sonderstellung unter den deutschen Musterbetrieben nimmt an Umfang und Bedeutung die Carl-Zeiss-Stiftung in Jena ein. Obwohl die persönliche Einstellung des Gründers Ernst Abbe gegenüber der Gewinnbeteiligung uneinheitlich war – er bestritt ihr jede große und allgemeinere Bedeutung für das wirtschaftliche Interesse des Arbeiterstandes v.a. solange es keine Garantie gäbe, daß nicht die Gewinnquote dem gewöhnlichen Arbeitslohn vorher entzogen werde[3] –, hat Abbe sie in der Stiftung eingeführt[4]. Die Zeiss-Stiftung ist auch deshalb besonders hervorzuheben, weil der Gründer Abbe und Godin in ihrer Persönlichkeit viele Gemeinsamkeiten aufweisen – beide waren Söhne von Arbeitern, beide haben durch technische Fähigkeiten ihrer Industrie nahezu eine marktbeherrschende Stellung verschafft, und beide haben ihr soziales Engagement mit der Schaffung einer wegweisenden Unternehmensverfassung gekrönt.

Eine Koppelung von Gewinn- und Geschäftsbeteiligung fand sich in dem Messingwerk von Borchert in Berlin. Ab 1862 räumte Borchert seinen Beschäftigten das Recht ein, einen Anteil am Geschäftskapital zu erwerben. 1872 hatten 57 Arbeitnehmer Anteilsscheine im Wert von insges. 900.000 Mark gekauft, für die Borchert mit seinem ganzen Vermögen haftete. 1873 erfolgte die Umwandlung des Unternehmens in eine AG[5].

Eine für die damalige Zeit erschöpfende Darstellung der Musterbetriebe in ganz Europa gibt Böhmert in seinem im Auftrag des „Vereins für Socialpolitik" 1878

1) Godin und Leclaire kannten sich auch persönlich; Moret, Doc. II, S. 431 berichtet von einem Treffen 1871 in der Wohnung von Godin in Versailles.

2) vgl. Freese, S. 73 und 87.

3) vgl. Abbe, S. 113.

4) vgl. Bauderer, S. 151 ff; Brandt, S. 118.

5) vgl. Brandt, S. 32.

erstellten Gutachten „Die Gewinnbeteiligung, Untersuchungen über Arbeitslohn und Unternehmergewinn". Für Frankreich empfiehlt sich die Untersuchung von Charles Robert[1] „Le Partage de fruits du travail" von 1873, auf die sich auch Böhmert bezieht.

Unterschiedlich waren Motive und Zielvorstellungen für die Einführung der Gewinn- und Kapitalbeteiligung. Während bei Leclaire und Godin die Gewinnbeteiligung neben dem Zweck, die Früchte der Arbeit gerecht zu verteilen, das Mittel darstellte, um das Gesellschaftskapital in das Eigentum der Beschäftigten zu überführen, wollte z.B. Freese damit lediglich „fleißige Arbeit und sparsames Verwenden von Materialien und Werkzeugen belohnen"[2]. Wie Abbe richtig erkannte, war das nur ein Vorteil merkantiler Art, der mit dem wirtschaftlichen Verhältnis zwischen Unternehmer und Arbeiter nichts zu tun hat[3].

Mitbestimmung im weitesten Sinne beschränkte sich im 19. Jrht. – soweit überhaupt vorhanden – auf die Verwaltung der in den einzelnen Unternehmen bestehenden sog. Wohlfahrtseinrichtungen wie Pensions- und Fabriksparkassen. Auch bei der Festlegung der Löhne und Gehälter wurde den Beschäftigten vereinzelt durch einen Arbeiterausschuß ein Mitsprache- bzw. Vorschlagsrecht eingeräumt.

Die Mitbestimmung ist heute in der BRD durch das Betriebsverfassungsgesetz weitgehend auf den sozialen und personellen Bereich beschränkt. Eine Mitbestimmung in wirtschaftlichen Angelegenheiten findet sich im Montan-Mitbestimmungsgesetz von 1951 und – abhängig von bestimmten Rechtsformen und einer Mindestzahl von Arbeitnehmern – im Mitbestimmungsgesetz von 1976. Beide Gesetze nehmen einen Platz in der aktuellen Diskussion ein, das erstere aufgrund der Umstrukturierungspläne bei Mannesmann unter dem Stichwort „Sicherung der Montan-Mitbestimmung", das zweite aufgrund der vielfach praktizierten Umgehung durch die Wahl einer anderen Rechtsform. In Frankreich wurde im betriebsverfassungsrechtlichen Bereich durch die Ord. vom 22.2.1945 das „Comité d'entreprise" geschaffen. Durch Gesetz vom 16.4.1946 folgten die „Délégués du personnel".

Während ein dem deutschen vergleichbares Mitbestimmungsgesetz fehlt, hat Frankreich als erster westlicher Industriestaat die Beteiligung der Arbeitnehmer am Unternehmensgewinn durch die Ord. vom 17.8.1967 „sur la participation des salariés aux fruits de l'expansion de l'entreprise" für Unternehmen mit 100 und mehr Beschäftigten eingeführt.

1) Robert war einer der Komplementäre bei Leclaire.

2) Freese, S. 78.

3) vgl. Abbe, S. 106.

In der BRD liegt eine gesetzliche Regelung der Gewinn- bzw. Kapitalbeteiligung nicht vor. Seit Ende des 2. Weltkriegs werden jedoch verschiedene Modelle und Pläne unter dem Schlagwort „Vermögensbildung in Arbeitnehmerhand“ diskutiert. Erinnert sei an die Pläne von Krelle, Leber, Schiller, Friedrich, an das „Viererprogramm zur sozialgerechten Vermögensbildung der Erwerbstätigen“ von Dorn, Reischl, Rohde, Rosenthal vom Oktober 1970 und an die „Grundlinien eines Vermögensbeteiligungsgesetzes“ der Bundesregierung von 1974.
In der Praxis wird eine Gewinn- bzw. Kapitalbeteiligung in einzelnen Betrieben v.a. in Form von Aktien, Darlehen und stillen Beteiligungen durchgeführt, so geschehen in der Duisburger Kupferhütte AG, den Spindler-Werken und der Weinkellerei Pieroth[1].
Die praktizierten Modelle sind in wissenschaftlichen Untersuchungen erfaßt. Den gesamten Bereich der BRD deckt die Untersuchung von Guski/Schneider „Betriebliche Vermögensbeteiligung in der BRD“ von 1977 ab. Eine aktuelle Zusammenstellung für den Freistaat Bayern bringt die Schrift des Staatsministeriums für Arbeit und Sozialordnung „Vermögenspolitik – Betriebliche Modelle für Arbeitnehmer in Bayern“ vom März 1980.

1) vgl. Management-Enzyklopädie, S. 232 bis 233.

ERSTER TEIL
DER GRÜNDER JEAN-BAPTISTE ANDRE GODIN

Die Gesellschaft, die den Gegenstand dieser Arbeit bildet, ist untrennbar mit dem Namen Godin verbunden, dem Namen eines Mannes, der als Gründer und später alleiniger Geschäftsführer zu seinen Lebzeiten annähernd 50 Jahre und aufgrund der gesellschaftsvertraglichen Bestimmungen noch über seinen Tod hinaus die Geschicke des Unternehmens bestimmt hat.
Sein persönliches Schicksal war es, daß er in seinem einzigen Sohn nicht den Nachfolger bzw. Mitarbeiter fand, der mit dem gleichen sozialen Engagement und unternehmerischen Geschick die Gesellschaft hätte unterstützen können.
Die Begleitung des Lebenswerkes von Godin in das 20. Jrht. fiel damit der Witwe Godins, Marie Godin-Moret, zu, die diese Aufgabe bis zu ihrem Tod im Jahr 1908 wahrgenommen hat.

I. DAS LEBEN

Jean-Baptiste André Godin wurde am 26.1.1817 in Esqueheries an der Aisne als Sohn des Dorfschmieds geboren. Nach einer von ihm selbst beklagten mangelhaften Schulbildung[1] begann Godin im Alter von 11 Jahren mit der Arbeit in der Werkstatt des Vaters. Nach dem Abschluß der Lehre in der Werkstatt seines Onkels Moret in Crécy-en-Brie folgte er im Alter von 17 Jahren seinem Cousin Jacques Nicolas Moret[2], der um einige Jahre älter war und den gleichen Beruf erlernt hatte, auf Wanderschaft. Sie führte ihn nach Meaux, Paris, Bordeaux, Toulon, Montpellier, Marseille, Nîmes und Lyon. In dieser Zeit lernte er bei einem harten Arbeitstag von 5 Uhr morgens bis 8 Uhr abends[3] Not und Elend der Arbeiter kennen und faßte den Entschluß, der seinen weiteren Lebensweg bestimmen sollte:

> „Je voyais à nu les misères de l'ouvrier et ses besoins, et c'est au milieu de l'accablement que j'en éprouvais que, malgré mon peu de confiance en ma propre capacité, je me disais encore: Si un jour je m'élève au-dessus de la condition de l'ouvrier, je chercherai les moyens de lui rendre la vie plus supportable et plus douce, et de relever le travail de son abaissement."[4]

1) vgl. Godin, 1871, S. 8, 9.

2) Dieser war der Vater von Godins zweiter Frau Marie.

3) Die tägliche Arbeitszeit war während der Revolution und der napoleonischen Kriege gesunken, stieg dann aber wieder an und betrug nach 1820 z.B. in der Textilindustrie wieder 15, 16 und mehr Stunden, vgl. Bollerey, S. 87.

4) Godin, 1871, S. 11.

Nach der Rückkehr in den Heimatort und der Heirat mit Marie Sophie Esther Lemaire am 19.2.1840 baute Godin mit finanzieller Unterstützung des Vaters in Höhe von frs. 4.000 eine eigene Werkstatt auf, in der er mit zwei Arbeitern Heizöfen herstellte, eine Tätigkeit, mit der sich schon der Vater, neben den üblichen Schmiedearbeiten, beschäftigt hatte. Im Jahre 1840 ließ Godin auch seine erste, für die weitere wirtschaftliche Entwicklung seines Betriebes richtungsweisende Erfindung patentieren. Das Verfahren bestand darin, Öfen aus Eisenguß (fonte de fer) anstelle von Blech (tôle) herzustellen. Das Modell war ein Küchenofen mit Backrohr und Ofenplatte, der Vorläufer des berühmten „poêle du Nord", der gleichzeitig Küchenofen und Heizgelegenheit und bis zum 2. Weltkrieg in Gebrauch war.
1846 verlegte Godin die Werkstatt in den verkehrstechnisch günstiger gelegenen Ort Guise an der Oise.

Eine positive Entwicklung nahm Godin aber nicht nur im handwerklichen Bereich. Seit dem Ende seiner Schulzeit versuchte er, seine lückenhafte und bescheidene Schulbildung zu vervollständigen. Sein Lebensweg brachte es mit sich, daß Godin mit den sozialen Theorien seiner Zeit in Berührung kam. Diskutiert wurden diese Ideen, v.a. die von Cabet und Saint-Simon, auch im Hause des Onkels in Crécy-en-Brie. Godin las in dieser Zeit die Werke Rousseaus, Diderots und Voltaires.

1842 stieß Godin auf die soziale Theorie, die ihn nachhaltig beeindruckte und überzeugte und die er zur Grundlage seines eigenen sozialen Werks werden ließ. Nach Moret[1] las Godin in diesem Jahr einen Artikel in der Zeitschrift „Guetteur de Saint-Quentin", in dem die Lehre des Sozialreformers Charles Fourier dargestellt wurde. Daraufhin abonnierte Godin die Zeitschrift „La Phalange", das Publikationsorgan der „École sociétaire". Diese Schule, die 1836 von Victor Considérant, einem Schüler Fouriers, gegründet wurde, beschäftigte sich mit der Verbreitung der Lehre Fouriers.
Fourier, der später, insbes. von den Marxisten, oft als „Vorläufer" unter die „utopischen Sozialisten" eingereiht wurde, glaubte die Lösung der sozialen Probleme in einer „Association du capital, du travail et du talent", die in einer neuartigen Gemeinschaft, dem „Phalanstère"[2], verwirklicht werden sollte, gefunden zu haben.
Das Hauptwerk von Charles Fourier, in dem er seine soziale Theorie niedergelegt hat, sind die vier Bände der 1822 erschienenen „Théorie de l'unité universel-

1) vgl. Moret, Doc. I, S. 16.

2) nach dem griechischen Wort „phalanx".

le“[1]. Anfang 1843 wurde Godin Mitglied in der Ecole sociétaire, die mittlerweile unter Considérant den ursprünglich vertretenen Standpunkt, jede Regierungsform erlaube die Verwirklichung der Fourierschen Pläne und man dürfe sich deshalb keiner politischen Gruppierung anschließen[2], verlassen hatte.

Das Jahr 1848 brachte den Auftritt Godins auf der politischen Bühne. Sein soziales Interesse veranlaßte ihn, im Februar 1848 nach Paris zu fahren:

> „Je conçus le désir de voir le mouvement que produisait le fameux banquet annoncé pour le 22 février. Je me rendis donc à Paris pour être spectateur des événements. Il me paraissait intéressant de voir le peuple demander à son gouvernement des libertés politiques plus étendues. . .
> Le 23, Paris avait l'aspect d'une ville en révolution; le 24, je vis le peuple entrer aux Tuileries et la royauté partir pour l'exil . . .
> j'étais allé à Paris pour voir une manifestation et j'avais vu une révolution. Le suffrage universel était conquis et la République proclamée.“[3]

Im März 1848 kandidierte Godin als eines der aktivsten Mitglieder der Ecole sociétaire auf einer gemeinsamen Liste der sozialistischen Schulen mit Cabet und Godon bei den Wahlen zur konstituierenden Nationalversammlung. Godin wurde nicht gewählt. Die Arbeiterkandidaten erlitten bei dieser Wahl eine vollständige Niederlage, so daß die Sozialisten aus der Regierung ausschieden.

Im Verlauf der Verschärfung der politischen Lage, die im Juni 1848 zur Schließung der Nationalwerkstätten führte, wurden die Verfechter und Anhänger sozialer Reformen verfolgt und zum Großteil des Landes verwiesen. Im Juli 1848 erfolgte bei dem mittlerweile als „socialiste dangereux“ eingestuften Godin eine Hausdurchsuchung, die den Anfang einer Reihe von Verfolgungen und Anfeindungen von staatlicher Seite bildete. Nichtsdestoweniger bekannte sich Godin weiterhin zur Ecole sociétaire, nahm an dem Kongreß Ende 1848 in Paris teil und blieb auch in Verbindung mit den beiden 1849 des Landes verwiesenen führenden Köpfen der Ecole, Considérant und Cantagrel.
Der eigenen Ausweisung entging Godin wohl nur deshalb, weil man seiner mittlerweile blühenden Fabrik nicht den Leiter entziehen wollte:

1) Das Werk hatte ursprünglich den Namen „Traité de l'Association Domestique Agricole“; Fourier hat an der Abhandlung 1815/1816 in Belley im Départment Aisne, also in der Gegend, aus der Godin stammte, gearbeitet, vgl. Bollerey, S. 86. Von dem Werk liegt keine deutsche Übersetzung vor, obwohl Marx und Engels den Plan hatten, es neben anderen Arbeiten englischer und französischer Sozialisten ins Deutsche zu übertragen. Es blieb bei der Übersetzung „Ein Fragment Fouriers über den Handel“ von 1845 durch Engels, vgl. Bollerey, S. 8.

2) vgl. Kool, Krause, S. 197.

3) zit. nach Moret, Doc. I, S. 98, 99.

„. . . j'échappais à l'exil grâce à ce qu'aucune preuve ne put se faire contre moi, et grâce aussi sans doute au nombre important d'ouvriers que j'occupais déjà et qu'on a pu craindre de priver de travail.“[1]

Seine Ausweisung jedoch stets fürchtend, baute Godin in dieser Zeit in Laeken in der Nähe von Brüssel ein Zweigwerk als Zufluchtsstätte auf.

1853 unterstützte Godin die Gründung einer Siedlung nach Fouriers Phalange-Plänen in Texas mit frs. 100.000, einem Drittel seines damaligen Vermögens[2]. Die Vereinigten Staaten galten allgemein zu dieser Zeit aufgrund ihrer freiheitlichen Verfassung als das geeignete Land für Siedlungsversuche der verschiedensten politischen und religiösen Gruppen. Erinnert sei in diesem Zusammenhang nur an die Gründung der Shaker und Rappisten, v.a. aber an das Projekt „New Harmony“ des englischen Vertreters der utopischen Sozialisten Robert Owen. Angesichts der politischen Lage in Frankreich nach dem Staatsstreich von 1851 und nach einigen gescheiterten Phalanstère-Versuchen auf französischem Boden – z.B. Condé-sur-Vesgre[3] – mußte es auch der Ecole sociétaire aussichtsreich erscheinen, einen neuen Versuch in Amerika zu unternehmen.
Godin verfaßte 1854 Entwürfe für die Verfassung dieser Siedlung[4] und trug sich – unter dem Eindruck von politischen Verfolgungen und den Prozessen zur Verteidigung seiner Patente[5] – eine Zeitlang selbst mit dem Gedanken, Europa zu verlassen und ganz nach Amerika zu übersiedeln:

„. . . le moment des créations industrielles sera venu, je pourrais faire alors le voyage du Texas pour juger moi-même et savoir si je devrai faire mes adieux à cette Europe où l'activité de l'homme n'a pour résultat qu'un lucre sans but . . .“[6]

Aber auch die „Société de Colonisation Européo-Américaine au Texas“, eine Kommanditgesellschaft auf Aktien unter der Firma „Bureau, Guillon, Godin et Cie.“ wurde ein Mißerfolg. Godin schied 1861 aus der Leitung aus, die Gesellschaft löste sich 1874 auf.

1) Godin, 1871, S. 146.

2) vgl. Godin, 1871, S. 148.

3) Dieser Versuch wurde 1832 begonnen, scheiterte an Geldmangel, wurde 1846 unter dem Abgeordneten Baudet-Dulary wieder aufgenommen und 1850 endgültig beendet, vgl. Moret, Doc. I, S. 64; Delavallée, S. 204.

4) vgl. Moret, Doc. I, S. 360.

5) Bis 1852 hatte Godin 14 Patente genommen, vgl. Moret, Doc. I, S. 165, 166.

6) Godin, zit. nach Delabre, Gautier, S. 24 aus einem Brief an Considérant vom 13.5.1854.

Die Enttäuschung Godins über das Scheitern dieses Projekts war groß; die Ursachen dafür sah er in den mangelnden praktischen Fähigkeiten der leitenden Personen:

> „Ma confiance n'était pas moins grande dans la capacité pratique et dans l'habilité de direction de ceux qui, jusque là, s'étaient distingués dans la défense de l'idée par la parole.
> J'étais tombé dans cette erreur, avec l'école sociétaire tout entière, de croire que l'action devait être à la hauteur du talent oratoire: en certaines situations critiques l'illusion entraîne tous les esprits."[1]

Trotz oder vielleicht gerade wegen des Mißlingens dieser Vereinigung machte Godin sich selbst daran, die Assoziationsidee Fouriers – allerdings reduziert auf ein ihm erträglich erscheinendes Maß und durchsetzt mit eigenen Ideen – in die Tat umzusetzen:

> „. . . en perdant alors les illusions qui avaient motivié ma confiance, je fis un retour sur moi-même et pris la ferme résolution de ne plus attendre de personne le soin d'appliquer les essais de réformes sociales que je pourrais accomplir par moi-même.
> Dès qu'il fut établi pour moi que l'entreprise du Texas devait marcher chaque jour vers sa ruine, je me mis à travailler à la réparation du préjudice que cette affaire avait causé à ma fortune et à mon industrie."[2]

1859 begann Godin nach den Plänen des Architekten Pernin an dem den Fabrikgebäuden gegenüberliegenden Ufer der Oise ein Wohngebäude für die Arbeiter seiner Fabrik zu errichten[3]. Er nannte es „Palais Social" und „Familistère"[4]. Fabrik und Wohngebäude haben den Charakter und das Aussehen des Städtchens an der Oise nachhaltig geprägt. Der Gebäudekomplex dominiert noch heute über die eher kleinstädtische Anlage von Guise:

> „Guise est la cité de Godin. Il n'a pas seulement transformé complètement l'ancienne petite ville féodale en une puissante cité industrielle: il en a fait le champs d'une des plus intéressantes et audacieuses expériences sociales de ces cent dernières années."[5]

1) Godin, 1871, S. 149.

2) Godin, 1871, S. 150, 151.

3) Diese Gebäude sind heute noch in dem bis 1883 fertiggestellten Umfang erhalten und stehen als „Monuments Nationaux" unter Denkmalschutz. Godin selbst hat bis zu seinem Tod in einer Wohnung im rechten Flügel des Palais Social gewohnt.

4) nach dem französischen Wort „famille".

5) Hoog, S. 99.

Die Wohngebäude sollten neben den Fabrikgebäuden die Grundlage für eine Arbeits- und Wohngemeinschaft bilden, die sich im wesentlichen an das von Fourier entwickelte Modell eines Phalanstère anlehnte.

Fourier, neben Saint-Simon und Proudhon der bekannteste Vertreter des französischen Sozialismus, hat dieses Modell einer haus- und landwirtschaftlichen Gemeinschaft in seinem 1822 erschienenen bereits genannten Hauptwerk niedergelegt[1].

Seit dem Entschluß, einen eigenen Versuch zu wagen, war Godin unermüdlich und unbeeindruckt von Rückschlägen bemüht, das Vertrauen seiner Arbeiter zu gewinnen und sie an der Mitarbeit in der Fabrik- und Familistère-Verwaltung zu interessieren.

Auch politisch blieb Godin weiterhin aktiv. Nach der Wahl zum Bürgermeister von Guise und zum Mitglied des Generalrats des Départements Aisne, 1870, wurde er 1871 Abgeordneter der extremen Linken in der französischen Nationalversammlung. In die Zeit als Bürgermeister von Guise fiel der Deutsch-Französische Krieg 1870/71. Guise wurde besetzt. Godin gelang es, die Tributpflicht von der Stadt abzuwenden[2].

Auch die schweren Kriegsmonate, die seinem Werk großen Schaden zufügten, vermochten nichts an seiner von der Forderung nach Frieden und Völkerverständigung geprägten Haltung zu ändern.
Frieden forderte er vor allem auch im Innern, um seine sozialen Ideen zu verwirklichen. Eine revolutionäre Umgestaltung der sozialen Verhältnisse befürwortete er nicht. Er war ein pazifistischer Sozialist:

> „Le socialisme est donc, par sa nature, éminemment pacifique et éloigné de l'emploi de moyens anarchiques que la frayeur et la fureur des partis lui ont prêté. Comment, en effet, peut-on concevoir la mise en pratique, ou l'expérimentation d'idées sociales, sans le calme et la réflexion que donnent la tranquillité et la paix?"[3]

1871 veröffentlichte Godin sein erstes Buch „Solutions sociales", das seine Einstellung zu den sozialen Theorien seiner Zeit und eigene Ideen für die Lösung der sozialen Probleme enthält.

1) dazu ausführlich Gide, 1928, S. 260 ff.

2) nach Choiselle, S. 35, Fn. 1, ist Guise die einzige besetzte Gemeinde in Frankreich gewesen, die diesen Vorteil hatte; so auch Bernardot, S. 24.

3) Godin, 1871, S. 46.

Während der Tätigkeit als Abgeordneter war Godin unablässig bemüht, seine Ideen einer gerechteren Verteilung der Früchte der Arbeit und damit einer Verbesserung der Lebensbedingungen der arbeitenden Klasse zu verbreiten. Er beschäftigte sich insbes. mit der Arbeit von Frauen und Kindern und arbeitete an der Erstellung einer Enquête über die Arbeitsbedingungen mit.
Von den verschiedenen Gesetzesvorschlägen, die Godin einbrachte, verdient „De l'hérédité de l'Etat“[1] Erwähnung. Darin wird das alleinige Erbrecht des Staates festgelegt in den Fällen, in denen der Erblasser ohne Abkömmlinge oder testamentarische Erben verstirbt. Auch bei Vorhandensein von Abkömmlingen oder testamentarischen Erben sollte der Staat einen Anspruch auf einen Teil der Erbschaft erhalten. Die auf diese Weise erworbenen Werte sollten vermietet bzw. verkauft werden und der Erlös dem Aufbau einer Art Sozialversicherung dienen.
Der Gesetzentwurf zeigt deutlich, daß die Vorstellungen Godins nicht gegen das Eigentum als Institution gerichtet waren, daß er aber sehr genau erkannt hatte, daß dem geltenden Erbrecht eine Schlüsselfunktion bei der Perpetuierung der ungerechten sozialen Verhältnisse zukam. Im Vorwort zum Gesetzentwurf führte Godin aus:

> „Elle (= la proposition de loi, Anm. d. Verf.) ne modifie rien au droit de propriété; elle n'enlève rien au droit d'user, c'est-à-dire de disposer librement de la chose possédée; par conséquent, le droit de propriété demeure ce qu'il est: le propriétaire peut édifier, construire et démolir; il peut donner, tester et vendre.“[2]

Die parlamentarische Tätigkeit war letzten Endes für Godin jedoch enttäuschend, da er mit seinen Ideen bei der Mehrzahl der Kollegen keine Unterstützung fand:

> „Mais si sa parole était écoutée, elle n'était pas suivie: son ardent désir de faire le bien et son enthousiasme de réformateur se heurtaient à l'indifférence générale.“[3]

1876 schlug Godin eine erneute Parlamentswahl aus, um sich ganz seinem Lebenswerk, der friedlichen Vereinigung von Kapital und Arbeit, zu widmen, dessen Krönung er in dem Vertrag vom 13.8.1880 zwischen ihm und einem Teil seiner Arbeiter über die „Association Coopérative du Capital et du Travail“ sah.

Am 15.1.1888 starb Godin, ausgezeichnet als Ritter der Ehrenlegion und mit den Palmen der Akademie.

1) abgedruckt in Godin, 1883, S. 549 bis 563.

2) Godin, 1883, S. 547.

3) Duval, S. 23.

Er hinterließ ein blühendes Unternehmen, das technisch durch zahlreiche Erfindungen Godins auf neuestem Stand war und finanziell durch ein Vermächtnis Godins in seinem Testament gestützt wurde.

Seine Ideen veröffentlichte Godin in einem umfassenden schriftstellerischen Werk[1]:

- Solutions sociales, Paris 1871
- Les socialistes et les droits du travail, Paris 1874
- La richesse au service du peuple, le Familistère de Guise, Paris 1874
- La souveraineté et les droits du peuple, Paris 1874
- La politique du travail et la politique des privilèges, Paris 1875
- Mutualité sociale et association du capital et du travail, Paris 1880
- Le gouvernement ce qu'il a été, ce qu'il doit être, et le vrai socialisme en action, Paris 1883
- La république de travail et la réforme parlementaire (oeuvre posthume), Paris 1889

sowie in der Zeitschrift „Le Devoir", die ab 1878 erschien und als Publikationsorgan der Ideen Godins diente.

Eine Gesamtausgabe der Schriften Godins liegt nicht vor.
Die aus drei Bänden (1902, 1907, 1910) bestehenden „Documents pour une biographie complète de J.B. André Godin" von Marie Moret, der Witwe Godins, die ihn als Sekretärin ständig begleitet hatte, enthalten zahlreiche Briefe, Protokolle und persönliche Notizen aus seinem Leben und Wirken und bilden eine unerläßliche Ergänzung zu den einzelnen Büchern.

1) Eine vollständige Zusammenstellung der Veröffentlichungen Godins bringt Choiselle, S. 261.

II. DAS WERK

Die wirtschaftlichen Grundlagen und damit den Hauptbestandteil des Gesellschaftsvermögens bildeten bei Gründung der Gesellschaft im Jahre 1880 die Fabrik- und Wohngebäude im nordfranzösischen Guise und im belgischen Laeken (Schaerbek).

A) Die Fabriken und Wohngebäude in Guise und Laeken

1. Produktionsstätten

Die Fabrikgebäude in Guise, die auch jetzt noch in nahezu unverändertem Zustand vorhanden sind, erstrecken sich auf einem Gelände von rd. 10 ha und wurden von Godin im Jahre 1846 errichtet. Der Bau erfolgte im Zuge der Übersiedlung von Esqueheries nach Guise.
Aus der Werkstatt mit zunächst 30 Arbeitern[1] wurde schnell ein Fabrikbetrieb, der im Jahr 1880 – bei Abschluß des Gesellschaftsvertrags – 1200 und 1888 – beim Tode Godins – 1400 Arbeiter beschäftigte[2].
Das 1853 errichtete Zweigwerk in Belgien unweit von Brüssel umfaßte mit Wohngebäuden und Umland rd. 6 ha.

In den Fabriken wurden v.a. Öfen aus Gußeisen und Kaminverkleidungen hergestellt, später auch Küchengeräte, Waschbecken, Badewannen, Beleuchtungsgegenstände und mit Aufkommen der Zentralheizung auch Radiatoren.
Berühmt wurde die Produktion mit dem runden Gußeisenofen[3], der als „le Godin" bezeichnet wurde. Der Name Godin ging damit nahezu synonym für das Wort Ofen in den französischen Sprachgebrauch ein. Eine Reihe von weiteren Erzeugnissen der Fabrik Godin errang Preise und Auszeichnungen auf internationalen Ausstellungen[4].

Produktionsmittel waren u.a. sechs Dampfmaschinen, fünf Lokomobile, die 1875 eingeführten zwei Gruß- und Formmaschinen („carrousels"). Die Fabrik in Guise verfügte zudem über eine eigene Eisenbahnanlage von 4,350 km Länge.

1) vgl. Duval, S. 14.

2) vgl. Choiselle, S. 36; Delabre, Gautier, S. 31.

3) der unter L.V. Colin entwickelt und auch „le ronde" genannt wurde.

4) Das Museum in Guise verfügt über anschauliches Katalogmaterial über die Produkte des Unternehmens.

2. Wohngebäude

Die Wohngebäude für die Beschäftigten der Fabriken wurden in Guise in den Jahren 1859 bis 1885 errichtet. Sie enthielten 475 Zwei- bzw. Dreizimmerwohnungen für insges. 1.600 Personen[1]. Die Baukosten allein für den Zentralpavillon, das „Palais Social", betrugen frs. 2.100.218[2]. 1866 wurden Gebäude für die Kindererziehung, 1869 Schule und Theater und 1870 Waschhäuser und Bäder errichtet.
Fabrik-, Wohngebäude mit Nebengebäuden und Park erstreckten sich auf einer Gesamtfläche von 35 ha. Das Zweigwerk in Belgien erhielt ein Wohngebäude im Jahre 1888.

3. Das Unternehmen im Wandel der Zeit

Die gesamte Anlage war in beträchtlichem Umfang den Stürmen der Zeit ausgesetzt.
Die Produktion und der Absatz litten in der Mitte des 19. Jahrhunderts nicht nur unter der allgemein verschärften Marktlage, sondern auch unter der exponierten Stellung des Firmeninhabers, Godin wurde von zahlreichen Kunden und Unternehmerkollegen abgelehnt und diffamiert. Seine sozialistische Einstellung ließ man ihn spüren:

> „Si l'on vous a quelques fois qualifié de socialiste, cher lecteur, on n'avait sans doute pas l'intention de vous faire un compliment. On voulait tout au moins trouver en vous un songe-creux, un rêveur et un utopiste, peut-être même pensait-on vous désigner comme désireux du bien des autres, partisan du nivellement des fortunes, ennemi de l'ordre public, ou fauteur de spoliation des classes qui possèdent . . ."[3]

Die geographische Lage des Hauptwerkes im Norden Frankreichs brachte es mit sich, daß das Unternehmen im Krieg 1870/71 und in beiden Weltkriegen im Kampfgebiet lag.
Im 1. Weltkrieg wurden die Fabrik und ein Teil der Wohngebäude in Guise fast ganz zerstört[4]; die Stadt Guise war von August 1914 bis November 1918 besetzt.
Nach dem Wiederaufbau und einem Arbeitskampf im Jahre 1929 brachte der 2. Weltkrieg zunächst einen Stillstand der Produktion in Guise und Schäden im Zweigbetrieb durch Bombardierungen 1940 und 1944.

1) genaue Beschreibung der Wohngebäude vgl. S. 27, Fn. 3.

2) vgl. Duval, S. 37.

3) Godin, 1871, S. 44.

4) vgl. ausführlich Delabre, Gautier, S. 174, 175.

Nach der Vereinbarung der Behörden des besetzten Frankreich und der Regierung Deutschlands wurde die Produktion fortgeführt[1].

Rabaux[2] betont, daß die finanzielle Lage auch nach dem 2. Weltkrieg gesund war, alle Modernisierungsmaßnahmen aus Eigenmitteln oder mit Hilfe von mittelfristigen Krediten vorgenommen wurden. Nach 1944 mußte man durch die ständigen Abwertungen des Franc die Hilfe von Banken in Anspruch nehmen. Rabaux führt weiter aus, daß bis zu seinem Ausscheiden[3] niemals ein Geschäftsjahr mit Verlust abgeschlossen wurde und die gesellschaftsvertraglich festgelegten 5%igen Kapitalzinsen immer bezahlt wurden.

In der Zeit zwischen dem 1. und 2. Weltkrieg scheint sich eine spürbare Konkurrenz für das Unternehmen, das bis dahin unangefochten die Nummer eins auf dem Markt war, bemerkbar gemacht zu haben, die nach dem 2. Weltkrieg verschärft durch in- und ausländische Produkte hervortrat. Dazu kam ein Schwinden der Nachfrage nach Kohleöfen nach 1958[4].

Nachdem aufgrund der schlechten finanziellen Lage im Jahr 1966 die vorzeitige Auflösung der Gesellschaft ins Auge gefaßt, dann aber doch nicht durchgeführt wurde, zwang die Bilanz vom 31.12.1968 zum Handeln. Sie wies einen Verlust von rd. frs. 6 Mio auf. Die Gesellschaft verfügte nicht mehr über liquide Mittel.
Durch die Anwendung der Ord. No. 67-820 vom 23.9.1967 wurde ein Vollstreckungsaufschub bis 13.5.1970 durch das Handelsgericht Lille gewährt unter der Bedingung, daß ein Sanierungsplan vorgelegt würde, der eine Bereinigung der Passiva innerhalb eines Zeitraums von höchstens drei Jahren vorsieht.
In dieser Lage wurde der Firma Le Creuset[5], die sich zu der Einhaltung dieses Plans imstande sah, eine Kaufoption von mindestens 80% des Aktienkapitals[6] eingeräumt, die bis 31.3.1973 im Falle einer erfolgreichen Sanierung ausgeübt werden konnte. Der Preis wurde auf frs. 5 pro Aktie mit einem Nominalwert von frs. 10 festgelegt, zahlbar in fünf Jahresraten.
Durch Beschluß der außerordentlichen Hauptversammlung vom 9.5.1970 wurde die Niederlassung in Belgien verkauft und der Generaldirektor von Le Creuset Président-Directeur Général der „Godin s.a.“.
Kündigungen wurden nicht vorgenommen, die Produktion wurde zum großen Teil auf die Fabrikate von Le Creuset umgestellt[7].

1) vgl. Delabre, Gautier, S. 181 ff.
2) Nach einem Manuskript, S. 160, das eine 2. Auflage seines Buches von 1943 hätte werden sollen.
3) im Jahr 1954.
4) vgl. Delabre, Gautier, S. 184 ff; Choiselle, S. 39.
5) eine GmbH (S.A.R.L.) mit Sitz in Fresnoy-le-Grand.
6) die Gesellschaft hatte ab 1.6.1968 die Rechtsform einer AG (s.a.) angenommen.
7) vgl. Delabre, Gautier, S. 215, 216.

Ein Teil der Wohnungen im Familistère-Gebäude wurde an die Bewohner, das ehemalige Theater, die Schulgebäude und die Bibliothek zusammen mit einem Teil der Parkanlagen an die Gemeinde Guise verkauft.

B) Die soziale Theorie

1. Die Einstellung Godins zu den sozialen Lehren seiner Zeit

Es waren vor allem die bitteren Erfahrungen der Wanderjahre, die Godin veranlaßten, sich mit den verschiedenen Lehren, die das brennende Problem der Lösung der sozialen Fragen zum Gegenstand hatten, zu befassen. Seine Anteilnahme an den revolutionären Ereignissen von 1848, sein Einsatz in der Ecole sociétaire sowie seine Kandidaturen für verschiedene politische Ämter zeigen das Engagement, das Godin auf der Suche nach einer Lösung entwickelte. Zu einigen Theorien des 19. Jahrhunderts hat Godin ausführlich Stellung genommen.

a) Saint-Simonismus

Selbst ein Mann der Tat mit hervorragenden praktischen und organisatorischen Fähigkeiten, war Godin von der Lehre von Saint-Simon[1] nicht überzeugt. Diese Ideen hielt er für politische Pläne, die ihm für eine Anwendung in der Praxis nicht zugänglich erschienen:

> „Saint-Simon ne peut réellement être classé parmi les socialistes contemporains; c'est à la forme du gouvernement que ses écrits se rattachent; ses idées de réforme et de progrès ne sont que des plans politiques, dépourvus de toute règle et de tout guide dans leur application . . ."[2]

Obwohl Saint-Simon eine Theorie begründete, nach der das Unternehmereigentum in Gemeineigentum übergeführt und die Produktionstätigkeit durch Arbeitervereinigungen ausgeführt werden sollte[3], was letztlich Godin in seinem Unternehmen verwirklichte, spricht Godin Saint-Simon sogar die Fähigkeit ab, die soziale Diskrepanz, die einen Fabrikherrn von seinem Arbeiter trenne, zu bemerken:

1) Claude Henry de Rouvroy Comte de Saint-Simon hat erst in seinem letzten Werk „Nouveau Christianisme" die Emanzipation der arbeitenden Klasse gefordert. Er hat im Gegensatz zu den übrigen utopischen Sozialisten keine neuen Siedlungsformen gefordert, vgl. Bollerey, S. 9.

2) Godin, 1871, S. 50.

3) vgl. Eichhorn, S. 53.

„. . . il ne suffit pas de dire que le bien est à faire, il faut en enseigner les moyens, et c'est que Saint-Simon ne fait pas.
Nulle part, il ne s'attache à déterminer un régime nouveau qui puisse donner au peuple le bien-être dont il le voudrait voir pourvu. Il ne semble même pas entrevoir la distance sociale qui sépare le chef d'industrie de l'ouvrier."[1]

Nach Godin genügt es nicht, die Grundsätze

„Ne faites pas à autrui ce que vous ne voudriez pas qui vous fût fait"
und
„la société doit être organisée pour l'avantage du plus grand nombre"[2]

aufzustellen bzw. zu wiederholen, wenn nicht die Voraussetzungen für ihre Verwirklichung geschaffen werden:

„Les lois de la Fraternité, de la Justice et de l'Amour ne peuvent recevoir leur application que dans le milieu qui leur est propre."[3]

Godin erinnerte sich an die Forderungen Saint-Simons

„A chacun suivant sa capacité,
A chaque capacité suivant ses oeuvres,
A chacun suivant ses besoins",

die er als Arbeiter in den Pariser Werkstätten gehört hatte:

„Mais ces aphorismes ne comportaient en aucune façon la règle d'une répartition équitable; ils n'étaient que l'expression de justes aspirations, venant fort à propos tempérer un Communisme Egalitaire alors en vogue."[4]

Godin stimmt Saint-Simon darin zu, daß die Arbeit die erste Stelle in einer modernen Gesellschaft einnehmen, sie verherrlicht und gerecht gestaltet werden müsse:

„Nous avons vu Saint-Simon signalant le travail comme devant occuper le premier rang dans la société moderne, demandant sa glorification à toutes les puissances du jour, et réclamant justice et attention pour lui.

1) Godin, 1871, S. 52, 53.
2) vgl. Godin, 1871, S. 55.
3) Godin, 1871, S. 55.
4) Godin, 1871, S. 56.

> Ce sont là les plus beaux titres de Saint-Simon à la reconnaissance de la postérité."[1]

Von Saint-Simon übernommen hat Godin Eingriffe in das Erbrecht, die Gleichberechtigung der Geschlechter und die Idee der europäischen Vereinigung[2].

b) Kommunismus

Kommunistische Ideen[3] schienen Godin ebenfalls nicht zur Lösung der sozialen Probleme geeignet:

> „. . . la haine du mal n'est pas toujours la science du bien, et c'est là que se trouvent les défauts du Communisme."[4]

Auf die persönliche Freiheit, „cet élément indispensable du bonheur de l'homme"[5], legte Godin großen Wert. Das Individuum dürfe nicht der Masse geopfert werden:

> „Le bonheur pour tous, voilà ce que la nature commande aux hommes de chercher, mais pour cela la société doit donner à chacun des satisfactions conformes à ses besoins: le Communisme implique au contraire une règle uniforme, et pour échapper à la tyrannie et aux injustices de l'individualisme, il sacrifie l'individu à la masse."[6]

Godin war davon überzeugt, daß die Menschen weder von Natur aus gleich, noch auf die gleiche Weise glücklich zu machen seien. Kommunismus als „régime d'égalité factice, étranger aux principes que la nature consacre dans toutes ses oeuvres"[7] sei keine angemessene Reaktion auf den Mißbrauch der Verteilung der Früchte der Arbeit, er führe vielmehr zu einem Mißbrauch im umgekehrten Sinn, nämlich zu kollektivem Despotismus.

1) Godin, 1871, S. 68.
2) vgl. Choiselle, S. 27.
3) Zu den Vertretern kommunistischer Ideen zählt Godin auch Owen, dessen Ideen viel Ähnlichkeit mit den von Fourier haben. Beide haben sich ja auch des Plagiats bezichtigt.
4) Godin, 1871, S. 59.
5) Godin, 1871, S. 59.
6) Godin, 1871, S. 64.
7) Godin, 1871, S. 59.

Die wirkliche Gleichheit bestehe nicht darin, jedem den gleichen Teil zu geben, sondern jedem einen Teil entsprechend seiner Bedürfnisse zukommen zu lassen:

> „La véritable égalité ne consiste pas à donner à chacun une part égale, mais à donner à chacun une part proportionnée à ses besoins. La véritable égalité, c'est l'égalité dans le contentement“[1].

c) Arbeiterproduktivgenossenschaften als praktische Beispiele der Arbeiterselbsthilfe

Auf die Arbeiterproduktivgenossenschaften des 19. Jahrhunderts in Frankreich geht Godin unter der Überschrift „Épaves des idées sociales“[2] ein. In diesem Kapitel behandelt er auch die „cités ouvrières“[3], insbes. die cité de Mulhouse[4]. Zu den Arbeiterproduktivgenossenschaften führt Godin aus, die Mitglieder dieser Gesellschaften seien nicht wirklich Genossen, sondern führten nur einfache Zusammenarbeit aus, teilten die Gewinne auf, stünden aber im übrigen nicht im Einklang mit den wahren Prinzipien der Assoziation:

> „Les coopérateurs se sont unis pour partager les bénéfices soit de la vente de produits commerciaux, soit de leur industrie particulière. Mais, en dehors de ces opérations ou de ce motif de ralliement sur une question d'intérêt, ils sont restés étrangers les uns aux autres dans toutes les autres actions de leur existence. Aussi n'a-t-on pas donné le nom d'association, mais celui de coopération, à ces entreprises.“[5]

Den Kredit von frs. 3 Mio, der ab Juli 1848 den Genossenschaften von der Nationalversammlung gewährt wurde, betrachtete Godin als Mittel der Einmischung des Staates. Er lehnte in Übereinstimmung mit Fourier staatliche Hilfe für die Assoziationen ab[6]:

> „. . . c'était un moyen de faire pénétrer l'intervention de l'État dans ces Associations, et d'avoir la haute main sur elles par les conditions attachées au remboursement. . . .

1) Godin, 1871, S. 66.

2) Godin, 1871, S. 152.

3) Godin, 1871, S. 155 ff.

4) Godin, 1871, S. 170 ff.

5) Godin, 1880, S. 61.

6) vgl. zu Fourier Wessel, S. 11.

La meilleure protection que la loi puisse accorder au principe d'association, c'est d'en consacrer le droit et de laisser aux citoyens la liberté entière de son application."[1]

2. *Godin als Schüler Fouriers*

Einen Weg zur Lösung der sozialen Probleme glaubte Godin am überzeugendsten in der Lehre von Fourier aufgezeigt. Dessen Ideen hat er sich im wesentlichen angeschlossen, allerdings sie auf die speziellen Verhältnisse in seinem Unternehmen zugeschnitten.
Nach Hoog[2] hatte Fourier Godin lediglich eine geistige Hilfestellung bei der Entwicklung seiner eigenen Ideen gegeben:

> „Les idées de Fourier le séduisent. . . .
> Godin a une personnalité trop forte, d'ailleurs, pour modeler entièrement sa pensée sur celle d'un autre homme, fût-ce un génie. On ne pense pas pour lui, mais on peut l'aider à penser. C'est le service que lui rend Fourier."[3]

Die Vorliebe Godins für die Ideen Fouriers ist aus einigen Gründen erstaunlich.
Zum einen hat Fourier seiner Lehre von der Assoziation eine Wohn- und Arbeitsgemeinschaft zugrundegelegt, die sich in erster Linie mit der Landwirtschaft beschäftigen sollte. Das Phalanstère sollte alles liefern, was für die Bedürfnisse der Mitglieder notwendig ist. Fourier wird deshalb in Frankreich als „Vater der Konsumgenossenschaft" bezeichnet[4].
Die Arbeitsgrundlage bei Godin war demgegenüber ein Fabrikbetrieb.
Zum zweiten ist das Werk von Fourier schwierig und unübersichtlich; Gide meint sogar, die Bücher seien kaum zu lesen, „die Theorien tragen zu oft den Stempel der Narrheit, und zwar nicht im bildlichen, sondern im pathologischen Sinne."[5]
Umsomehr verwundert es, daß gerade Godin – Autodidakt weitgehend – sich von diesen Ideen angesprochen fühlte. Verständlicher wird dies, wenn man be-

1) Godin, 1871, S. 152, 153.

2) Hoog, S. 100.

3) vgl. auch Choiselle, S. 12, Fn. 2, der Fourier den „maître à penser" für Godin genannt hat.

4) vgl. Gide, 1928, S. 262.

5) Gide, 1928, S. 260; während Fouriers Pläne aus diesem Grund in der 2. Hälfte des 19. Jrht. eher belächelt als ernst genommen worden waren, stellte sich um die Jahrhundertwende ein Wandel in der Meinung der Volkswirtschaftler Fourier gegenüber ein. Es kam zu einer auch von Gide bemerkten Renaissance des Fourieristischen Gedankenguts, vgl. Bollerey, S. 196, Fn. 817.

denkt, daß Godin mit der Lehre Fouriers erst vertraut wurde über die École sociétaire, die die Theorien schon aufbereitet und als Katalysator für die utopischsten Forderungen gedient hatte.
Godin sah jedenfalls in der Lehre von Fourier die Lösung nahezu aller gesellschaftspolitischen Probleme aufgezeigt:

> „La théorie de Fourier circonscrit son action à l'organisation du travail dans la commune, et laisse de côté les questions politiques sur lesquelles elle n'agit que par l'influence de la nouvelle organisation économique qu'elle constitue.
> Fourier a proclamé en économie sociale une vérité encore trop incomprise, c'est que l'Association renferme la Solution de presque toutes les difficultés de la société présente.
> L'Association est l'évolution nécessaire des sociétés qui, après avoir aboli l'esclavage et le servage, reposent encore sur la subordination du travail au capital."[1]

Allerdings fanden nicht alle Ideen Fouriers die Zustimmung Godins, bzw. Godin mußte aufgrund seiner praktischen Erfahrungen seine ursprünglich vollständige Bejahung des Fourierschen Systems revidieren.
So mußte Godin einsehen, daß die Organisation der Arbeit durch die „séries passionnées" in der Praxis nicht zum Erfolg führt. Fourier versteht darunter das Zusammenarbeiten gleich veranlagter Personen in einem speziellen Arbeitszweig. Dies sollte ein Mittel sein, den natürlichen Reiz der Arbeit, der die Menschen bei Schaffung möglichst attraktiver Voraussetzungen veranlaßt zu arbeiten, zu erhöhen[2].
Die Einrichtung solcher Gruppen im Unternehmen Godins im Jahre 1867 war ein glatter Fehlschlag. Anläßlich der Herausgabe der „Solutions sociales" schrieb Godin in einem Brief vom 11.1.1872 an Edward Howland, der Godin um die Übersetzungs- und Publikationsrechte gebeten hatte:

> „Je ne veux pas contester, que l'émulation soit possible à introduire dans le travail humain, que l'attrait même en devienne le principal ressort; mais je ne crois plus guère aux séries passionnées; mon livre a dû vous le prouver.
> Fourier a trop pensé et trop dit que l'organisation du travail devait resulter du fait naturel de la série: c'est là une erreur . . ."[3]

Godin war vielmehr zu der Überzeugung gekommen, daß sich die Arbeit nur nach dem Wissen und dem menschlichen Willen organisieren lasse:

1) Godin, 1871, S. 73.

2) vgl. Honegger, S. 56; Wessel, S. 16.

3) vgl. Moret, Doc. II, S. 429.

„Le travail ne s'organisera que par la science et la volonté humaine. il s'organisera surtout à mesure que l'homme se pénètrera de l'idée religieuse que le travail est le tribut le plus sacré qu'il doit à la vie, c'est-à-dire à lui-même, à ses semblables et à Dieu.
Quand le travail sera sanctifié, quand l'homme le considèrera comme sa suprême mission sur la terre, le travail cessera d'être une peine pour lui, car il sera alors entouré de ce respect et de cette auréole de gloire qui poussera tous les hommes à l'offrir en hommage au Créateur."[1]

Wie Fourier ist auch Godin der Überzeugung, daß die beste Persönlichkeitsentfaltung und die gerechteste Verteilung der Früchte der Arbeit, überhaupt die ideale Lebens- und Arbeitsordnung nur in einer „Association" möglich sei, also einer genossenschaftlichen Vereinigung, die als „Association intégrale" die Bereiche Produktion, Konsum, Wohnen und Erziehung umfaßt:

„. . . si la société de production se joignait la société de consommation, alors la coopération rapprocherait singulièrement les hommes de la vie fraternelle, c'est-à-dire de cette solidarité dans le bien qui est le fond de la morale universelle et le but de la vie . . .
si la coopération peut, dans une certaine mesure, contribuer à améliorer le sort des classes ouvrières, elle est impuissante à résoudre les difficultés sociales, à assurer le bien-être des classes les plus nombreuses ou tout au moins à leur donner les garanties nécessaires. Pour être réellement fructueuse, elle doit comprendre tout à la fois la production, la consommation et l'habitation; mais alors ce n'est plus la simple coopération, c'est l'association des individus."[2]

Besonders die Wohngemeinschaft lag Godin am Herzen:

„C'est par l'habitation que l'association peut réaliser en faveur des classes ouvrières les équivalents de la richesse."[3]

Eng an die Pläne Fouriers hielt sich Godin bei der Errichtung des „Palais Social". Er übernahm dafür den Grundriß des „Phalanstère", verkleinerte ihn nur auf ein Wohngebäude für 1.500 Menschen[4].

Die Schaffung menschenwürdiger Wohnverhältnisse für die Arbeiter in der Nähe großer Fabriken, insbes. in den sich bildenden Großstädten, wurde – allerdings

1) Godin zit. nach Moret, Doc. II, S. 429, 430.

2) Godin, 1880, S. 63, 64.

3) Godin, 1880, S. 65.

4) Das Palais Social hat eine Frontlänge von 180 m, die Frontlänge des größten Phalanstère beträgt 1.200 m, vgl. Bollerey, S. 158.

mit unterschiedlicher Motivation und Zielsetzung – in dieser Zeit von zahlreichen Politikern und Wissenschaftlern gefordert. Gerade die Pläne der utopischen Sozialisten waren gekennzeichnet durch die Forderung neuer Siedlungs- und Wohnformen – wie das Phalanstère Fouriers oder das Siedlungsparallelogramm Owens – als Grundlage für die Lösung der sozialen Probleme der Arbeiterschaft. V.A. Huber, der „Apostel der Genossenschaftswesen in Deutschland“[1], der der Assoziationstheorie Fouriers am nächsten kam, führt dazu aus:

> „Schlechte Wohnverhältnisse sind eine Hauptursache des zunehmenden Pauperismus. Ohne Reform der Wohnverhältnisse keine Lösung der sozialen Frage! Reform der Wohnverhältnisse ist also eine Hauptaufgabe der Association.“[2]

Ob die Arbeiter besser in Einzelhäuschen (Cottage-System) oder in Wohnblöcken untergebracht würden, war stark umstritten[3]. In Frankreich wurde die Schaffung von Einzelhäusern für die Arbeiter vom Staat bevorzugt und gefördert. Oft diskutiertes Beispiel war das sozialistische Experiment von Louis Bonaparte der „Cité ouvrière de Mulhouse“, „das große Paradepferd der kontinentalen Bourgeois“[4].
Godin, der sich ausgiebig mit den verschiedenen Wohnformen auseinandergesetzt hatte[5], favorisierte – anknüpfend an die Economie domestique Fouriers – die „habitations unitaires“, da sie seiner Meinung nach eine Verbilligung der Lebenshaltung, eine bessere Versorgung mit Wasser und Licht und mehr Hygiene bieten[6]. Die kleinen Arbeiterhäuser der „cités ouvrières“ lehnte Godin als „désirs irréfléchis de l'ignorance“ ab[7].
Da die habitations unitaires vom französischen Staat abgelehnt wurden, durfte auf der Weltausstellung 1867 nicht einmal ein Plan des Palais Social gezeigt werden[8].

Godin wird bei der Errichtung der Wohngebäude allerdings auch das Motiv unterstellt, er wollte damit einen Kern von fähigen Arbeitern auf lange Zeit an die

1) vgl. Crüger, S. 150.

2) Huber, 1855, S. 31.

3) vgl. Duval, S. 51, 52; Choiselle, S. 141 ff; Reybaud, 1859, S. 76 ff und 1872, S. 775 ff; Hitze, S. 271.

4) Engels, S. 50 mit weiteren Einzelheiten insbes. über Mietzins und Eigentumsübergang.

5) vgl. Godin, 1871, S. 155 bis 181, 403 ff.

6) Tatsächlich war die Säuglingssterblichkeit im Familistère im Vergleich zur Stadt Guise sehr niedrig, und es ist auch nie eine Epidemie aufgetreten, vgl. Duval, S. 53; Förster, S. 38.

7) zit. nach Bollerey, S. 153.

8) Erst auf der Weltausstellung 1889 wurde das Familistère entsprechend gewürdigt.

Fabrik binden[1]. Obwohl sich aus dem Schriften Godins dafür kein Anhaltspunkt ergibt, steht fest, daß Godin zu Beginn der Produktion in Guise auf Arbeitskräfte aus den umliegenden Dörfern angewiesen war, die täglich einen oft stundenlangen Weg von ihrem Haus zur Fabrik und zurück zurücklegten. Der Betrieb bedurfte ständig neuer Arbeiter, denen in der Regel erst die fachlichen Fähigkeiten beigebracht werden mußten. Die Überlegung, die ausgebildeten Arbeiter nicht so schnell wieder zu verlieren, mag deshalb mit eine Rolle gespielt haben. Godin hatte jedoch in erster Linie die „Association intégrale" im Auge.
Danach kam der Wohngemeinschaft mit den Möglichkeiten für die Kindererziehung und -ausbildung sowie den gesellschaftlichen Ereignissen („Fête du Travail"[2] und „Fête de l'enfance") eine große Bedeutung zu.

3. Godins Einstellung zu Kirche und Religion

Die Frage nach der religiösen Haltung Godins verdient nähere Betrachtung, da einmal ein Großteil der Genossenschaftsbewegung auf christlicher Grundlage stand[3] und zum zweiten Godin der sehr persönliche Vorwurf des „Freigeistes" gemacht wird, der wohl selbst nicht mehr hoffen könne, daß Religion und Kirche durch das Theater zu ersetzen sei[4].

Godin berichtet selbst, wie er während seiner Zeit als junger Arbeiter in Paris von der katholischen Kirche die Antwort auf seine Fragen erhoffte, aber enttäuscht und hungrig an Körper und Geist nach Hause ging:

> „Avec quelle impatience, je m'en souviens, j'attendis le jour d'un sermon dans lequel l'abbé Chatel avait promis de traiter la question du Bien et du Mal! . . .
> O désillusion! l'Abbé Chatel parla de la philosophie, de la vertu de grands hommes, et je sortis de l'église catholique française avec le cerveau aussi affamé de la solution du bien et du mal que mon estomac l'était de mon souper. Je retournai au faubourg Saint-Antoine, le long des boulevards, en mangeant des marrons pour donner un aliment au corps, en attendant l'aliment de l'esprit que je ne pouvais trouver."[5]

1) vgl. Duval, S. 15.

2) nach Choiselle, S. 34, Fn. 2, sei das Fest der Arbeit eine Idee von Fourier, Godin sei der erste gewesen, der es regelmäßig am 1. Mai jeden Jahres gefeiert habe.

3) vgl. Schulze-Gaevernitz, S. 295 ff.

4) vgl. Hitze, S. 271.

5) Godin, 1871, S. 56, 57.

Godin ist nicht der Lehre einer Kirche gefolgt. Deshalb findet sich auch im Gesellschaftsvertrag von 1880 keine Bestimmung, die einer bestimmten Religion den Vorzug gibt bzw. für eine andere nicht annehmbar wäre.
Gleichwohl zeigen gerade die Bestimmungen des Gesellschaftsvertrags, daß Godin nicht Atheist war, sondern an ein höheres Wesen glaubte. Die „Notions Préliminaires“ zum Vertragswerk von 1880 beginnen mit den Worten: „Pour rendre hommage à Dieu . . . “ und enthalten insgesamt hohe ethische Wertvorstellungen, die sich oft auf „Dieu“ bzw. „le Créateur“ berufen.
Gerade diese moralischen Forderungen haben nach Chagot[1] nicht selten Arbeiter von einer Tätigkeit in der Familistère-Gesellschaft abgeschreckt:

> „La lecture seule des statuts élaborés par Godin, qui était un croyant, presque un apôtre, suffirait à mettre en fuite la plupart des ouvriers... “.

Die wahre Religion sollte nach Godin v.a. zur Nächstenliebe führen, zur Zurückstellung des Egoismus des Einzelnen zugunsten des Wohls der anderen:

> „La véritable religion conduit à l'amour du bien des autres et non à la haine de leur existence; la véritable religion, c'est l'amour de la vie humaine entout et partout, celle-ci étant l'oeuvre supérieure de Dieu sur la terre; la véritable religion c'est le dévouement à la vie humaine s'étendant à tous les âges et toutes les conditions; la véritable religion honore et vénère tout ce qui est utile à la vie humaine; le travail qui la développe et l'embellit, la science qui l'agrandit et l'élève, sont les premiers objets de son culte; la véritable religion, c'est enfin celle des hommes qui conçoivent et désirent le règne de la justice sur la terre pour le bonheur de tous, sans distinction d'opinion, de caste, de classe, de rang, ni de fortune.“[2]

Godin hat sich demnach in dem Rahmen gehalten, den Schulze-Gaevernitz für die Genossenschaftsbewegung aufzeigt, nämlich zwischen einer Ablehnung des katholisierenden Hochkirchentum und einem Minimum an Christentum, das Leclaire auf seinem Totenbett wie folgt beschrieben hat:

> „Ich bekenne mich als demütigen Schüler dessen, der uns gelehrt hat, anderen zu tun, wie wir selbst mit uns getan haben wollen, und unseren Nächsten wie uns selbst zu lieben. In diesem Sinne bleibe ich Christ bis zum letzten Atem.“[3]

1) Chagot, S. 166.

2) Godin, zit. nach Delabre, Gautier, S. 53.

3) Leclaire, zit. nach Schulze-Gaevernitz, S. 329, 330.

C) Vorbereitende Maßnahmen Godins auf dem Wege zur „Association" von 1880

Godin hatte mit der Schaffung der Gesellschaft in Guise Neuland betreten. Die bis dahin durchgeführten Phalanstère-Versuche und alle übrigen Genossenschaftsgründungen waren von der Größe und der Art der Produktion nicht mit der Familistère-Gesellschaft vergleichbar.
Die Schaffung und Realisierung des Vertragswerks von 1880 wurde von Godin sorgfältig vorbereitet. Die „Statuts" waren das Ergebnis langjähriger für Godin z.T. trauriger Erfahrungen mit seinen Arbeitern. Obwohl das Vertragswerk eine Kompromißlösung darstellt, waren die Ziele, die damit erreicht werden sollten, hochgesteckt:

> „. . . l'Association dont je publie aujourd'hui les Statuts n'est pas une œuvre improvisée, c'est le résultat d'une longue expérience. Elle est, sur le terrain de la pratique, une élaboration de ce double problème qui agite aujourd'hui tout le monde civilisé: éteindre le paupérisme et donner aux classes laborieuses les garanties nécessaires à l'existence."[1]

Schon bald nach der Verlegung des Betriebs nach Guise hatte Godin begonnen, durch eine Reihe von Maßnahmen ein Vertrauensverhältnis zu den Arbeitern zu entwickeln, ihr Mißtrauen gegenüber dem „patron" abzubauen.
Godin begann mit der Einrichtung von Hilfskassen. 1846 wurde die erste für den Krankheitsfall der Arbeiter eingeführt, 1860 umorganisiert und als „Krankenkasse" weitergeführt. 1867 erfolgte durch die Schaffung einer Familienkrankenkasse die Einbeziehung der Familienangehörigen der Beschäftigten, und 1870 wurde eine „Arzneimittelkasse" geschaffen, aus deren Fonds Medikamente bezahlt wurden. Den Schlußstein bildete ab 1872 eine Hilfskasse für Invaliden, Witwen und Waisen[2]. Godin hat von Anfang an die Verwaltung der verschiedenen Kassen den Arbeitern überlassen. Er sah darin ein Mittel, das Selbstbewußtsein der Arbeiter zu heben und sie vorzubereiten auf eine Selbstverwaltung im Unternehmensbereich. Um diesen Prozeß zu beschleunigen, hielt er es auch für notwendig, daß von allen Familien Beiträge für die Kassen – mit Ausnahme der Pensionskasse – gefordert wurden. Er glaubte, daß nur so die Arbeiter dazu gebracht werden könnten, sich mit der Sache zu beschäftigen[3].

Am 24.2.1873 gab Godin zum ersten Mal Berechtigungsscheine aus, bei deren Vorlage einem Teil der Arbeiter ein Anteil am Gewinn ausbezahlt wurde[4]. Diese auf freiwilliger Basis gewährte Gewinnbeteiligung wurde 1876 vertraglich ausge-

1) Godin, 1880, S. 4.

2) vgl. Übersicht bei Häntschke, S. 39, 40.

3) vgl. Godin, 1880, S. 45.

4) vgl. Moret, Doc. II, S. 541 bis 543; Hoog, S. 102.

staltet, so daß ab diesem Zeitpunkt einem allerdings ausgewählten Teil der Beschäftigten ein Anspruch auf Gewinnbeteiligung zustand. Diese vertragliche Gewinnbeteiligungsregelung wurde mit Abschluß des Gesellschaftsvertrags von 1880 auf alle Mitglieder der Gesellschaft ausgedehnt.
Daß auch noch in den 70er Jahren Godin großes Mißtrauen von der Arbeiterschaft entgegengebracht worden ist, zeigt ein Bericht von E. Fournière über Arbeiter, die den soeben von Godin erhaltenen Berechtigungsschein für einen Anteil am Gewinn beim Nachhausegehen in den Fluß Oise warfen, weil sie nicht glauben mochten, daß die Papiere tatsächlich etwas wert seien:

> „Il faut que le patron fasse de mauvaises affaires, disaient-ils, car, s'il en faisait de bonnes, il s'empresserait de ne pas nous en faire part"[1].

An dem Desinteresse der Beschäftigen scheiterte auch die ursprünglich von Godin geplante Selbstverwaltung des Unternehmens durch die Arbeiter und Angestellten. Noch der Vertragsentwurf von 1878 sah eine starke Mitverwaltung der Arbeitnehmer vor[2]. Seit 1867 hatte Godin versucht, die Arbeiter der Fabrik dazu zu bewegen, durch Wahlen Vertreter zu bestimmen, die Verwaltungstätigkeiten ausüben bzw. Entwürfe für eine demokratische Leitung des Betriebs ausarbeiten sollten. Wähler und Gewählte ergingen sich aber nur in Streitereien und Rivalitäten, so daß sich Godin schließlich zu der Leitungsstruktur des Vertrags von 1880 entschließen mußte, die einem Verwaltungsdirektor die gesamten Leitungsfunktionen übertrug und den Einfluß der Beschäftigten durch zwei Gremien mehr oder weniger auf eine Beratungsfunktion beschränkte. Honegger[3] drückt aus, was Godin bei dieser erzwungenen Abstandnahme von seinen Plänen, der „totale faillite des espoirs (de Godin, Anm. d. Verf.)"[4], bewegt haben muß:

> „Wenn man erwägt, daß es sich hierbei um einen sozialen Versuch, geleitet von den selbstlosesten Absichten und basiert auf einer denkbar soliden wirtschaftlichen Grundlage, handelt, so ist dieses Ergebnis direkt tragisch zu nennen."

Entsprechend war oft auch die Reaktion Godins:

> „Pourrais-je donc jamais être condamné à tirer cette conclusion terrible que je ne pourrai rencontrer sur ma route des hommes capables de me comprendre?"[5]

1) zit. nach Hoog, S. 103.

2) vgl. Moret, Doc. III, S. 443.

3) S. 44.

4) Choiselle, S. 246.

5) aus einem Brief Godins, zit. nach Moret, Doc. II, S. 443.

Enttäuscht, aber nie entmutigt, in einem unbeirrbaren Glauben an die Fähigkeiten der Arbeiter, hat Godin seinen Weg weiterverfolgt:

> „Je suis resté près de vous, travaillant sans cesse à votre seul bien, et vous n'aurez pas me comprendre. Combien la postérité, qui juge les hommes en dernier ressort, s'étonnera de mon isolement et des difficultés qui m'auront assiégé jusqu'au milieu de vous . . . Quant à moi, je suivrai ma route, quels que soient les obstacles que j'y rencontre, je n'en dévierai pas."[1]

Bei der Gründung der Gesellschaft stand Godin v.a. vor der Frage, in welche Rechtsform die zu schaffende Gemeinschaft gekleidet werden sollte. Godin, der selbst nicht Jurist war, hat den Vertrag von 1880 mit Hilfe der Rechtsanwälte Tisserant, Nancy, Foucart, Valenciennes und Vavasseur, Paris, ausgearbeitet[2]. Die Rechtsform der société en commandite simple, auf die man sich dabei einigte, und die damit verbundene Ausgestaltung der inneren Organisation der Gesellschaft empfand Godin nicht als zufriedenstellend. Unter den gegebenen Umständen schien sie ihm jedoch ein gangbarer Weg zu sein:

> „Ces Statuts ne sont pas tels que j'aurais voulu les faire; j'ai dû me renfermer dans le cadre étroit que la loi française impose aux conventions en matière de société. Peut-être ces restrictions légales, en m'obligeant à étudier de plus près ce premier contrat entre le capital et le travail, serviront-elles à la vitalité de mon œuvre."[3]

Dementsprechend war Godin auch weit davon entfernt, den Vertrag von 1880 für ein vollkommenes Werk zu halten[4]. Die Vorschrift des Art. 138 sollte es der Gesellschaft ermöglichen, vom Gesetzgeber in der Zukunft geschaffene Verbesserungen auch in der Gesellschaft einzuführen.

D) Die Wirkung des praktischen Beispiels

Das Unternehmen in Guise zog bald die Aufmerksamkeit der Öffentlichkeit in Europa, insbes. der französischen, englischen und deutschen Genossenschaftler, auf sich. Die Gründung wurde wie Robert Owens New Lanark 50 Jahre früher eine Wallfahrtsstätte für sozial gesinnte Politiker und Wissenschaftler[5]. Das im

1) Godin, zit. nach Lacroix, S. 6.

2) vgl. Moret, Doc. III, S. 442. Fn.

3) Godin, 1880, S. 85.

4) vgl. Art. 139 Abs. 2 des Vertrags von 1880.

5) vgl. Wendlandt, S. 159.

Museum in Guise aufbewahrte Gästebuch gibt einen Überblick über die illustren Besucher des Familistère. Häufig in Guise weilten Edward Howland, der einige Bücher Godins ins Englische übersetzt hat, und Vansittard Neale, der Godin auch bei der Ausarbeitung des Vertragswerks von 1880 geholfen hat[1]. Der italienische „Geschichtsschreiber der Produktivgenossenschaft“[2], Ugo Rabbeno, und Charles Robert, Hauptschriftsteller Frankreichs auf dem Gebiet der Gewinnbeteiligung, haben Guise besucht.
Neben den bereits 1855 erschienenen „Reisebriefen aus Belgien, Frankreich und England“ von V. A. Huber, der darin die von ihm besuchten Genossenschaftsgründungen ausführlich beschreibt, gibt es mehrere deutsche Veröffentlichungen, die auf einen persönlichen Besuch in Guise zurückgehen[3].

Trotz aller Publizität hat die Gesellschaft keine direkten Nachahmer in der Praxis gefunden. Das „Stück Zukunftsstaat in Frankreich“[4] blieb als einzige erfolgreiche praktische Verwirklichung des Modells von Fourier allein. Lediglich das 1892 gegründete Unternehmen von van Marken in Delft, das nicht mit der Preßhefe- und Spiritusfabrik identisch ist, soll sich die Gesellschaft in Guise zum Vorbild genommen haben[5]. Es ist jedoch an Größe und Bedeutung nie an die Familistère-Gesellschaft herangekommen.

Die Gesellschaft ist gleichwohl auch über die Jahre hinweg immer Gegenstand von Diskussionen gewesen. Godin hatte dies erwartet:

> „. . . il y a dix ans quand le Devoir (Titel der von Godin herausgegebenen Zeitschrift, Anm. d. Verf.) fut fondé, qu'était le socialisme? Un souvenir. L'Association du Familistère sera dans l'histoire du travail un fait trop considérable pour ne point être examiné, un jour, dans tous ses détails.“[6]

1) vgl. Moret, Doc. III, S. 442 Fn.

2) vgl. Wieser, S. 142.

3) so Fischer, Richert, Post, Geck, Böttger.

4) vgl. Böttger.

5) vgl. Duval, S. 147; Dunand, S. 145.

6) Godin, zit. nach Choiselle, S. 246.

ZWEITER TEIL
DIE FAMILISTERE-GESELLSCHAFT UND IHRE EINORDNUNG IN DAS FRANZÖSISCHE GESELLSCHAFTSRECHT

I. DIE RECHTSNATUR DER GESELLSCHAFT IN FORMELLER HINSICHT

A) Der Gesellschaftsvertrag von 1880

Die Gesellschaft wurde am 13.8.1880 durch Abschluß eines 142 Artikel umfassenden Gesellschaftsvertrags („Statuts")[1] gegründet.

1. Rechtsform und Bezeichnung der Gesellschaft – allgemeine Begriffsklärung

a) Art. 3 des Gesellschaftsvertrags von 1880

Art. 3[2] bestimmte, daß die Gesellschaft die Rechtsform einer société en commandite simple hat. Die dafür maßgeblichen Vorschriften finden sich im C. com. von 1807, Art. 23–28, und – subsidiär geltend – im C. civ. von 1804, Art. 1832 ff. Die société en commandite simple entspricht mit geringen Abweichungen der KG gem. §§ 161 ff HGB.
Hauptunterschied ist, daß die société en commandite simple oder société en commandite par intérêt, wie sie auch genannt wird[3], juristische Person ist, was Folgen für die Eigentumsrechte und die Behandlung im Konkursfall von Gesellschaft bzw. Gesellschafter hat.

aa) Firma

Die Gesellschaft erhielt die Firma „Godin et Cie." gem. Art. 23 Abs. 2 C. com., der dem § 19 Abs. 2 HGB entspricht.
Die Namen der Komplementäre nach Godin wurden jeweils in die Firma aufgenommen, unter Hinzufügung von „Ancienne Maison GODIN"[4].

1) abgedruckt in Godin, 1880, S. 98 ff (s. Anhang).

2) Im folgenden genannte Artikel ohne nähere Bezeichnung sind solche des Gesellschaftsvertrags vom 13.8.1880.

3) so genannt, weil der in der Regel nicht übertragbare Anteil eines Gesellschafters „intérêt" heißt, vgl. Moliérac, S. 37, 197.

4) gem. Beschluß der Generalversammlung vom 1.7.1888.

bb) Sitz und Dauer

Der Sitz der Gesellschaft befand sich in Guise. Das Bestehen der Gesellschaft wurde auf 99 Jahre festgelegt mit der Möglichkeit einer Verlängerung unter bestimmten Voraussetzungen[1].

cc) Gegenstand der Gesellschaft

Art. 5 nannte drei Bereiche[2], nämlich Produktion, Wohngemeinschaft und Verkaufsläden. Die Gesellschaft verfolgte demnach drei Zwecke, die aber nicht selbständig nebeneinander standen, sondern miteinander gekoppelt waren.
Der Produktionsbetrieb warf dabei die wesentlichen Erträge ab, mit denen auch die Wohngebäude bzw. der Erhaltungsaufwand dafür finanziert wurden.
Das Kapital der Läden war in das Gesamtkapital der Gesellschaft eingegliedert.
Zu betonen ist, daß die drei Bereiche, trotz des scheinbaren Übergewichts des Produktionsbetriebs, nach der Auffassung Godins gleichgewichtig waren, wenngleich der Betrieb der Läden Godin vielleicht nicht so wichtig erschienen ist, da er den Haß Fouriers auf den Handel[3] jedenfalls nicht in gleichem Maße teilte.

Während die sociétés par actions[4] und die société en responsibilité limitée[5] ungeachtet ihrer Tätigkeit durch Gesetz[6] Handelsgesellschaften sind, ist für die Einordnung der übrigen Gesellschaften die Natur der Tätigkeit maßgebend. Ein Produktionsbetrieb wie die Fabrik in Guise ist eine Handelsgesellschaft[7]. Die Tatsache, daß daneben noch andere Ziele, u.U. zivilrechtlicher Natur, verfolgt werden, ändert daran nichts:

> „Lorsqu'une société a plusieurs objets et qu'elle a des activités diverses de caractère civil et commercial, il suffit que de l'un de ces objets soit commercial, pour que la société soit soumise aux règles du droit commercial.“[8]

1) vgl. Art. 6, 7, 138 Abs. 10.

2) An sich gab es noch einen vierten Bereich, die Ausbildung (éducation) der Kinder der Gesellschaftsmitglieder, vgl. Godin, 1880, S. 64.

3) vgl. dazu u.a. Kool, Krause, S. 194; Faust, S. 119.

4) Darunter fallen die Gesellschaften auf Aktien, also die AG und die KGaA.

5) Diese Gesellschaft entspricht der GmbH.

6) vgl. Gesetz vom 1.8.1893 und 7.3.1925.

7) vgl. Moliérac, S. 32.

8) Moliérac, S. 34.

dd) Komplementär und Kommanditisten

Komplementär (commandité) und damit persönlich, unbeschränkt und gesamtschuldnerisch haftend war nur ein Gesellschafter, der Verwaltungsdirektor (administrateur-gérant)[1].
Zu Beginn der Gesellschaft war diese Stellung Godin selbst vorbehalten[2].
Nach Godin nahmen folgende Personen die Komplementär-Stellung ein:

Marie Godin-Moret[3]	vom Tod Godins bis 30.6.1888
François Dequenne	ab 1.7.1888
Louis Victor Colin	ab 12.9.1897
René Rabaux	ab 1.1.1933
Raymond Anstell	ab 1.1.1955

Kommanditisten und damit gem. Art. 26 C. com. bis zur Höhe ihrer Kapitaleinlage haftend waren zum Zeitpunkt der Gründung 32 Beschäftigte (6 directeurs de service und 26 Arbeiter), die aufgrund der in den Jahren 1876 bis 1879 durchgeführten Gewinnbeteiligung den in Art. 14 festgelegten Mindestanteil von frs. 500 erworben hatten und die übrigen Voraussetzungen dieser Bestimmung erfüllten[4].
Dazu kamen noch durch geheime Wahl am 15.9.1880 weitere 13 Personen[5].

ee) Gesellschaftskapital

Das Gesellschaftskapital wurde bei Gründung auf frs. 4,6 Mio festgelegt. Mit dieser Summe wurden die Immobilien in Guise und Laeken, unter Zugrundelegung des Kaufpreises abzüglich Abschreibungen seit 1857, bewertet[6].

Das Gesellschaftskapital befand sich bei Gründung in Höhe von frs. 4.427.834 in den Händen von Godin. Frs. 172.166 entfielen auf die unter dd) genannten Kommanditisten[7].

1) vgl. Art. 72.

2) vgl. Art. 12 Nr. 4.

3) die zweite Frau Godins, die er – nach dem Tod seiner ersten Frau – am 14.7.1886 heiratete, vgl. Choiselle, S. 27.

4) Zwar unterzeichneten insgesamt 14 Personen (darunter zwei Frauen) den Vertrag vom 13.8.1880, davon waren aber nur 6 Kommanditisten iSd Art. 14, vgl. Choiselle, S. 220, Fn. 3 (dort namentlich aufgeführt); Delabre, Gautier, Anlage 14.
Auf einer außerordentlichen Generalversammlung vom 12.9.1880 berief Godin in Ausübung seines Rechts gem. Art. 12 iVm 14, letzter Satz, 26 Personen zu Kommanditisten, vgl. Choiselle, S. 220.

5) vgl. Choiselle, S. 220.

6) vgl. Art. 40, Zusammensetzung in Art. 37, 38.

7) vgl. u.a. Duval, S. 63.

Beim Tode Godins im Januar 1888 war der nominelle Wert des Gesellschaftskapitals unverändert.
Kapitalerhöhungen erfolgten in der Regel im Wege der Selbstfinanzierung.
Das Gesellschaftskapital erreichte im Jahr 1905 frs. 5 Mio[1], im Jahr 1936 bereits frs. 17,8 Mio. Im Jahr 1963 lag es bei frs. 5,6 Mio, wobei die Umstellung auf neue Francs zu berücksichtigen ist, und im Februar 1966 bei frs. 7,8 Mio[2].

b) Bezeichnung der Gesellschaft – Klärung der Begriffe Association, Coopération und Association Coopérative

Die Gesellschaft nannte sich „Société du Familistère de Guise, Association Coopérative du Capital et du Travail", wobei ab 1954 der Begriff „Coopérative" in den Handelspapieren nicht mehr benutzt wurde[3].

Nach dieser Bezeichnung handelte es sich bei der Gesellschaft um eine genossenschaftliche Vereinigung.
Ungeachtet der in den einzelnen Punkten divergierenden Anforderungen an die Voraussetzungen für das Vorliegen einer Genossenschaft ordnet der Hauptteil der wirtschaftswissenschaftlichen Literatur die Gesellschaft als Produktivgenossenschaft bzw. eine Art Produktivgenossenschaft ein[4].
Ugo Rabbeno, Ende des 19. Jahrhunderts Professor für Volkswirtschaft in Bologna, bezeichnet die Gesellschaft in seinem Werk über das Genossenschaftswesen[5] sogar als „wahres Modell einer genossenschaftlichen Organisation"[6].
Wendlandt spricht von der „musterhaftesten und bedeutendsten Produktivgenossenschaft in Frankreich"[7].
Diese wirtschaftliche Einordnung in der Literatur stimmt mit dem Selbstverständnis der Gesellschaft in Guise überein. Sie hat sich selbst als eine die Bereiche Produktion, Siedlung und Konsum umfassende Genossenschaft verstanden.

Die Bezeichnung „Association Coopérative du Capital et du Travail" hatte der Gründer der Gesellschaft gegeben. Sie ist demnach aus dem Verständnis und Sprachgebrauch Godins heraus erklärbar.

1) vgl. Duval, S. 63.

2) vgl. Choiselle, S. 206.

3) vgl. Delabre, Gautier, S. 164; anders allerdings die handschriftlichen Ausführungen bei Delabre, Gautier, Anlage 29, nach denen der Zusatz schon ab 1926 entfiel.

4) vgl. u.a. Gilman, S. 137.

5) Le società cooperative di produzione. Contributo allo studio della questione operaia, Milano 1889.

6) Rabbeno, zit. nach Förster, S. 40; Häntschke, S. 3.

7) Wendlandt, S. 159.

Das Wort „Association" ist älter als „Coopération". „Association", das eigentlich nur „Vereinigung" bedeutet, wurde zum ersten Mal um 1834 verwendet[1] und mit dem zweiten Aufschwung der Genossenschaftsbewegung um 1863 durch das aus dem Englischen kommende Wort „coopération" ersetzt[2].
Daß die „association" meistens als „association ouvrière" auftrat, erklärt sich daraus, daß die Produktivgenossenschaft in Frankreich in erster Linie als Arbeiterproduktivgenossenschaft in Erscheinung getreten ist[3].
Was den deutschen Sprachgebrauch angeht, so wurde zunächst auch das Wort „(Produktiv-)Assoziation" benutzt[4] und erst ab Mitte des 19. Jahrhunderts der deutsche Name „Genossenschaft" eingeführt[5].
Anzumerken bleibt der Vollständigkeit halber der englische Begriff der „copartnership" für eine Gesellschaft mit kapital- oder geschäftsmäßiger Beteiligung der Arbeitnehmer, die von der „industrial partnership" oder „profit sharing" als reine Gewinnbeteiligung der Arbeitnehmer ohne Mitverwaltungsrechte[6] zu unterscheiden ist.

Godin verwendete 1880, also relativ spät, den Begriff der „association coopérative", obwohl er selbst angibt, daß „association" einige Jahre nach 1848 durch „coopération", von den Versuchen Robert Owens in Amerika nach Frankreich gekommen, ersetzt worden sei[7]. Dies geschah wohl in Anhänglichkeit an Charles Fourier, der immer nur das Wort „association" gebrauchte[8].
Godin verstand – wie in Frankreich damals üblich – „coopération" nur als eine der möglichen Genossenschaftsarten. Seine mehrere Bereiche umfassende Gemeinschaft konnte nur eine „association" sein.

Aus welchen Gründen die spätere Streichung des Wortes „coopérative" erfolgte, ist nicht bekannt. Denkbar wäre, daß man dadurch einem aufgrund des unklaren Geltungsbereiches des Gesetzes vom 10.9.1947 über die Genossenschaften jedenfalls denkbaren Konflikt mit Art. 24 dieses Gesetzes, der das strafrechtlich

1) vgl. Dufour, S. 2.

2) vgl. Hubert-Valeroux, 1899, S. 19; Heftler nennt seine Diss. über die Produktivgenossenschaften in der II. Republik, bis zum Staatsstreich von 1851, „Association coopératives de production"; den gleichen Begriff verwendet Chagot in einer Diss. von 1904; Dufour dagegen spricht 1913 von „Coopération de production".

3) vgl. spätere Ausführungen auf S. 68.

4) so Böhmert, S. 22; V.A. Huber, 1855, S. 29.

5) vgl. Faust, S. 196.

6) vgl. Cernesson, S. 67; Le Devoir, 1897, S. 732; Gilman, S. 9.

7) vgl. Godin, 1871, S. 154: „le mot d'Association était trop large et trop complet dans ses conséquences pour pouvoir garder sa place dans la presse . . .".

8) vgl. Gide, 1928, S. 261.

sanktionierte Verbot für nichtgenossenschaftliche Vereinigungen enthält, sich als Genossenschaft zu bezeichnen, entgehen wollte.

Das Wort „association" wird heute für die Rechtsform des Vereins gebraucht, dessen rechtliche Grundlage das Gesetz vom 1.7.1901 darstellt.
Der Verein unterscheidet sich im französischen Recht von der Gesellschaft dadurch, daß die Personen, die sich auf eine gewisse Dauer zusammengetan haben, ein anderes Ziel verfolgen, als den Gewinn aufzuteilen[1].

2. Der Gesellschaftsvertrag von 1880 und Titre III des Gesetzes von 1867

Obwohl die Gesellschaft nach Gründerkonzeption und Selbstverständnis eine Genossenschaft war, hat sie nie die nach französischem Recht typische Rechtsform einer Genossenschaft besessen. Sie war auch – folgerichtig – nicht Mitglied in dem Spitzenverband „Confédération générale des sociétés coopératives ouvrières de production"[2].
Der Verwaltungsdirektor der Gesellschaft von 1897 bis 1932, Colin, war im Jahre 1927 und zuvor jedoch vom Arbeitsministerium ernanntes Mitglied im „Conseil Supérieur de la Coopération", einem Gremium, in dem alle nicht unter das Spezialgesetz vom 18.12.1915 über die Arbeiterproduktivgenossenschaften fallenden Vereinigungen vertreten waren[3].

a) Die Bedeutung der Vorschriften des Titre III des Gesetzes von 1867 in der Entwicklung des französischen Genossenschaftsrechts

Die Vorschriften des Titre III des Gesetzes vom 24.7.1867 sollten eine gesetzliche Regelung für die schon seit Jahren in der Rechtswirklichkeit bestehenden genossenschaftlichen Vereinigungen bringen[4].
Trotzdem genossenschaftliche Vereinigungen im 19. Jrht. in Frankreich weit verbreitet waren – das von Engländer[5] aufgestellte Verzeichnis der zur Zeit des Staatsstreichs von 1851 bestehenden Pariser Arbeiterassoziationen enthält allein über 200 Namen – Frankreich wird deshalb häufig als Mutterland insbes. der Produktivgenossenschaften bezeichnet[6] –, kam es nicht zu einer gesetzlichen In-

1) vgl. Art. 1 des Gesetzes von 1901; Näheres bei Moliérac, S. 61 bis 75.

2) vgl. Kuhlmeyer, S. 132.

3) vgl. Delabre, Gautier, S. 164 sowie Anlage 26 (Schreiben des französischen Arbeitsministers vom 26.10.1927).

4) vgl. Rivière, S. 336.

5) S. 295 bis 304.

6) vgl. u.a. Hubert-Valleroux, 1891, S. 247; Chagot, S. 9 bis 12; Dufour, S. 12.

stitutionalisierung dieses wirtschaftlichen Gebildes. Insofern verlief die Entwicklung des Genossenschaftsrechts in Frankreich anders als in Deutschland, wo das Preußische Genossenschaftsgesetz von 1867, das 1868 vom Norddeutschen Bund und später vom Reich übernommen wurde und im Gesetz vom 1.5.1889 eine Neuregelung fand, die Genossenschaft als eigene Rechtsform anerkannte[1].

Der Grund für das andersartige rechtliche Schicksal der Genossenschaften in Frankreich findet sich in der Verknüpfung ihrer Entwicklung mit der Politik. Die Genossenschaften sind in Frankreich immer ein Spielball der politischen Strömungen gewesen[2]. Die Haltung der Regierungen nach der Französischen Revolution schwankte zwischen aktiver Förderung von Genossenschaften – erinnert sei nur an die Gewährung eines Kredits für Genossenschaftsgründungen in Höhe von frs. 3 Mio Mitte des 19. Jahrhunderts – und strenger Verfolgung ihrer Anhänger, insbes. in den Jahren 1851 bis 1864. Als Folge dieser politischen Wechselbäder manifestierte sich bei den Genossenschaftsvertretern ein tiefes Mißtrauen gegen jede Aktivität des Staates auf diesem Gebiet, eine Haltung, die die gesamten europäischen Genossenschaftsbewegungen, v.a. aber die in Großbritannien, Belgien und Frankreich, gekennzeichnet hat[3].

Hinderlich für die Gründung von Genossenschaften erwies sich in Frankreich das Verbot der Vereinigung von mehr als 20 Personen durch den Code Pénal von 1810, das endgültig erst fast 100 Jahre später aufgehoben wurde[4].
Diesem strafrechtlich sanktionierten Verbot fiel schon 1842 eine Versammlung im Hause Leclaire zur Besprechung von Gewinnbeteiligungsfragen zum Opfer[5].
Zwar gestand die Provisorische Regierung 1848 den Arbeitern das Vereinigungsrecht zu, es wurde jedoch nach dem Staatsstreich Napoléons III. 1851 durch den „Erlaß, die geheimen Gesellschaften betreffend" schnell wieder beseitigt[6]. Die restriktive Handhabung des Vereinigungs- und Versammlungsrechts führte dazu, daß den Genossenschaften eine Organisationsmöglichkeit auf dem Boden des Vereinsrechts verwehrt blieb[7].

Der zweite Faktor, der die Entwicklung des französischen Genossenschaftsrechts entscheidend beeinflußte, war die Tatsache, daß Ausgangspunkt der Genossen-

1) vgl. Wieser, S. 126.

2) vgl. Crüger, S. 78.

3) vgl. Coutant, S. 8.

4) durch das Gesetz vom 1.7.1901.

5) vgl. Böhmert, S. 30; Crüger, S. 91, Cernesson, S. 63.

6) vgl. ausführlich Leifert, S. 31.

7) vgl. Waldecker, S. 66.

schaften in Frankreich Arbeiterproduktivgenossenschaften waren[1], also ein Zusammenschluß von Arbeitern, die ihr Kapital und ihre Arbeitskraft zusammenlegten[2]. Da diese Art der Genossenschaft wirtschaftlich aber, mehr als alle anderen Genossenschaftsarten, den gesellschaftsrechtlich organisierten kapitalistischen Unternehmen ähnlich ist, lag eine Anwendung der Formen des Gesellschaftsrechts auch auf solche Zusammenschlüsse nahe.
Die Verfolgung vermögensrechtlicher Zwecke konnte bei der bestehenden Rechtslage nur unter einer handels- oder zivilrechtlichen Organisationsform geschehen[3]. Zur Auswahl standen die bürgerlichrechtliche Gesellschaft gem. Art. 1832 ff C. civ. sowie die Handelsgesellschaften, die société en nom collectif, Art. 20 ff C. com., die société en commandite simple, Art. 23 ff C. com., die société anonyme und die société en commandite par actions[4], Art. 29 ff C. com. und Gesetz vom 24.7.1867[5].

Da die bestehenden Rechtsformen den Eigenheiten der Genossenschaften nicht voll gerecht wurden, kam es, nachdem bereits 1850 eine Petition an die Nationalversammlung gerichtet worden war, die die Reform der Gesetze über die Assoziationen verlangte[6], zur Schaffung der Vorschriften des Titre III des Gesetzes vom 24.7.1867.

Damit sollte dem Hauptproblem der Genossenschaften, dem im C. com. geforderten „capital fixe“, das durch eine positive Zahl ausgedrückt werden mußte, begegnet werden. Bei den Genossenschaften als Personengesellschaften gab es aber durch die Neuaufnahme und das Ausscheiden von Mitgliedern und das damit verbundene Einbringen und Herausnehmen von Einlagen eine ständige Änderung des Geschäftskapitals.
Die Vorschriften des Titre III „Dispositions particulières aux sociétés à capital variables“ stellten den Versuch dar, den Genossenschaften eine adäquate rechtliche Form anzubieten.
Zustandegekommen sind sie gegen den erklärten Widerstand der Vertreter der Genossenschaftsbewegung, denen jede Einmischung des Staates suspekt war[7].

1) vgl. u.a. Dufour, S. 2.

2) vgl. Eichhorn, S. 55; Coutant, S. 27.

3) vgl. Waldecker, S. 65.

4) Die genannten Gesellschaften entsprechen der OHG, KG, AG und KGaA.

5) Eine ins Einzelne gehende Regelung der s.a. und der société en commandite par actions brachte erst das Gesetz vom 24.7.1867. Bis 1867 waren diese Rechtsformen nur mit Genehmigung der Regierung möglich, vgl. Jura Europae, S. 30.10.1.

6) vgl. Engländer, S. 171.

7) vgl. Coutant, S. 8, 27; Hubert-Valleroux, 1891, S. 251, 252.

Mit dem Erlaß des Gesetzes von 1867 nahm die Mehrzahl der bereits bestehenden sowie die neu gegründeten Genossenschaften die Rechtsform einer s.a. oder société en commandite par actions mit veränderlichem Kapital nach Titre III an, obwohl die meisten der bestehenden Genossenschaften bis dahin als société en nom collectif oder société en commandite simple organisiert waren[1]. In der Praxis ist damit die société anonyme mit veränderlichem Kapital zur typischen Rechtsform der französischen Genossenschaften geworden[2], obwohl die Genossenschaft in den Vorschriften des Titre III weder genannt noch definiert wird[3].

Auf den mit Titre III gelegten Grundstein für die gesetzliche Regelung der Genossenschaften wurde aufgebaut. Nach dem Scheitern der von Waldeck-Rousseau eingesetzten Kommission und dem Gesetzentwurf von Floquet[4] kam es im 19. Jrht. nicht zu einem einheitlichen Genossenschaftsgesetz, das alle Arten der Genossenschaften nach ihrer wirtschaftlichen Tätigkeit regelt. Während der Titre III des Gesetzes von 1867 praktisch nur auf die Arbeiterproduktivgenossenschaften Anwendung fand, brachten Einzelgesetze Vorschriften für die anderen Genossenschaftsarten[5].

Erst mit dem Gesetz vom 10.9.1947 wurde der Versuch gemacht, sämtliche Arten der Genossenschaften einheitlich zu regeln, wobei allerdings umstritten ist, ob das Gesetz zwingend jede im Innern genossenschaftliche Organisationsform erfassen will[6]. Durch die in Art. 1 gegebene Definition „réduction au profit de leurs membres du prix de vente“ sollten die kapitalistischen Gesellschaften, die gleichzeitig Arbeiterproduktivgenossenschaften sind, und die Produktiv- und Verkaufsgenossenschaften ausgeschlossen sein, da diese in gleichem Maße wie kapitalistische Gebilde aus dem Verkauf an die Allgemeinheit nicht unbeträchtliche Gewinne zögen[7].

1) vgl. mit Gründen für die Änderung Hubert-Valleroux, 1891, S. 253, 254; ders., 1899, S. 26; Coutant, S. 29; anders Leifert, S. 36.

2) vgl. Eichhorn, S. 57.

3) ursprünglich sollte die Überschrift des Titre III „Dispositions spéciales aux sociétés de coopération“ lauten, vgl. Coutant, S. 28.

4) vom 16.7.1888, vgl. Coutant, S. 35 ff.

5) z.B. das Ges. vom 7.5.1917 über die Konsumgenossenschaften, das Ges. vom 18.12. 1915 über die Arbeiterproduktivgenossenschaften, das Ges. vom 5.8.1920 über die Kreditgenossenschaften, die Ord. vom 12.10.1945 über die landwirtschaftlichen Genossenschaften.

6) vgl. Eichhorn, S. 60; an anderer Stelle heißt es: „Une caractéristique essentielle de ce text c'est qu'il fixe les lignes générales d'un statut qui ne contredit en rien les règlements particuliers qui régissent chaque organisation coopérative“, M. Cros, zit. nach Moliérac, S. 312.

7) vgl. Lavergne, S. 49.

Die mit dem Gesetz vom 24.7.1966 abgeschlossene große Gesellschaftsrechtsreform gilt gem. Art. 502 dieses Gesetz nur für die Handelsgesellschaften des „allgemeinen Rechts“ (sociétés „de droit commun“) und nicht für Gesellschaften „besonderer Art“ (sociétés „spéciales“), wie Genossenschaften, Versicherungsgesellschaften, Kapitalisierungsgesellschaften, Gesellschaften mit unveränderlichem Kapital usw.[1].

Von diesem Gesetz ist demnach eine handelsrechtliche Gesellschaft betroffen, wenn sie nach außen die Rechtsform einer Gesellschaft des „allgemeinen Rechts“ hat und im Innern genossenschaftlich organisiert ist.

b) Anwendungsbereich der Vorschriften des Titre III

Nach einer Umfrage von 1883 herrschte in der Öffentlichkeit große Unklarheit über Tragweite und Bedeutung der Bestimmungen des Titre III, insbes. über die Frage, ob die Anwendung des Titre III für genossenschaftliche Vereinigungen obligatorisch sei oder nicht[2].
Der Gesetzgeber wollte mit Titre III aber nicht eine besondere Gesellschaftsrechtsform begründen, sondern den Genossenschaften nur eine Regelungsmöglichkeit anbieten[3]. Durch eine Bestimmung im Gesellschaftsvertrag gem. Art. 48 Abs. 1 des Ges. von 1867, der lautet:

> „Il peut être stipulé, dans les statuts de toute société, que le capital social sera susceptible d'augmentation par des versements successifs faits par les associés ou l'admission d'associés nouveaux, et de diminution par reprise totale ou partielle des apports effectués“,

konnte die Veränderlichkeit des Kapitals einer jeden Gesellschaft festgelegt werden. Dadurch wird sie nicht in eine andere Rechtsform gedrängt oder verändert ihre Stelle im Rechtssystem[4].

Im übrigen sollte es aber den Genossenschaften überlassen bleiben, sich einer beliebigen Rechtsform, sei es der société en nom collectif, der société en commandite simple, der zivilrechtlichen Gesellschaft oder sogar der société en participation[5], zu bedienen[6].

1) vgl. Houin, Gravenstein, S. 5.
2) vgl. Hubert-Valleroux, 1891, S. 252, Fn. 1.
3) vgl. Moliérac, S. 308.
4) vgl. Waldecker, S. 84; Eichhorn, S. 56, 57.
5) entspricht der stillen Gesellschaft.
6) Emile Ollivier, zit. nach Rivière, S. 343; Pirmez, zit. nach Resteau, S. 24 „une application à un but particulier, de ces formes légales de société.“

Aus Entstehungsgeschichte, Sinn und Zweck der Vorschriften ergibt sich weiter, daß jedoch die Art. 49, 50 und 51 des Ges. von 1867 nur auf Gesellschaften anwendbar sind, deren Kapital in Aktien aufgeteilt ist.

> „Dans la commission, nos investigations ont toujours été limitées et dirigées par cette idée qu'il s'agissait de sociétés en commandite par actions ou de sociétés anonymes; c'est même exprimé en termes implicites, sinon formels, dans l'exposé des motifs. Je ne l'ai pas sous les yeux, mais je suis sûr que l'honorable M. Duvergier y indique fort bien qu'il ne s'agit ni des sociétés en nom collectif, ni des sociétés en commandite par intérêt, mais des sociétés par actions, soit anonymes, soit en commandite . . . Dès lors tout ce qu'il y a de spécial dans ces articles ne peut pas atteindre les sociétés qui conserveront ou adopteront la forme de la commandite par intérêt."[1]

Diese eingeschränkte Anwendbarkeit der Art. 49 bis 51 war angesichts des Art. 48 Abs. 2, der lautet:

> „Les sociétés dont les statuts contiendront la stipulation ci-dessus seront soumises, indépendamment des règles générales qui leur sont propres suivant leur forme spéciale, aux dispositions des articles suivants",

und demnach nur die Gesellschaften allgemein zu meinen scheint, zunächst umstritten[2].

Der Gesetzgeber hielt aber die Garantie der persönlichen und unbeschränkten Haftung der Gesellschafter bei der société en nom collectif sowie der Haftung von Komplementär und Kommanditisten bei der société en commandite simple für ausreichend. Selbst wenn eine solche Gesellschaft ein veränderliches Kapital festlegte, erschien es deshalb nicht notwendig, diese Gesellschaften anderen als den allgemein für sie geltenden Regeln zu unterwerfen[3].
Sinn und Zweck der Regelungen der Art. 49 bis 51 des Ges. von 1867 machten die Anwendung zwingend nur für sociétés par actions[4].

1) Emile Ollivier, zit. nach Rivière, S. 242, 243.

2) vgl. Rivière, S. 341.

3) vgl. Rivière, S. 343.

4) vgl. Wieser, S. 134 Fn. 1 m.w.N.

c) Gesellschaftsvertragliche Bestimmungen iSd Art. 48 des Gesetzes von 1867

Wie oben ausgeführt, schließt die Organisation der Familistère-Gesellschaft als société en commandite simple gem. Art. 3 allein die Geltung des Titre III nicht aus. Die Anwendbarkeit seiner Vorschriften hängt vielmehr davon ab, ob der Gesellschaftsvertrag eine Bestimmung iSd Art. 48 Abs. 1 des Ges. von 1867 enthielt.

aa) Art. 42

Diese Vorschrift bestimmt, daß Kapitalerhöhungen möglich sind, wenn bestimmte Organe der Gesellschaft dies für notwendig erachten und ein entsprechender Beschluß gefaßt wird[1]. Zwar war die Zahl der Mitglieder der Gesellschaft veränderlich. Es waren damit aber nicht automatisch Kapitalschwankungen verbunden, da diese eben nur aufgrund eines förmlichen Beschlusses möglich waren.
Die Gesellschaft war überhaupt nicht so angelegt, daß neue Mitglieder eine Kapitaleinlage einbringen – der Erwerb eines Kapitalanteils war grds. mit der Gewinnbeteiligung gekoppelt[2] –, was die Folge hatte, daß das Gesellschaftskapital auch bei Mitgliederwechsel in etwa immer gleich blieb[3].

bb) Art. 142

Eine Berufung auf die Vorschriften des Titre III ist nicht durch Art. 142 erfolgt. Dieser verwies auf die Bekanntmachungsvorschriften der Art. 55, 56, 57 und 60 des Ges. von 1867, wodurch eine bessere Publizität hergestellt und der Art. 42 C. com. ersetzt werden sollte[4]. Gem. Art. 55 Abs. 1 des Ges. von 1867 galten diese Vorschriften für alle Handelsgesellschaften. Zusätzliche Bekanntmachungserfordernisse enthält Art. 55 Abs. 2 und 3.

cc) Schlußfolgerungen

Der Gesellschaftsvertrag vom 13.8.1880 enthielt eine dem Inhalt des Art. 48 Abs. 1 des Ges. von 1867 entsprechende Bestimmung nicht.
Da sich aber durch die Ausgabe von Anteilsscheinen aufgrund der Gewinnbeteiligung an neue Mitglieder sowie dem Ausscheiden bzw. der Auszahlung alter Mit-

1) Zumindest bis 1930 erfolgten Kapitalerhöhungen mit Ausnahme der Zeit von 1910 bis 1920 nahezu jährlich, vgl. genaue Angaben unter Fn. 1 zu Art. 40 des Gesellschaftsvertrags, Stand Juni 1931.

2) dazu ausführlich auf S. 101 ff.

3) vgl. Colin bei Dunand, S. 95.

4) vgl. Rivière, S. 366.

glieder gewissen Schwankungen ergeben, wird verständlich, wenn Delabre, Gautier ausführen:

> „. . . elle (die Gesellschaft, Anm. d. Verf.) peut être considérée comme une commandite simple à capital et personnel variables"[1].

Da der Gesellschaftsvertrag von 1880 keinen Bezug zu den Vorschriften des Titre III hergestellt hat, galten die Bestimmungen der Art. 49 bis 51 des Ges. von 1867 für sie nicht. Dies gilt v.a. für den Art. 49 Abs. 1 des Titre III, der als Gründungskapital eine Höchstsumme von frs. 200.000 festlegte, und für Art. 49 Abs. 2, der die einzelne Kapitalerhöhung ebenfalls auf frs. 200.000 beschränkte[2]. Sinn und Zweck dieser Begrenzungen war, der Gefährdung des Grundkapitals durch die Veränderlichkeit im Interesse des Gläubigerschutzes zu begegnen und außerdem Spekulanten davon abzuhalten, sich dieser Form zu bedienen[3].
Für die Genossenschaften, die, wie die Gesellschaft in Guise, aus einem bestehenden, gut funktionierenden Unternehmen hervorgegangen sind, waren die Vorschriften der Art. 49 ff des Ges. von 1867 durch diese Beschränkung ohnehin nicht geeignet. Der Gesetzgeber hatte bei Schaffung auch nicht diese Spezialfälle im Auge gehabt, sondern an die typischen Arbeiterproduktivgenossenschaften, die mit bescheidenen Mitteln anfingen, gedacht:

> „. . . on a vu des sociétés commencer avec des sommes peu importantes, s'élevant à peine à frs. 100, frs. 200 et arriver, après un certain nombre d'années, par accumulation et augmentation de l'épargne, à atteindre un capital qui dépassait une somme considérable, plus d'un million . . . C'est de ces associations que le législateur de 1867 s'est occupé."[4]

Da die Familistère-Gesellschaft nicht die im französischen Recht typische Rechtsform der Genossenschaft gewählt hatte, wurde sie von den weiteren gesetzgeberischen Maßnahmen, die auf die Gesellschaften auf Aktien mit veränderlichem Kapital abzielten, nicht berührt.
Sie mußte z.B. nicht den durch Ges. von 1917 an Titre IV des Ges. von 1867 angefügten Art. 64 anwenden, der zwingend den Zusatz „à capital variable" bzw. „à participation ouvrière" vorsah.
Allerdings entgingen der Gesellschaft durch die Wahl der atypischen Rechtsform auch eine Reihe von Vergünstigungen, die der Gesetzgeber den Genossenschaften zuteil werden ließ. Die vom Staat zur Verfügung gestellten Kredite für Genossenschaften hatte die Gesellschaft aufgrund der am Anfang des 20. Jahrhunderts

1) Delabre, Gautier, S. 163.

2) nach Garcin, Hepp wurde die Vorschrift erst aufgehoben durch VO vom 20.5.1955.

3) vgl. Eichhorn, S. 56; Hubert-Valleroux, 1891, S. 253.

4) Rivière, S. 337.

glänzenden finanziellen Lage allerdings nicht nötig. Die übrigen Vergünstigungen waren in erster Linie steuerlicher Art. Nach Ablauf des Jahres 1927 waren die Arbeiterproduktivgenossenschaften gem. Ges. vom 18.12.1915, das ab 25.2.1927 Teil des französischen Arbeitsgesetzbuches geworden ist, von der Zahlung der Gewerbesteuer und den industriellen und kommerziellen Abgaben befreit[1].

Die durch das oben bereits erwähnte Gesetz vom 26.4.1917, das trotz seiner berühmten Anhänger in Frankreich (Antonelli, Briand, Charles Gide, Jean Grenier) nur selten Anwendungen gefunden hat[2], eröffnete Gewinnbeteiligungsmöglichkeit war durch das im Gesellschaftsvertrag von 1880 genauestens festgelegte Gewinnbeteiligungssystem ohnehin vorweggenommen.

Die Fassung des Gesellschaftsvertrags in einer Rechtsform des „droit commun" entsprach der Haltung Godins gegenüber den gesetzgeberischen Versuchen der Zeit, die Genossenschaften besonderen Regelungen zu unterwerfen. Wie die Mehrzahl der Genossenschaftler hegte auch Godin Mißtrauen gegen Eingriffe des Staates, obwohl er selbst 1880 über Erfahrungen als Abgeordneter verfügte.
Schon in seinen „Solutions sociales" macht er Ausführungen zu gesetzlichen Vorhaben, ohne das Gesetz von 1867 ausdrücklich zu nennen:

> „Une loi, aussi imparfaite que la science même de ses auteurs en économie sociale, fut faite pour poser les règles de la Coopération."[3]

Die Organisation der Gesellschaft als société en commandite simple erlaubte es, nach außen eine eingeführte und im Geschäftsleben einen guten Ruf genießende Rechtsform zu präsentieren; im Inneren konnte Godin seine dezidierten Vorstellungen über Gewinn- und Kapitalbeteiligung, Mitverwaltung sowie nicht zuletzt moralische Wertvorstellungen einbringen.

Die Rechtsform der société en commandite simple war zur Zeit der Gründung der Gesellschaft für Genossenschaften nicht außergewöhnlich. Die vor dem Gesetz von 1867 gegründeten Genossenschaften waren zwar in der Mehrzahl als sociétés en nom collectif organisiert[4], es gab aber auch sociétés en commandite simple unter ihnen[5].

1) vgl. Leifert, S. 56; Eichhorn, S. 86; ferner (allerdings auf älterem Stand) Waldecker, S. 103, 104; Dufour, S. 132.

2) vgl. Daudé-Bancel, S. 384; Philip, S. 18.

3) Godin, 1871, S. 154.

4) vgl. Dufour, S. 73; Hubert-Valleroux, 1891, S. 254.

5) vgl. mit Beispielen Heftler, S. 214.

3. Der Gesellschaftsvertrag von 1880 und das Gesetz von 1947

Wenn man der Auslegung von Lavergne[1] folgt, dann fiel die Gesellschaft schon nicht unter den in Art. 1 des Ges. vom 10.9.1947[2] genannten Bereich, weil sie in ihren Fabriken Waren produzierte und diese zu marktüblichen Preisen an die Allgemeinheit verkaufte. Diese enge Betrachtung entspricht der von Charles Gide und der „Schule von Nîmes", wonach nur Konsumgenossenschaften und die Genossenschaften für preisgünstigen Wohnungsbau unter den eigentlichen Genossenschaftsbegriff fallen[3].

Nicht so eng sehen Delabre, Gautier[4] den Anwendungsbereich im Hinblick auf die Gesellschaft in Guise, wenn sie auch hinsichtlich der formellen Vorschriften Zweifel haben[5]. Dazu ist festzustellen, daß das Gesetz von 1947 bezüglich der Rechtsform keine einheitliche und verbindliche Regelung bringt. Art. 1 Satz 1 des Ges. von 1947 hält lediglich fest, daß die Genossenschaften „Gesellschaften"[6] sind. Welche Gesellschaftsform im Rahmen der bestehenden gesetzlichen Möglichkeiten gewählt wird, bleibt nach wie vor den Genossenschaften selbst überlassen. Dieses Vorgehen ist nur die Fortsetzung der 1867 eingeleiteten Entwicklung. Nach dem Erlaß des Ges. vom 1.7.1901 wäre theoretisch zwar auch eine Genossenschaft auf vereinsrechtlicher Grundlage möglich gewesen. Die besonderen Vorschriften dieses Gesetzes machten dies aber für eine Genossenschaft, insbes. eine Produktivgenossenschaft, nahezu unmöglich[7].

Das Gesetz vom 10.9.1947 legt demnach genossenschaftliche Prinzipien – wie z.B. den Grundsatz „Ein Mann, eine Stimme"[8] – fest, ohne diese an eine spezielle (gesellschaftsrechtliche) Rechtsform zu binden.
Damit hat das Gesetz für die Gesellschaft in Guise, was die Konzeption als société en commandite simple angeht, keine Auswirkungen[9].

1) vgl. Lavergne, S. 49.

2) „Portant statut de la coopération".

3) vgl. Eichhorn, S. 100.

4) vgl. Delabre, Gautier, S. 162.

5) vgl. Delabre, Gautier, S. 163.

6) Definition der Gesellschaft in Art. 1832 C. civ.

7) vgl. Eichhorn, S. 104.

8) vgl. Art. 9 des Ges. von 1947.

9) zu den genossenschaftlichen Prinzipien vgl. später unter II.

4. Änderung des Gesellschaftsvertrags durch Beschluß vom 4.11.1967

In der außerordentlichen Generalversammlung vom 4.11.1967 wurde eine Anpassung der Bestimmungen des Gesellschaftsvertrags an die Vorschriften des Ges. No. 66-537 vom 24.7.1966 vorgenommen sowie der Weg zu einer Änderung der Rechtsform der Gesellschaft geebnet[1].

a) Gründe für die Änderung

Für die Beschlüsse der Generalversammlung vom 4.11.1967 waren sowohl rechtliche wie auch wirtschaftliche Gründe maßgebend.
Das Jahr 1966 brachte für die Gesellschaft Probleme in wirtschaftlicher Hinsicht. Zwar war die Lage schon einige Zeit nicht mehr rosig, die Probleme auf dem wirtschaftlichen Sektor verschärften sich aber Mitte der 60er Jahre in einer Weise, daß entsprechende Maßnahmen nicht mehr länger hinausgeschoben werden konnten. Welche Ursachen im einzelnen die wirtschaftlich schlechte Lage herbeigeführt hatten, ob sie im Management der Gesellschaft oder in den gesamtwirtschaftlichen Umständen zu suchen waren, kann schließlich dahinstehen[2].

In Schwierigkeiten brachte die Gesellschaft zusätzlich die Gesellschaftsrechtsreform von 1966. Das Gesetz vom 24.7.1966 über die Handelsgesellschaften[3], als „bedeutendstes Monument des Zivilrechts seit dem Ersten Kaiserreich"[4] bezeichnet, sollte Reform und Kodifizierung zugleich sein[5].
Als Reform war es von der Vorstellung getragen, an den Stand der anderen europäischen Unternehmensrechte, insbes. auf dem Gebiet des Aktienrechts, anzuknüpfen[6] sowie zur Rechtsangleichung innerhalb der Europäischen Gemeinschaft beizutragen[7].
Eine Kodifizierung war notwendig, weil die verschiedenen Rechtsvorschriften im C. com., C. civ., Code Pénal und den Einzelgesetzen vom 24.7.1867 und 7.3.

1) Der Gesellschaftsvertrag von 1880 wurde zwar schon vorher aufgrund gesetzgeberischer Neuerungen und interner Veränderungen geändert. Dies berührte aber nie die gesellschaftsrechtliche Ausgestaltung.

2) vgl. dazu eingehend Delabre, Gautier, S. 184 ff.

3) Eigentlich handelte es sich um 2 Gesetze, das Ges. No. 66-537 und 66-538. Das letztere enthält aber nur die notwendigen Folgeänderungen anderer Gesetze, vgl. Houin, Goré, S. 123.

4) Jean Foyer, zit. nach Lutter, S. 1153.

5) vgl. Tomasi, S. 461.

6) vgl. Lutter, S. 1153

7) in Erfüllung der Vorschrift des Art. 3 h iVm Art. 54 Abs. 3 g EWGV, vgl. Staber, S. 9.

1925 (über die S.A.R.L.) verteilt waren, so daß es selbst Fachleuten schwer fiel, den Überblick zu behalten[1].

b) Inhalt des Beschlusses vom 4.11.1967

Die außerordentliche Generalversammlung befand nach der Tagesordnung über drei Punkte,
(1) den Bericht des Verwaltungsdirektors über den Antrag auf vorzeitige Auflösung der Gesellschaft,
(2) eine Erhöhung des Gesellschaftskapitals um frs. 14.100 auf frs. 7.814.100,
(3) die Anpassung des Gesellschaftsvertrags an die Bestimmungen des Ges. vom 24.7.1966.

Bereits auf der außerordentlichen Generalversammlung vom 20.10.1966 waren die Gesellschafter zu der Entscheidung gekommen, eine vorzeitige Auflösung der Gesellschaft anzustreben. Man glaubte, einmal der Rechtslage aufgrund des Ges. vom 24.7.1966 nicht anders entsprechen zu können und zum anderen nur so finanzkräftige Partner zu finden. Finanzielle Unterstützung war für die Aufrechterhaltung des Betriebs mittlerweile unbedingt notwendig geworden. Interessierte Unternehmen hatten aber bis dahin meistens Anstoß an der speziellen Verfassung der Gesellschaft genommen[2].
Die Zustimmung zur vorzeitigen Auflösung knüpften die Gesellschafter allerdings an bestimmte Bedingungen[3], die nach der Aussage des Verwaltungsdirektors auf der Versammlung vom 4.11.1967 nicht erfüllbar waren[4].

Die Kapitalerhöhung erfolgte im Hinblick auf die bereits ins Auge gefaßte Änderung der Rechtsform der Gesellschaft in eine société anonyme. Dadurch erhielten acht Beschäftigte Anteilsscheine, also Gewinnanteile, die bis dahin einbehalten worden waren[5].
Ferner wurde ebenfalls im Vorgriff auf die geplante Umwandlung die Kapitalsumme durch 100 teilbar gemacht[6].

1) vgl. Houin, Goré, S. 123.

2) vgl. Delabre, Gautier, S. 196.

3) vgl. dazu Näheres bei Delabre, Gautier, S. 195.

4) Die Gesellschaft hatte bereits vorsorglich den Verzicht von Mme. Camille Godin, einziges Kind von Godins Sohn Emile, eingeholt, um der Bestimmung in Art. 9 des Testaments von Godin (Widerruf seines Vermächtnisses) zu entgehen.

5) sog. épargnes réservées, vgl. dazu später auf S. 122.

6) vgl. S. 6 des Protokolls.

Auch die Anpassung des Gesellschaftsvertrags an die Vorschriften des Ges. von 1966 erfolgte mit Rücksicht auf die Umwandlung in eine s.a.[1]. Die Vorschriften des Ges. von 1966 konnten nicht unbeachtet bleiben, weil Art. 499 Abs. 2 dieses Gesetzes den bestehenden Gesellschaften die Pflicht auferlegte, ihre Gesellschaftsverträge innerhalb einer Frist von 18 Monaten an die neuen Bestimmungen anzupassen[2].

Die Vorschriften des neuen Gesetzes verlangen, daß alle Kapitalteilhaber Kommanditisten sind, also alle die gleichen Eigentumsrechte haben[3]. Art. 264 des Gesetzes untersagt für die Zukunft ausdrücklich die Ausgabe von Genußscheinen und Gründeranteilen[4] und bringt damit zum Ausdruck, daß ein Kapitalteilhaber nicht einen Anspruch auf Gewinn ohne Stimme in der Generalversammlung haben kann.
Das Ges. von 1966 zwang die Gesellschaft demnach, die Vorschriften in ihrem Gesellschaftsvertrag über die Zusammensetzung der Generalversammlung zu ändern[5].
Art. 32 und 57 des Gesellschaftsvertrags von 1880 sahen nämlich vor, daß lediglich eine bestimmte Gruppe von Mitgliedern der Gesellschaft, die sog. associés[6], die Generalversammlung bilden. Andere Kapitalteilhaber, die in der Mitgliederhierarchie[7] der Gesellschaft noch nicht diese Stufe erlangt hatten, waren von der aktiven Teilnahme an der Generalversammlung ausgeschlossen.

c) Rechtsgrundlage der Änderung

Eine besondere Schwierigkeit stellte bei der Anpassung der Art. 138 des Gesellschaftsvertrags von 1880 dar. Diese Vorschrift bestimmte, daß unter bestimmten Voraussetzungen eine Änderung des Vertrags möglich ist, um zukünftigen gesetzlichen Änderungen auf dem Gebiet des Gesellschaftsrechts Rechnung tragen zu können. Abs. 3 dieser Vorschrift nahm allerdings verschiedene Regelun-

1) vgl. S. 5 des Protokolls.

2) Das Gesetz trat gem. Art. 509 am 1. Tag des neunten Monats nach Veröffentlichung, also am 1.4.1967, in Kraft (Datum des Inkrafttretens durch Ges. No. 67-16 vom 4.1. 1967 geändert). Die Gesellschaftsverträge mußten demnach, abgesehen von besonderen Verlängerungsmöglichkeiten, bis spätestens 1.10.1968 überarbeitet worden sein.

3) vgl. Delabre, Gautier, S. 193.

4) sog. parts bénéficiaires und parts de fondateur, vgl. dazu Näheres bei Prüm, S. 65.

5) vgl. Protokoll S. 4; der genaue Text der Änderung ist leider weder im Protokoll abgedruckt noch beim zuständigen Handelsgericht in Vervins vorhanden.

6) vgl. dazu Näheres auf S. 89.

7) vgl. dazu Näheres auf S. 89.

gen von dieser Änderungsbefugnis aus[1]. So ist danach eine Änderung der Beziehungen zwischen Kapital und Arbeit, insbes. in Bezug auf die Zusammensetzung der Generalversammlung, ausgeschlossen. Genau dieser Punkt mußte aber durch die Anpassung geändert werden. Eine Änderung der Zusammensetzung der Generalversammlung wurde gleichwohl vorgenommen. Man berief sich dabei auf Art. 499 Abs. 3 des Ges. von 1966, der bestimmt, daß die Anpassung auf dem Wege von ordentlichen Beschlüssen erfolgen könne, ohne Rücksicht auf eventuelle anderslautende vertragliche Bestimmungen[2].

Eine Änderung der Rechtsform der Gesellschaft ist durch die Anpassung an das Ges. von 1966 nicht notwendig gewesen. Das Ges. von 1966 behielt die Rechtsform der société en commandite simple bei[3].

B) Der Gesellschaftsvertrag von 1968

1. Rechtsform und Firma der Gesellschaft

Durch außerordentlichen Beschluß der Mitglieder der Gesellschaft vom 22.6. 1968 wurde die Gesellschaft mit Wirkung vom 1.6.1968 in eine société anonyme[4] umgewandelt.
Als neue Firma wurde „Godin" gewählt[5].
Nach Art. 70 Abs. 1 des Ges. von 1966 muß die Firma die Angabe der Gesellschaftsform und die Höhe des Gesellschaftskapitals enthalten, wobei die Abkürzung s.a. für ersteres zulässig ist[6]. Im übrigen kann – mit Ausnahme des Namens eines Aktionärs – eine beliebige Firma gewählt werden[7].

1) Weshalb die Gesellschaft von Honegger, S. 10, 31, Wendlandt, S. 160 als Stiftung bezeichnet wird.

2) vgl. S. 4 des Protokolls der Versammlung.

3) vgl. Art. 23 bis 33; das Ges. von 1966 beinhaltet ferner Vorschriften über die société en nom collectif, Art. 10 bis 22, die S.A.R.L., Art. 34 bis 69, die sociétés par actions, Art. 70 ff.

4) Definition der s.a. in Art. 73 des Ges. von 1966.

5) vgl. Art. 3 der Satzung.

6) vgl. Jura Europae, S. 30.10.11a.

7) vgl. Tomasi, S. 165 mit Hinweis, daß das französische Recht in der Beziehung viel liberaler ist als das deutsche.

2. Besonderheiten des neuen Gesellschaftsvertrags

Gem. Art. 7 der Satzung blieb das Grundkapital auf frs. 7.814.100 festgelegt[1]. Es setzte sich zusammen aus 781.410 Aktien mit einem Nennwert von je frs. 10[2].

Diese Aktien, die voll einbezahlt waren, wurden an die Aktionäre im Verhältnis eine Aktie pro frs. 10 Anteil am Kapital der société en commandite simple ausgegeben.

Art. 8 der Satzung unterschied gem. Art. 267 des Ges. von 1966 Bar- und Sachaktien[3], Art. 9 der Satzung bestimmte, daß während der ersten 5 Jahre der Gesellschaft alle Aktien Namensaktien sind.

Was die Übertragbarkeit der Aktien betrifft, so enthält Art. 12 b der Satzung eine gem. Art. 274 bis 276 des Ges. von 1966 zugelassene Beschränkung[4], vergleichbar der Vinkulierung nach deutschem Aktienrecht.

Das Ges. von 1966 gibt die Möglichkeit, die herkömmliche Form der Verwaltung, bestehend aus Verwaltungsrat und Président-Directeur Général, oder eine neue Form, bestehend aus Vorstand und Aufsichtsrat[5], zu wählen. Die Satzung entschloß sich in Art. 26 zur herkömmlichen Form und ernannte in Art. 86 Abs. 4 drei Mitglieder des Verwaltungsrats.

Der Art. 58 der Satzung regelte die Gewinnverteilung der Gesellschaft nunmehr ohne irgendwelche Besonderheiten.

3. Rechtsgrundlage für die Umwandlung

Die Umwandlung der Gesellschaft erfolgte aufgrund des bereits beschriebenen Art. 138 des Gesellschaftsvertrags von 1880, der hinsichtlich der Änderung der Rechtsform keine Schwierigkeiten bereitete.

1) Das Mindestkapital der s.a. beträgt gem. Art. 71 des Ges. von 1966 frs. 100.000 bzw. frs. 500.000.

2) vgl. Art 7 Abs. 3 der Satzung; zwar darf gem. Art. 268 Abs. 1 des Ges. von 1966 der Nennwert einer Aktie frs. 100 nicht unterschreiten; die Godin s.a. konnte gleichwohl Aktien mit frs. 10 ausgeben, weil sie vor der VO vom 4.8.1949 gegründet wurde, vgl. Jura Europae, S. 30.10.12.

3) sog. actions de numéraire und actions d'apport, vgl. Tomasi, S. 165, 173; Lutter, S. 1158.

4) sog. clause d'agrément, vgl. Tomasi, S. 173.

5) Letztere lehnt sich an das deutsche Aktienrecht an, vgl. Tomasi, S. 166.

II. DIE RECHTSNATUR DER GESELLSCHAFT IN MATERIELLER HINSICHT

A) Von der Gründung bis zur Anpassung an das Gesetz von 1966

Als Folge der französischen Gesetzgebung, die in Titre III des Ges. von 1867 für Genossenschaften lediglich eine nicht obligatorische Konstruktionsmöglichkeit zur Verfügung gestellt hatte, läßt sich die Frage, ob eine Gesellschaft eine Genossenschaft ist, jedenfalls in den Fällen, in denen nicht die typische Rechtsform gewählt wurde, nur aufgrund der inneren Organisation, insbes. der Eigentumsverhältnisse und der Rechtsstellung der Gesellschafter, beantworten.

1. Das Eigentum am Gesellschaftskapital

a) Übergangsphase 1880 bis 1894

Als Übergangsphase wird der Zeitraum bezeichnet, in dem das Eigentum an den wirtschaftlichen Werten des Unternehmens von Godin auf die Mitglieder der Gesellschaft übertragen wurde.
Vom Aufbau der ersten Werkstatt bis 1876 war Godin Alleineigentümer der Wirtschaftsgüter, die am 13.8.1880 das Gesellschaftskapital bildeten. Er hatte die Werkstatt in Esquehéries aufgebaut, sie später nach Guise verlegt und erheblich vergrößert und mit eigenen Mitteln die ersten Wohngebäude in Guise sowie das Zweigwerk in Belgien errichtet.

Mit der Gewinnbeteiligung ab 1876, die einem Teil der Beschäftigten einen Anteil am Geschäftskapital verschaffte[1], begann die Umwandlung von einem Unternehmen mit einem Alleininhaber zu einem Unternehmen mit mehreren Gesellschaftern.

aa) „titres d'apport" und „titres d'épargne"

Gem. Art. 30 des Gesellschaftsvertrags von 1880 setzte sich das bei Gründung auf frs. 4,6 Mio geschätzte Geschäftskapital aus Einlagen (apports) und Sparanteilen (épargnes) zusammen. Diese Anteile waren durch sog. titres d'apport bzw. titres d'épargnes verbrieft. Die titres d'apport waren die Einlage des Gründers Godin, die sich 1880 auf rd. frs. 4,4 Mio belief[2].
Unter titres d'épargne oder Sparscheinen[3] verstand man die Geschäftsanteile, die die im Unternehmen Beschäftigten aufgrund des ihnen zufallenden Anteils am

1) vgl. Ausführungen auf S. 56.

2) vgl. Ausführungen auf S. 63.

3) Die deutsche Bezeichnung dafür ist nicht einheitlich, Kuhlmeyer, S. 126 nennt sie „Spartitel", Häntschke, S. 25 „Spareinlage-Titel".

Gewinn erhielten. Die bereits im Jahr 1876 begonnene Eigentumsübertragung mittels einer vertraglich festgelegten Gewinnbeteiligung war mit einer obligatorischen Geschäftsbeteiligung gekoppelt, d.h. die Gewinnanteile wurden nicht in bar ausbezahlt, sondern als Anteile am Geschäftskapital gutgeschrieben.
Gem. den Vorschriften der Art. 127 ff des Gesellschaftsvertrags gingen die Gewinnanteile der Beschäftigten tatsächlich in bar an Godin, dessen Einlagenscheine sich mit jeder Gewinnausweisung entsprechend verminderten.

(1) Rechtsnatur

Es war die gesellschaftsvertragliche Ausgestaltung der Anteilsscheine, die die Spezialität der Gesellschaft begründete. Die Anteilsscheine, insbes. die Sparscheine, die nach Einlösung der Einlagenscheine Godins alleinige Anteilsscheinarten in der Gesellschaft waren[1], glichen Aktien. Demgemäß werden sie in der Literatur oft als Aktien bezeichnet[2]. Genausowenig wie die Gesellschaft aber eine AG bzw. KGaA[3] war, waren die Anteilsscheine Aktien im Sinne des Gesetzes.

Beide Arten von Anteilsscheinen waren Namenspapiere. Sie enthielten Nummer und Kontoblatt des Inhabers, den Stempel der Gesellschaft sowie die Unterschriften des Verwaltungsdirektors und eines eigens dafür bestimmten Mitglieds des Aufsichtsrats[4].
Gem. Art. 49 Abs. 1 des Gesellschaftsvertrags von 1880 lauteten die Einlagenscheine auf frs. 500 oder ein vielfaches davon, die Sparscheine auf frs. 50. Jedoch gingen auch Sparanteile unter frs. 50 nicht verloren, sondern wurden auf einem besonderen Konto geführt[5].
Gegen Gebühr konnte das Gesellschaftsmitglied seinen gesamten Anteil oder einen Teil davon gem. Art. 49 stückeln lassen[6], andernfalls erhielt es ein Papier, auf dem die Höhe des Anteils am Ende eines jeden Geschäftsjahres fortlaufend eingetragen wurde[7].
Eine Stückelung war zumindest bei den Mitgliedern der Gesellschaft, die aktiv im Unternehmen arbeiteten, in der Praxis nicht üblich[8], so daß meist lediglich die beschriebenen Kontoauszüge geführt wurden.

1) anders Kuhlmeyer, S. 127.
2) so z.B. Wendlandt, S. 161.
3) so z.B. Wessel, S. 60.
4) vgl. Art. 50.
5) vgl. Art. 49 Abs. 2.
6) vgl. Art. 51.
7) vgl. Anhang.
8) vgl. auch Lestelle, S. 48.

(a) Rechte, die mit den Anteilsscheinen verbunden waren

Der Inhaber eines Einlagenscheins hatte gem. Art. 31 Abs. 1 Eigentum am Gesellschaftskapital in der Höhe, die sein Schein auswies.
Das gleiche Recht gewährte Art. 31 Abs. 2[1] einem Sparscheininhaber, soweit Art. 53, auf den später noch näher eingegangen wird, nichts anderes bestimmte.
Der Inhaber eines Anteilsscheins hatte demnach Eigentum an einem Teil des Gesellschaftskapitals. Allerdings waren die mit diesem Eigentum verbundenen Rechte stark eingeschränkt. Die Konstruktion lief letztlich nur auf ein Forderungsrecht des Gesellschafters gegenüber der Gesellschaft hinaus.
Diese Zwischenstellung hing auch von der Einordnung der société en commandite simple im französischen Recht als Personengesellschaft und gleichzeitig juristische Person ab.
Die Realisierung der Eigentümerbefugnisse war durch die Einlösungsvorschriften der Art. 44 ff des Gesellschaftsvertrags zusätzlich stark eingeengt.
Auch bei einem eventuellen Austritt bzw. Ausschluß aus der Gesellschaft blieb der Anteilsscheininhaber an diesen Einlösungsmodus[2] gebunden und konnte seinen Anteil nicht sofort von der Gesellschaft in bar fordern.
Andererseits war der Gesellschaft gem. Art. 33 Abs. 1 und 2 ausdrücklich das Recht eingeräumt, jeden Inhaber eines Anteilsscheins vollständig oder zum Teil durch Auszahlung der Summe seiner Anteilsscheine in bar abzufinden. Durch diese Auszahlung verlor der Abgefundene alle Ansprüche, war aber natürlich auch nicht mehr für später eintretende Verluste haftbar[3].

Die Inhaber von Einlagen- und Sparscheinen hatten ferner Anspruch auf einen Zins von maximal 5%[4] der Summe ihrer Anteile. Dieser Kapitalzins wurde vor Verteilung des Gewinns in bar ausbezahlt[5].

(b) Übertragbarkeit

Aufgrund der Zielsetzung der Gesellschaft, die im Unternehmen Tätigen auch zu Inhabern des Gesellschaftskapitals zu machen, konnten die Anteile gem. Art. 52 Abs. 1 grds. nicht an außenstehende Dritte übertragen werden.

1) Art. 31 Abs. 1 und 2 wurden durch Beschluß der Generalversammlung vom 15.11. 1885 gestrichen und dafür bei Art. 30 ein zweiter Abs. eingeführt: „Kein Mitglied hat vor Auflösung der Gesellschaft einen Anspruch auf das Gesellschaftskapital, der höher ist als die Summe seiner Einlagen- oder Sparscheine."

2) vgl. dazu Ausführungen auf S. 98.

3) vgl. Art. 33 Abs. 3 (ab 15.11.1885 eingeführt).

4) Der Zinssatz konnte gem. Art. 31 Abs. 4 je nach der finanziellen Lage gekürzt werden oder ganz wegfallen.

5) vgl. Art. 31 Abs. 3 und Art. 127 Nr. 4.

Allerdings konnte der Verwaltungsdirektor mit Zustimmung des Verwaltungsrates gem. Art. 52 Abs. 2 einen Inhaberwechsel genehmigen. Der Anteilsschein wurde dann an den Verwaltungsdirektor abgeliefert, der einen neuen ausstellen und dem neuen Inhaber übergeben ließ[1]. Der Inhaber eines Anteilsscheins konnte demnach durch Verkauf seines Anteils mit Zustimmung der Gesellschaft sich Bargeld verschaffen.

Art. 56 bestimmte ausdrücklich, daß die Rechte und Pflichten, die mit einem Anteilsschein verbunden sind, dem Schein nachfolgen.
Der neue Inhaber hatte demnach das gleiche Forderungsrecht gegen die Gesellschaft in Höhe seines Anteils und den Anspruch auf Zinsen.

Der bereits erwähnte Art. 53 befaßte sich mit der Rechtsnachfolge beim Tode eines Anteilsscheininhabers. Nach dieser Vorschrift hatte die Gesellschaft das Recht, eventuelle Erben, die nicht aktive Mitglieder der Gesellschaft waren, auszuzahlen und den Sparschein einzuziehen. Der Rechtsnachfolger mußte dabei mit 50% des Nennwerts seines Scheins vorliebnehmen, die anderen 50% waren für die von der Gesellschaft unterhaltene Rentenversicherung vorgesehen[2].
Falls der Erbe den Anteilsschein nicht herausgab, konnte die Gesellschaft ihn für ungültig erklären. Durch Hinterlegung der Summe bei der Depositenkasse (Caisse de Dépots et Consignations) wurde die Gesellschaft von ihrer Zahlungsverpflichtung frei[3].

Die Bestimmung des Art. 53 sollte, wie das Zustimmungserfordernis zur Übertragung eines Anteilsscheins, verhindern, daß zu viele Anteile der Gesellschaft an Außenstehende, nicht aktiv im Unternehmen Tätige, gelangten und damit eine Pervertierung der Vereinigung von Kapital und Arbeit eintrat.

(c) Zusammenfassung

Aus diesen Ausführungen ergibt sich, daß die Anteilsscheine – soweit es überhaupt zu ihrer Ausstellung kam – eine Mittelstellung zwischen einer schriftlichen Bestätigung eines Anteils an einer Personengesellschaft und einer Aktie einnehmen.
Sie waren Wertpapier insofern, als an ihren Besitz gewisse Rechte (Forderungsrecht, Zinsanspruch) geknüpft waren. Art. 56 stellte ausdrücklich fest, daß diese Rechte dem Papier nachfolgen.

1) vgl. Art. 52 Abs. 3 ff.

2) vgl. dazu ausführlich auf S. 129 ff.

3) vgl. Art. 54.

Die Anteilsscheine sind keine Aktien, da sie – abgesehen davon, daß sie immer Namenspapiere sind[1] – nicht ein Recht auf Teilnahme an der Generalversammlung verbrieften.
Art. 32 Abs. 1 bestimmte ausdrücklich, daß die Anteilsscheine, wie überhaupt die Tatsache, daß jemand einen Anteil am Gesellschaftskapital hatte, nicht das Recht geben, sich in die Tätigkeit der Organe der Gesellschaft sowie die Angelegenheiten des Familistère und Fabrikbetriebs einzumischen.
Die Interessen der Gesellschaftsmitglieder wurden ausschließlich von einer bestimmten Kategorie von Mitgliedern, den „associés"[2], die die Generalversammlung bildeten, wahrgenommen.
Jeder Erwerber eines Anteilsscheins mußte dieser Wahrnehmung seiner Rechte durch die Generalversammlung und den Aufsichtsrat[3] gem. Art. 32 Abs. 2 zustimmen. Wegen ihrer Bedeutung war diese Regelung auf jedem Anteilsschein aufgedruckt[4].

(2) Rechtliche Bedenken gegen die Ausgabe von Sparscheinen

Während die Beteiligung von Beschäftigten am Gewinn des Unternehmens in einer Reihe von anderen bereits genannten Musterbetrieben praktiziert wurde, lag die Besonderheit bei der Gesellschaft in Guise darin, daß die Gewinnbeteiligung an eine Kapitalbeteiligung gekoppelt war, und zwar in der Weise, daß der Gewinnanteil zwingend in einen Anteil am Gesellschaftskapital umgewandelt wurde.
Im Gegensatz zu der freiwilligen Methode des Erwerbs eines Geschäftsanteils, wie z.B. bei Laroche-Joubert und Borchert[5] praktiziert, erfolgte der Erwerb eines Anteils am Gesellschaftskapital automatisch und zwingend.

Gegen diese Konstruktion der Einbehaltung der vertraglich zugesicherten Gewinnanteile und Umwandlung in Anteile am Geschäftskapital wird v.a. die Kollision mit dem Grundsatz der Dispositionsfreiheit vorgebracht[6].
Dabei wird eingeräumt, daß die Veränderung der Eigentumsverhältnisse auf freiwilliger Basis mit Sicherheit zu einem Mißerfolg geführt hätte, weil die Arbeiter Ende des 19. Jahrhunderts wenig Eifer gezeigt hätten, Mitgesellschafter bzw. Nachfolger ihrer Fabrikherren zu werden. Eine obligatorische Eigentumsübertra-

1) vgl. Rehfeldt-Zöllner, § 28, II.
2) vgl. dazu Ausführungen auf S. 89.
3) vgl. zu diesem Gremium Ausführungen auf S. 107.
4) vgl. Art. 32 Abs. 3.
5) weitere Beispiele bei Trombert, S. 144 ff.
6) vgl. Duval, S. 101.

gung als „une douce violence pour les (les ouvriers, Anm. d. Verf.) contraindre à devenir capitalistes“, wie Gide[1] es ausdrückt, sei demnach zwar allein erfolgversprechend gewesen, aber wegen des Verstoßes gegen die Dispositionsfreiheit nicht unbedenklich.
Dem ist entgegenzuhalten, daß in dem konkreten Fall der Gesellschaft in Guise die Mitgliedschaft freistand und die Arbeiter, die zunächst keinen Anteil am Kapital hatten, durch das praktizierte System von vorneherein ein durch die Dispositionsfreiheit in diesem Bereich eingeschränktes Eigentumsrecht erhielten. Die Einschränkung war auch nur vorübergehend, nämlich bis zur Einlösung der Anteile[2], gegeben.

Eine weitere Gefahr des obligatorischen Systems wird darin gesehen, daß die in Gesellschaftsanteile umgewandelten Gewinnanteile allen Krisen eines industriellen Unternehmens unterliegen, d.h. die Gewinnanteile können ganz verloren gehen[3].
Dieses Argument verliert jedoch an Überzeugungskraft, wenn man bedenkt, daß es sich bei der Kapitalbeteiligung nicht um vom Lohn abgesparte Beträge der Arbeitnehmer handelte, sondern um die Erträge aus der Gewinnbeteiligung, die über den üblichen Lohn hinausgingen[4].

Nach der Meinung von Godin war die Verbindung von Gewinn- und Kapitalbeteiligung für die Emanzipation der Arbeiter und die Entwicklung der Genossenschaft notwendig:

> „. . . il ne faut pas que les bénéfices revenant aux travailleurs soient distraits de l'industrie; il faut qu'ils servent à accroître les moyens d'action de l'Association. Le travailleur a droit à un dividende proportionnel à son concours, mais ce dividende doit être converti en part d'intérêt dans le capital de la société. Procéder différemment, distribuer en espèces aux ayants droit leur part de bénéfices, serait enlever à l'industrie ses moyens d'action et de progrès, sans produire autre chose qu'un avantage pécuniaire et passager pour l'ouvrier.“[5]

Godin lag nicht daran, die Arbeiter zwangsweise zu Aktionären eines Teils des Gesellschaftskapitals zu machen, wie z.B. bei Isaak und Billon[6], sondern in ihnen ein wirkliches Verantwortungsbewußtsein für das Unternehmen und für die Mitmenschen zu wecken:

1) Gide, zit. nach Duval, S. 103.

2) vgl. dazu Ausführungen auf S. 98.

3) vgl. Duval, S. 102.

4) vgl. Trombert, S. 144.

5) Godin, 1880, S. 70.

6) vgl. dazu nähere Angaben bei Frommer, S. 85 ff.

„. . . Participant aux bénéfices à ce double titre, il se trouve doublement intéressé à l'entreprise sans que l'accès à la propirété puisse développer en lui l'instinct de l'égoité. Son intérêt l'amène au contraire au sentiment de la fraternité, car c'est dans la prospérité générale que se trouve la sienne propre. L'Association conduit donc à la pratique de la morale fraternelle, comme la morale fraternelle conduit à l'Association."[1]

bb) Zufluß zum Gesellschaftskapital durch testamentarische Verfügung Godins

Die Übertragung des Eigentums am Gesellschaftskapital auf die Mitglieder der Gesellschaft wurde nicht unwesentlich beschleunigt durch ein Vermächtnis, das Godin in Art. XVI seines Testaments vom 30.6.1887 verfügte.
Darin bestimmte er, daß die Hälfte seines Vermögens, ein Betrag von frs. 3,1 Mio[2], den Mitgliedern der Gesellschaft zufallen solle, allerdings unter bestimmten, in Ziffer IX genannten Voraussetzungen[3].
Als Grund für das Vermächtnis gab Godin an[4], daß er bis zur Einführung der Gewinnbeteiligung im Unternehmen beträchtliche Summen für sich und seine Familie verwendet habe, die eigentlich den Beschäftigten zugestanden und an sie hätten ausbezahlt werden müssen.
Mit dem Vermächtnis habe er diese Schulden der Vergangenheit tilgen wollen.
Das Vermächtnis war allerdings an die Bedingung geknüpft, daß die Gesellschaft nach dem Vertrag von 1880 fortgeführt würde. Jede vorzeitige Auflösung hätte den Wegfall des Vermächtnisses zur Folge. Dies war eine Klausel, die später noch einmal Bedeutung erlangen sollte[5].
Godin wollte mit dieser Bedingung sicherstellen, daß der Betrag nicht dem einzelnen Arbeiter zugutekam, sondern der von ihm gegründeten Gemeinschaft der Arbeiter.

b) Eigentumsverhältnisse ab 1894

Mit dem Geschäftsjahr 1894 waren alle Geschäftsanteile Godins zurückgezahlt, und das Gesellschaftskapital war vollständig auf die société en commandite simple mit den Beschäftigten als Gesellschaftern übergegangen[6].

1) Godin, 1880, S. 70.

2) vgl. Trombert, S. 292.

3) vgl. Testamentsauszüge bei Fischer, S. 18; Bernardot, S. 40 ff; am umfassendsten bei Moret, Doc. III, App. II, S. 535 ff.

4) vgl. Art. VIII des Testaments.

5) vgl. Ausführungen auf S. 77 Fn. 4.

6) Dieser Zeitpunkt wird vom überwiegenden Teil der Literatur genannt; MacSay, S. 29 und Lacroix, S. 7, Fn. 2 nennen das Jahr 1902, Choiselle, S. 218 das Jahr 1896.

Bemerkenswert ist, daß Godin nicht – wie es einige seiner Unternehmerkollegen praktiziert haben – den Eigentumsübergang vertraglich begrenzt hatte, um seiner Familie einen bestimmten, u.U. mehrheitlichen Anteil am Gesellschaftskapital und/oder einen Platz in der Führungsetage des Unternehmens zu sichern. Godin hatte nicht das Problem der Kinderlosigkeit, aus seiner ersten Ehe stammte der Sohn Emile, der seit den 60er Jahren des 19. Jahrhunderts im Unternehmen mitarbeitete. Godins zweite Frau war Gründungsmitglied der Gesellschaft[1]. Allerdings sah Godin selbst in dem eigenen Sohn nicht den geeigneten Nachfolger. Emile Godin teilte nicht die sozialpolitischen Bestrebungen des Vaters. Er starb zudem 8 Tage vor dem Vater, im Januar 1888.

Auch ein dem Vater gleichgesinnter Sohn hätte allerdings wohl kaum zu einer anderen Ausgestaltung der Vorschriften des Gesellschaftsvertrags über den Übergang des Eigentums geführt. Dazu war Godin von dieser Regelung zu sehr überzeugt.
Denkbar wäre aber gewesen, daß Godin einem Verwandten, der seine Ideen geteilt hätte, einen Platz in der Leitung eingeräumt hätte, um der Gesellschaft die Integrationsfigur zu geben, die er selbst zu seinen Lebzeiten war.
Godin hatte sich auch im Gesellschaftsvertrag von 1880 vorbehalten, für das Amt des Verwaltungsdirektors einen Nachfolger zu benennen[2]. Sein wohl überraschender Tod nach einer Erkältungskrankheit hatte ihn dann daran gehindert.

In seinem Testament bedauert Godin, daß durch die Vorschriften des französischen Erbrechts eine Hälfte seines Vermögens zwingend an seinen Sohn bzw. dessen Abkömmlinge fällt[3]. Für eventuelle Bemühungen Godins, u.U. auch diesen Pflichtteilsanspruch zu entziehen, bestehen keine Anhaltspunkte.

Da der Familie Godin somit keine Vorzugsrechte eingeräumt waren, war diese tatsächlich 1894 ganz aus dem Unternehmen ausgezahlt und auch in der Leitung nicht mehr vertreten.
Marie Godin-Moret war zwar für ein paar Monate nach dem Tode Godins Verwaltungsdirektorin, sie hatte dies jedoch selbst als Übergangslösung angesehen und nie eine längerfristige Leitungsfunktion angestrebt[4].

1) vgl. S. 63.

2) vgl. Art. 12 Nr. 4.

3) vgl. Ziffer XVI des Testaments.

4) Marie Godin hatte vielmehr ihre Hauptaufgabe in der Betreuung, Erziehung und Ausbildung der Kinder in den verschiedenen Einrichtungen der Gesellschaft gesehen.

Im Jahr 1919 war auch das hypothekarisch gesicherte Darlehen, das Godin 1885 der Gesellschaft gewährt hatte, an die Erben zurückgezahlt[1].

aa) Mitgliederhierarchie

Viel diskutiert worden ist die eigenartige Mitgliederhierarchie, die Godin im Vertrag von 1880 schuf und die bis zur Umwandlung der Gesellschaft in eine s.a. im Jahr 1968 bestand.

Die Gesellschaft setzte sich gem. Art. 9 aus folgenden Mitgliedern zusammen:

1. Associés (Assoziierte)
2. Sociétaires (Sozietäre)
3. Participants (Partizipanten)
4. Intéressés (Interessenten)[2].

Die Kriterien für die einzelnen Gruppen waren in Art. 14 bis 29 ausführlich festgelegt und sollen hier nicht wiederholt werden.
Bemerkenswert ist nur, daß die Einteilung – mit Ausnahme der Gruppe der associés und der Gruppe der intéressés – nicht an einen der Höhe nach bestimmten Kapitalanteil anknüpfte. Kriterien waren vielmehr Alter, Beschäftigungsdauer im Unternehmen, Wohnung in den Familistère-Gebäuden[3] und Zustimmung zur Aufnahme in die Gesellschaft durch die dafür vorgesehenen Gremien. Lediglich bei den associés war ein Mindestanteil von frs. 500 am Gesellschaftskapital zwingend vorgeschrieben[4].

Auch die intéressés hielten einen Gesellschaftsanteil. Ihre Position bestand gerade und nur darin, einen Gesellschaftsanteil zu haben, ohne daß sie im Unternehmen arbeiteten.
Allein diese beiden Gruppen, die associés und die intéressés, besaßen demnach in jedem Fall Kommanditisteneigenschaft, während die Mitglieder der anderen Gruppen Kommanditisten sein konnten, falls sie durch längere Tätigkeit im Unternehmen einen Kapitalanteil erworben hatten.

1) Nach Delabre, Gautier, S. 102 lief das Konto mit dem Barvermögen der Gesellschaft zu Lebzeiten Godins auf seinen Namen. Um zu verhindern, daß im Falle seines Todes die Erben darauf zugriffen, gewährte Godin die Summe von frs. 3 Mio, die das Konto aufwies, als Darlehen der Gesellschaft.

2) Die deutschen Bezeichnungen in der Lit. sind nicht einheitlich, so nennt sie z.B. Häntschke, S. 12 „Commanditisten, Mitglieder, Teilhaber, Interessenten", Wieser, S. 136 „Gesellschafter, Mitglieder, Teilhaber, Interessenten".

3) Da die beiden ranghöchsten Gruppen zwingend in den Familistère-Gebäuden wohnen mußten, vgl. Art. 14 Nr. 2, 17 Nr. 3, soll es sich nach Choiselle, S. 207, Fn. 4 dabei nicht um Arbeiterwohngebäude gehandelt haben.

4) vgl. Art. 14 Nr. 5.

Für die ersten drei Mitgliedergruppen war auch nicht etwa die Höhe des Lohns oder Gehalts ausschlaggebend. Man konnte vielmehr unter den associés einen Arbeiter finden, dessen Lohn genauso hoch oder niedriger war als der eines participant[1].

Die Haftung für das Gesellschaftskapital war demnach auch unabhängig von der Mitgliederhierarchie. Sie richtete sich nach den Regeln des C. com. über die société en commandite simple, d.h., vom Komplementär abgesehen, hafteten die Mitglieder der Gesellschaft, die einen Kommanditanteil besaßen, bis zur Höhe ihres Anteils.

(1) Gründe für die Einführung der Mitgliederstaffelung

Die Einteilung der Mitglieder der Gesellschaft in verschiedene Gruppen, die unterschiedliche Rechte, insbes. bei der Verteilung des Gewinns[2], genossen, ist auf lebhafte Kritik gestoßen. Sie wurde als „bürgerliche Hierarchie", „aristokratischer Beigeschmack", „Schaffung eines neuen Klassensystems anstelle des alten"[3] verurteilt.

Godin ist bei dieser Mitgliederstaffelung nicht unbedingt Fourier gefolgt, obwohl auch Fourier die Mitglieder seiner Phalanstère-Siedlung in verschiedene Gruppen, wie die „réserve" und die „novices"[4], eingeteilt hat.

Eine ähnliche Einteilung der Mitglieder findet sich in dem schon erwähnten Unternehmen Leclaire. Dort waren die Arbeiter in fünf Gruppen aufgeteilt[5]. Die ranghöchste Gruppe bei Leclaire war der „noyau", dessen Mitglieder ein besonderes Vorrecht auf Arbeit und andere Vergünstigungen hatten. Dieser „noyau" entsprach in etwa der Gruppe der associés bei der Familistère-Gesellschaft.

Die Mitgliederstaffelung des Vertrags von 1880 war jedoch nicht von vorneherein geplant.
Godin hatte sich dazu erst aufgrund der Erfahrungen in den Jahren vor der Gründung der Gesellschaft entschlossen.
Damals war Godin ständig bemüht gewesen, die Arbeiter an der Ausarbeitung von Regelungen für die zu gründende Gemeinschaft zu interessieren und zu be-

1) vgl. Duval, S. 70.

2) vgl. dazu Ausführungen auf S. 103.

3) vgl. Duval, S. 68; Post, S. 4; Axhausen, S. 78.

4) vgl. Delabre, Gautier, S. 77.

5) vgl. Gabriel, S. 36.

teiligen[1]. Zum Leidwesen Godins hatte sich dabei gezeigt, daß die Arbeiter noch eines langen Lern- und Erziehungsprozesses bedurften[2].
Auf Versammlungen im Februar und März 1878 hatte Godin die Schaffung von zwei Hauptgruppen von Mitgliedern vorgeschlagen, nämlich Personen, die im Unternehmen arbeiten und schon einen Geschäftsanteil haben (associés), und solche, die nur im Unternehmen arbeiten (auxiliaires)[3].
Der Vertragsentwurf von 1878[4] sah eine Einteilung in associés, sociétaires, intéressés und auxiliaires[5] vor.
Godin glaubte, daß in dem langsamen Durchlaufen der verschiedenen Mitgliederstufen und dem damit verbundenen Lernprozeß die Gewähr dafür liege, daß ein Höchstmaß an Interesse an den Belangen der Gesellschaft entwickelt werde.

(2) Bedingungen für die Aufnahme in die verschiedenen Mitgliedergruppen

Art. 10 stellte Bedingungen für die Aufnahme in die einzelnen Mitgliedergruppen auf, die außer den in den Art. 14 bis 29 festgelegten Kriterien erfüllt werden mußten.

Notwendig war danach, neben einem einwandfreien Lebenswandel, die Stellung eines förmlichen Aufnahmeantrags an den Verwaltungsdirektor sowie die Anerkennung sämtlicher Regelungen des Gesamtvertragswerks. Eine Verpflichtungserklärung, diese genauestens einzuhalten, wurde gem. Art. 11 Abs. 1 in einem besonderen Aufnahmebuch festgehalten.

Über die Aufnahme in die Gruppe der associés entschied die Generalversammlung[6], über die Aufnahme als sociétaire oder participant der Verwaltungsrat[7].

Die Ausschlußgründe waren in Art. 26 aufgeführt. Beachtenswert ist dabei neben Trinken (Art. 26 Nr. 1), Unsauberkeit der Familie und Wohnung in den Familistère-Gebäuden (Nr. 2), Unpünktlichkeit bei der Arbeit (Nr. 4) die Weigerung eines Mitglieds, seine Kinder zum Unterricht in die Schule der Gesellschaft zu schicken (Nr. 6).

1) vgl. Ausführungen auf S. 56.
2) vgl. Hoog, S. 104.
3) vgl. Moret, Doc. III, S. 390.
4) vgl. Moret, Doc. III, S. 443 ff.
5) Zu den auxiliaires (Hilfskräften) vgl. S. 108.
6) vgl. Art. 59 Nr. 5.
7) vgl. Art. 99.

Letzteres zeigt, welche Bedeutung Godin der Ausbildung der Kinder der Familistère-Mitglieder beigemessen hat[1]. Godin war damit einem der Genossenschaftsbewegung insgesamt eigenen Grundsatz gefolgt, daß auf die Erziehung und Fortbildung junger Mitglieder großer Wert gelegt werden müsse, da die Beseitigung der sozialen Leiden nicht durch Gesetzgebung herbeigeführt werden könne, sondern nur durch eine innere Veränderung der Menschen, daß also die soziale Frage im Grunde nicht politischer, sondern moralischer Natur sei[2].

Art. 26 Nr. 5 nannte ferner Undiszipliniertheit und Gewalttätigkeit. Aufgrund dieser Vorschrift wurden einige Mitglieder während des Streiks im Jahr 1929 aus der Gesellschaft ausgeschlossen[3].

Gem. Art. 117 Abs. 4 konnte auch die Weigerung, einen Streit über den Schlichtungsausschuß[4] beizulegen, zum Ausschluß führen.

Die Form des Ausschlusses richtete sich wie die Aufnahme danach, welcher Gruppe das Mitglied angehörte. So war für den Ausschluß eines associés ein 2/3-Mehrheitsbeschluß des Verwaltungsrats und der Generalversammlung notwendig[5].
Der Ausschluß eines sociétaire und participant wurde vom Verwaltungsrat mit einfacher Mehrheit beschlossen[6].

Die Rechtsfolgen eines Ausschlusses regelte Art. 28. Danach erhielt der Ausgeschlossene die Stellung eines einfachen Teilhabers am Gesellschaftskapital. Mit dem Tag des Ausschlusses entfielen alle Rechte auf Gewinnbeteiligung. Da Mitgliedschafts- und Arbeitsverhältnis – falls beides gleichzeitig gegeben war – unabhängig voneinander bestanden, war es denkbar, daß der aus der Gesellschaft Ausgeschlossene gleichwohl Arbeiter oder Angestellter blieb[7].

1) Interessant dazu ist, daß die allgemeine Schulpflicht in Frankreich erst ab 1882 gesetzlich eingeführt, vor dem Jahr 1900 jedoch nicht befolgt wurde, vgl. Choiselle, S. 208, Fn. 2; man kann sich deshalb vorstellen, welch bevorzugte Stellung die Familistère-Mitglieder und ihre Kinder im Vergleich zu der übrigen Bevölkerung von Guise und Umgebung einnahmen.

2) vgl. Schulze-Gaevernitz, S. 341, 342.

3) vgl. dazu nähere Ausführungen auf S. 125.

4) vgl. dazu Ausführungen auf S. 110.

5) vgl. Art. 27.

6) vgl. Art. 27 Abs. 3.

7) vgl. Dunand, S. 101.

bb) Problemgruppen

Von der genossenschaftlichen Konzeption her stoßen besonders zwei im Unternehmen vertretene Gruppen auf Bedenken.
Das ist einmal die zu den Mitgliedern zählende schon erwähnte Gruppe der intéressés und zum anderen die zahlenmäßig beträchtliche Gruppe der im Unternehmen beschäftigten Hilfskräfte (auxiliaires). Diese Gruppe wurde im Vertrag von 1880 – im Gegensatz zu dem Entwurf von 1878 – nicht mehr zu den Mitgliedern der Gesellschaft gerechnet.

Das Vorhandensein von intéressés und auxiliaires widerspricht an sich dem genossenschaftlichen Prinzip der Identität („double qualité des associés-usagers")[1]. Beide Gruppen werden deshalb von einer bestimmten Richtung in der Lehre für die reine Produktivgenossenschaft grds. abgelehnt[2].
Nach dieser Richtung verrät die Genossenschaft ihr Ziel der Abschaffung des Lohnsystems, wenn sie Hilfskräfte beschäftigt, und schafft neue Patrone, wenn sie intéressés zuläßt:

> „Or, l'association coopérative de production a pour but et pour idéal l'abolition du salariat; si donc elle maintient dans son propre sein des salariés, elle trahit son programme et, en quelque sorte, se suicide elle-même en perpétuant le salariat qu'elle devait abolir . . .
> Ils (les intéressés, Anm. d. Verf.) sonst simplement des capitalistes, disons même une espèce de patrons . . ."[3]

Andererseits wurden den Genossenschaften als üblich anzusehende Erscheinung[4] insbes. Hilfskräfte zugestanden, wenn ihre Erforderlichkeit ausreichend begründet werden konnte:

> „. . . il est bien certain que le fait seul de ne pas faire participer les auxiliaires aux bénéfices n'enlèvera pas à une association son droit à revendiquer le titre d'association ouvrière de production, si elle peut invoquer des motifs réels et plausibles qui légitiment entièrement cette manière de faire."[5]

1) vgl. Ramadier bei Coutant, S. 8.

2) vgl. Gide, 1923, S. 5; Lavergne, S. 35.

3) Gide, 1923, S. 5.

4) vgl. Leifert, S. 66.

5) Chagot, S. 17, 18.

(1) Intéressés

Die Gruppe der intéressés waren reine Kapitalteilhaber, die nicht im Unternehmen tätig waren, sondern nur einen Kapitalanteil hielten und aufgrund dessen einen Zinsanspruch und einen Anspruch auf Gewinn gegenüber der Gesellschaft hatten[1].

Der Grund für die Schaffung dieser Gruppe, deren Stellung in Art. 29 beschrieben war, mag zunächst von Godin darin gesehen worden sein, daß er seine Rechtsnachfolger in einer eigenen Kategorie zusammenfassen wollte[2], die deren Sonderstellung – im einschränkenden Sinne – besonders dokumentieren sollte.
Die Gruppe war jedoch auch nach Auszahlung der Erben Godins nicht gegenstandslos. Auch die Gesamtrechts- bzw. Einzelrechtsnachfolger anderer Gesellschaftsmitglieder, sowie de facto auch die Beschäftigten, die aufgrund Alters oder Invalidität ihre aktive Tätigkeit im Unternehmen eingestellt hatten, waren dieser Kategorie zuzurechnen[3]. Wenn ein associé, sociétaire oder participant nicht mehr im Unternehmen arbeitete, erhielt er auch keinen auf den Faktor Arbeit entfallenden Gewinn mehr, sondern nur Zinsen und Gewinnanteile für den bereits erworbenen Kapitalanteil. Er hatte damit keine anderen Rechte mehr als ein intéressé.

Zu bedenken ist jedoch, daß die typischen Interessenten, also die reinen Geldgeber, die nur eine finanzielle Einlage in das Unternehmen leisten und im übrigen am Fortgang der Geschäfte nicht mehr aktiv beteiligt sind, bei Godin zumindest zahlenmäßig lange Zeit kleingehalten werden konnten, da aufgrund der vorhandenen Finanzkraft fremde Geldgeber – im Gegensatz zu den typischen Arbeiterproduktivgenossenschaften, die in der Regel an Kapitalmangel litten – nicht notwendig waren.
Die intéressés entstanden in der Gesellschaft grds. erst durch Einzel- oder Gesamtrechtsnachfolge.

1881, ein Jahr nach der Gründung der Gesellschaft, gab es keine Mitglieder in der Gruppe der intéressés. 1882 gab es dann 153 intéressés, ihre Zahl stieg langsam, aber stetig an bis 500 bei Jahrhundertwende[4].
Von einer Pervertierung der Gesellschaft durch den Anstieg der Interessenten-Gruppe kann deshalb nicht die Rede sein, wenngleich die Genehmigung zur Ver-

1) vgl. Art. 31.

2) vgl. Choiselle, S. 207, Fn. 3.

3) vgl. Delabre, Gautier, S. 78.

4) vgl. z.B. Tabelle bei Delabre, Gautier, nach S. 80, die allerdings die rétraités noch extra aufführen.

äußerung von Anteilen anscheinend immer öfters durch den Verwaltungsdirektor erteilt wurde und damit ganz fremde Mitglieder in die Gesellschaft gelangten.
Das Verhältnis der intéressés zu den aktiven Mitgliedern der Gesellschaft betrug im Jahr 1900 500 zu rd. 1000, im Jahr 1910 420 zu rd. 1300, 1930 250 zu 1600 und 1960 130 zu rd. 900[1].

Durch die in Art. 44 festgelegte kontinuierliche Einlösung alter Anteilsscheine wurden sie mit der Zeit – durchschnittlich innerhalb von 5 Jahren – aus der Gesellschaft ausgezahlt.
Neue Anteile konnten die intéressés aufgrund des Gewinnverteilungssystems, wie schon erwähnt, nicht mehr erwerben.

(2) Auxiliaires

Die zweite Problemgruppe der Hilfskräfte waren nicht Mitglieder der Gesellschaft. Gleichwohl enthielt der Gesellschaftsvertrag Vorschriften über sie.
Die Hilfskräfte wurden gem. Art. 34 Abs. 1 als reine Arbeitskräfte angestellt und hatten nur einen Anspruch auf Lohn und auf die Leistungen der Hilfskassen[2].
Sie konnten auch zu einer Wohnung in den Familistère-Gebäuden zugelassen werden[3].
Alle Hilfskräfte waren in einer besonderen Liste zu führen[4].

Der Hauptnachteil dieser Gruppe lag darin, daß sie keinen Anspruch auf Gewinn hatte und aufgrund der Koppelung von Gewinn- und Kapitalbeteiligung damit auf dem üblichen Wege keine Möglichkeit für sie bestand, einen Gesellschaftsanteil zu erwerben.
Der auf den Lohn der Hilfskräfte entfallende Anteil am Gewinn wurde aber nicht von der Gesellschaft vereinnahmt, sondern floß in die Hilfskassen[5].

Was Godin zur Zulassung von Hilfskräften veranlaßte, waren praktische Gründe. Er rechtfertigte diese Gruppe damit, daß die Gesellschaft einen gewissen Handlungsspielraum brauche, der es ihr erlaube, insbes. in Krisenzeiten Personal zu entlassen, andererseits aber die fähigsten Arbeiter zu halten[6].

1) vgl. S. 94 Fn. 4.
2) vgl. Art. 36 Abs. 1.
3) vgl. Art. 36 Abs. 3.
4) vgl. Art. 35.
5) vgl. Art. 81 der Arbeitsordnung.
6) vgl. Moret, Doc. III, S. 391, 392.

Ob eine Produktivgenossenschaft überhaupt Hilfskräfte beschäftigen darf, war in der zweiten Hälfte des 19. Jahrhunderts, wie schon erwähnt, eine viel diskutierte Frage. Aufgrund der Chancengleichheit und Konkurrenzfähigkeit mit anderen Unternehmen wurde aber auch den Genossenschaften überwiegend – zumindest für eine Übergangszeit – die Beschäftigung von Hilfskräften zugestanden. Gefordert wurde allerdings die Möglichkeit, daß auch Hilfskräfte nach einiger Zeit zu Mitgliedern aufrücken können[1].
In der Familistère-Gesellschaft stand diese Möglichkeit offen[2].
Ein Arbeiter oder Angestellter konnte nach einjähriger Beschäftigungsdauer im Unternehmen, mit Vollendung des 21. Lebensjahres und nach eventueller Befreiung vom Militärdienst in die unterste Mitgliedergruppe der participants einrücken.

Fraglich ist allerdings, ob nicht bei der formellen Voraussetzung, der Aufnahme durch Verwaltungsrat und Verwaltungsdirektor, das eigentliche Hindernis lag.
Die Gefahr der Abschottung nach unten, also die Tendenz, möglichst keine neuen Mitglieder aufzunehmen, zeigte sich häufig bei Genossenschaften[3].
Allerdings dürfte diese Tendenz bei der Gesellschaft, wenn überhaupt, innerhalb der privilegiertesten Gruppe der associés aufgetreten sein. Diese Gruppe, die über die Aufnahme eines neuen Mitglieds auch selbst entschied – die Generalversammlung bestand nur aus associés[4] –, hatte zweifellos die Sonderstellung im Unternehmen. MacSay nennt sie eine „minorité princère et détestée“[5], Duval[6] charakterisiert sie wie folgt: „Ce sont les dignitaires de l'institution, ceux qui constituent la pépinière de futurs directeurs, membres des Conseils et autres hautes fonctionnaires.“

Ein Überblick[7] ergibt, daß im ersten Jahr des Bestehens in der Familistère-Gesellschaft 911 Hilfskräfte 608 Mitgliedern gegenüberstanden, also eineinhalb mal soviel Hilfskräfte wie Mitglieder im Unternehmen arbeiteten.
Die Zahl der Hilfskräfte nahm entsprechend der Zunahme der Zahl der participants jedenfalls bis 1900 ab. Ein so starkes Mißverhältnis wie kurz nach der Gründung ist auch bis 1966 nicht mehr aufgetreten.

1) vgl. Hoog, S. 107.
2) vgl. Art. 36 Abs. 2.
3) vgl. Fuchs, S. 24.
4) vgl. dazu Ausführungen auf S. 108.
5) MacSay, S. 34.
6) Duval, S. 68.
7) vgl. Delabre, Gautier, Tabelle nach S. 80.

Im Jahr 1900 standen rd. 1000 aktiven Mitgliedern 700 Hilfskräfte gegenüber, 1910 war das Verhältnis rd. 1300 zu 950, 1930 rd. 1600 zu 800 und 1960 rd. 1000 zu 280[1].

Daraus ergibt sich, daß der Zugang zur Gruppe der participants nach Erfüllung der Altersgrenze und Beschäftigungsdauer gem. Art. 18 ohne weitere Hindernisse möglich war.
Der weitere Aufstieg in die Gruppe der sociétaires schien dann langsamer vor sich zu gehen.
Während z.B. die Zahl der participants von 1886 bis 1887 um 23 abnahm, stieg die Zahl der sociétaires nur um 2.

Daß nach der Statistik die Zahl der associés mit Steigerungen bis 1900 ab der Jahrhundertwende immer annähernd gleich blieb, die Zahl der sociétaires immer auffallend gering war, während die participants immer die stattlichste Zahl bildeten, hatte den Hauptgrund wohl darin, daß die beiden höchsten Gruppen in den Familistère-Gebäuden wohnen mußten. Deren Aufnahmekapazitäten waren aber beschränkt. Ab 1885 wurden keine neuen Gebäude mehr errichtet. Zudem durften die aus dem Arbeitsprozeß ausgeschiedenen Mitglieder ihre Wohnungen in den Gebäuden der Gesellschaft behalten[2].
Ferner wurde die Aufnahme in die Gruppe der sociétaires auch durch die dreijährige Mindestbeschäftigungsdauer verlangsamt[3].

(3) Parallele Erscheinungen in anderen Unternehmen

Es hat sich tatsächlich in der Praxis gezeigt, daß genossenschaftliche Vereinigungen, insbes. wenn sie eine ähnliche Entstehungsgeschichte hatten wie die Familistère-Gesellschaft, nicht ohne diese an sich systemwidrigen Gruppen der Interessenten und Hilfskräfte auskamen.
Hilfskräfte fanden sich ebenfalls bei den aus einem patronalen Unternehmen hervorangegangenen Betrieben von Leclaire, Laroche-Joubert und Au Bon Marché.

Bei den zu Beginn der 80er Jahre des 19. Jahrhunderts gegründeten Produktivgenossenschaften waren mit wenigen Ausnahmen keine Hilfskräfte beschäftigt, wobei aber die Zahl der Genossen, die nicht im Unternehmen arbeiteten, also die der Interessenten, größer war, was dann auch dazu geführt hat, daß diese Genossenschaften mehr den Charakter von Kapitalgesellschaften angenommen haben[4].

1) vgl. S. 96 Fn. 7.

2) vgl. auch Delabre, Gautier, S. 81.

3) vgl. Art. 17.

4) vgl. Crüger, S. 121, 122.

Bei der Association des Ouvriers en Instruments de Précision (AOIP) in Paris, die 1896 von 60 Gewerkschaftsmitgliedern gegründet wurde und als größte Produktivgenossenschaft Frankreichs gilt, standen 1956 395 Genossen 1085 Hilfskräften gegenüber[1].

Ein Beispiel eines Unternehmens aus diesem Jahrhundert, das keine Hilfskräfte beschäftigte, ist die 1944 gegründete Zeitungsdruckerei Le Courrier Picard in Amiens[2].

cc) Ständiger Wechsel des Eigentums am Gesellschaftskapital durch Mitgliederwechsel

Die zentrale Bestimmung für die ständige Weiterübertragung des Eigentums am Gesellschaftskapital auf die jeweils aktiven Mitglieder der Gesellschaft ist der Art. 44. Diesem liegt die Zielvorstellung zugrunde, daß die aktiv im Unternehmen Arbeitenden auch den Großteil des Gesellschaftskapitals in Händen haben sollten. Godin verstand die „Vereinigung von Kapital und Arbeit" nicht so, daß etwa Kapitalgeber und Arbeiter eine Gemeinschaft bilden sollten, sondern, daß die Faktoren Kapital und Arbeit im Idealfall in einer Person zusammenfallen. Das Kapital war für ihn nur das Resultat einer bereits erbrachten Arbeit[3].

Gerade der Art. 44 sollte eine Pervertierung der Gesellschaft und ihrer genossenschaftlichen Prinzipien verhindern und damit dem Faktor Arbeit das größte Gewicht sichern.

(1) Kontinuierliche Einlösung der ältesten Sparscheine

Art. 44 bestimmte, daß zunächst die titres d'apport des Gründers Godin eingelöst werden und danach die jeweils ältesten Sparscheine zur Einlösung kommen. Diese Vorschrift war in den Katalog des Art. 138 aufgenommen und stand demnach nicht zur Disposition der Generalversammlung.

Das Ausscheiden alter und die Aufnahme neuer Mitglieder führte nicht zu einer Veränderung des Kapitals der Gesellschaft, da in dem Maße, in dem neue Anteilsscheine ausgegeben, alte eingezogen wurden[4].
Diese Gestaltung war nach Godin notwendig, um die Kongruenz von Arbeitern und Eigentümern am Gesellschaftskapital zu erhalten. Zum anderen war es ja unmöglich, das Kapital ständig zu erhöhen:

1) vgl. Kuhlmeyer, S. 110.

2) vgl. Fn. 1.

3) vgl. Godin, 1880, S. 52.

4) vgl. auch Delabre, Gautier, S. 161.

„. . . Par ce remboursement successif et la délivrance d'actions nouvelles aux travailleurs, le fonds social rentre insensiblement aux mains des membres actifs de la société et ne risque pas de s'égarer en des mains étrangères, de sorte que, quelle que soit la durée de l'œuvre, ce sera toujours ceux qui feront vivre l'Association qui seront en possession de ses biens."[1]

(2) Das Problem der Inflationsbewältigung

Ein Problem wirtschaftlicher Art, das Godin bei dieser Konstruktion der Einlösung alter Anteilsscheine nicht bedacht hat, ist der Ausgleich des Inflationsverlustes. Die Sparscheine lauten auf einen bestimmten Betrag, und dieser wurde bei Fälligkeit auch in bar ausbezahlt. Wie Kuhlmeyer ausführt, würde angesichts der Inflationsrate die Rückzahlung zum Nominalwert für die Arbeiter einen starken Verlust bedeuten, während eine Aufwertung dem Unternehmen ein erhebliches Opfer abverlangen würde[2].

Delabre, Gautier[3] stellen fest, daß es durchschnittlich lediglich fünf Jahre dauerte, bis die alten Anteilsschein eingelöst wurden. Nach Choiselle[4] waren die ältesten Sparscheine im Jahr 1962 25 Jahre alt, im Jahr 1968 noch ein wenig älter, die Zeitspanne bis zur Einlösung habe aber nie mehr als ein durchschnittliches Arbeitsleben betragen.

Da die finanziellen Mittel für die Einlösung aus dem jährlichen Gewinn kamen, verlängerte natürlich jeder Gewinnrückgang die Einlösungsdauer. Eine gewisse Zeitspanne zwischen Erwerb und Einlösung ließ sich jedoch bei dieser Gestaltung nicht vermeiden und war ja auch erwünscht.

Delabre, Gautier[5] weisen in diesem Zusammenhang darauf hin, daß auch bei der mittlerweile in Frankreich gesetzlich eingeführten Gewinnbeteiligung der Arbeitnehmer[6] die Auszahlung der Beträge in der Regel fünf Jahre blockiert ist[7].

(3) Würdigung dieser Gestaltung

Der von Godin gewählte Weg der Eigentumsübertragung durch Gewinnbeteiligung war an sich schon zu Lebzeiten Godins nichts Neues.

1) Godin, 1880, S. 71.

2) vgl. Kuhlmeyer, S. 128.

3) S. 106.

4) S. 220.

5) S. 106, Fn. 1.

6) vgl. Ord. No. 695 vom 17.8.1967 sur la participation des salariés aux fruits de l'expansion de l'entreprise.

7) vgl. Code de Travail, Art. L.442-7 Abs. 1.

Eine Besonderheit ist jedoch der völlige Übergang des Gesellschaftskapitals an die im Unternehmen Beschäftigten ohne den Einbau einer Sperre zugunsten einer Gruppe reiner Kapitalgeber. Zwar waren reine Kapitalgeber durch den Gesellschaftsvertrag von 1880 nicht grds. ausgeschlossen. Die Vorschriften über die Gruppe der intéressés enthielten auch keine Bestimmungen, die etwa ihren möglichen Anteil der Höhe nach begrenzt hätten. Ein Übergewicht reiner Kapitalgeber läßt die Konzeption des Vertrags von 1880 aber nicht zu.
Die Rechtsform der Gesellschaft sorgte ferner dafür, daß die leitenden Funktionen beim Verwaltungsdirektor und Verwaltungsrat konzentriert waren und ein Anteil am Gesellschaftskapital für sich allein noch kein Mitverwaltungsrecht garantierte.

Der bei der Familistère-Gesellschaft praktizierte Modus der Eigentumsübertragung ist deshalb ungewöhnlich, weil die üblichen Arbeiterproduktivgenossenschaften durch den Zusammenschluß einzelner Arbeiter entstanden sind. Godin konnte den üblichen Weg nicht gehen, weil er ja schon einen komplett ausgerüsteten und funktionierenden Betrieb hatte.
Nach französischem Genossenschaftsverständnis schließt diese besondere Gründungssituation die Charakterisierung einer Gesellschaft als Arbeiterproduktivgenossenschaft aber nicht aus. Charles Gide, der die Produktivgenossenschaften nach ihrer Entstehungsgeschichte in drei Gruppen einteilt[1], nennt eine Genossenschaft mit der Entstehungsgeschichte der Familistère-Gesellschaft „semi-capitaliste" bzw. „semi-patronale"[2]. Als auffallendste Beispiele für diese Gruppe nennt er die Gesellschaft in Guise und das auch schon erwähnte Unternehmen „Grands Magasins du Bon Marché"[3]. Darunter fallen ferner die Unternehmen Leclaire und Laroche-Joubert[4].

In der deutschen Genossenschaftsliteratur wird dieser Typ von V.A. Huber als „latente" oder „versteckte" Genossenschaft bezeichnet[5].
Die neuere Lit. verwendet den Begriff der „latenten" Genossenschaft für eine Genossenschaft in einer genossenschaftlich atypischen Rechtsform[6].
Dies entspricht der historischen Entwicklung, da gerade die von einem Einzelnen gegründeten Genossenschaften aufgrund der speziellen Gründungssituation in der Regel eine atypische Rechtsform hatten.

1) und zwar in eine association à forme autonome, à forme socialiste ou syndicaliste und à forme semi-patronale ou semi-capitaliste, vgl. Gide, 1923, S. 15 ff.

2) vgl. Gide, 1923, S. 23.

3) vgl. Gide, 1923, S. 24.

4) vgl. Delavallée, S. 283.

5) Huber, 1860, S. 17.

6) vgl. Kugler, S. 139 m.w.N.

Der Begriff der „latenten“ Genossenschaft zeigt, daß auch nach deutschem Genossenschaftsverständnis das wirtschaftliche Phänomen und die Rechtsform sich nicht decken müssen, vielmehr auch Genossenschaften unter einer atypischen Rechtsform arbeiten können.

Schließlich betont Godin selbst, daß er keinen Unterschied sieht, ob die Arbeiter selbst anfangen oder eine Übergangsphase wie bei der Gesellschaft notwendig ist[1].

Durch die besondere Gründungssituation hatte die Gesellschaft jedenfalls eines der Hauptprobleme der Genossenschaften, das Aufbringen des notwendigen Kapitals, nicht gekannt[2].

Die ständige Weiterübertragung des Gesellschaftskapitals auf die tatsächlich im Unternehmen Arbeitenden war die bestechendste Regelung des Gesellschaftsvertrags von 1880.
Godin hat damit einerseits seinen Vorstellungen von einer möglichst weitgehenden Verhinderung der Perpetuierung des Eigentums aufgrund des Erbrechts und den damit verbundenen Nachteilen[3] Rechnung getragen, zum anderen gehofft, dadurch das größtmögliche Interesse der Arbeiter am Unternehmen zu wecken, ihnen das Bewußtsein zu geben, daß sie nicht für einen „patron“, sondern für sich selbst arbeiten[4].
Durch die Beteiligung am Gewinn, gekoppelt mit einer obligatorischen Kapitalbeteiligung, erreichte Godin eine Arbeiterproduktivgenossenschaft. Die Einführung der Gewinnbeteiligung in seinem Unternehmen war für Godin demnach nicht eine sich selbst genügende sozialpolitische Maßnahme, sondern nur ein Schritt auf dem Wege zu einer Produktivgenossenschaft.

2. Gewinnverteilungsregelung

Art. 127 ff enthielten die Regelungen über die Verteilung des von der Gesellschaft erwirtschafteten Gewinns.
Das Verteilungsschema weist grundsätzliche Übereinstimmung mit dem von François Vidal erarbeiteten Schema auf, obwohl Godin nach Moret die Art. 127 ff in Unkenntnis der Ausführungen Vidals ausgearbeitet hat[5].

1) vgl. Godin, 1880, S. 71.

2) vgl. Hoog, S. 167.

3) insbes. unfähige Personen in der Leitung, vgl. Ausführungen auf S. 104.

4) zum tatsächlichen Ergebnis vgl. u.a. Kuhlmeyer, S. 126.

5) vgl. Delabre, Gautier, S. 94; Desroche, S. 289.

Wie Fourier verteilte Godin den Gewinn auf drei Faktoren, nämlich Kapital, Arbeit und Talent. Der letzte Faktor erschien zwar nicht im Namen der Gesellschaft, Godin hat dabei aber in Übereinstimmung mit Fourier der Tatsache Rechnung getragen, daß gewisse Aufgaben besondere Fähigkeiten erfordern, die auch besonders zu vergüten sind[1].
Fourier gesteht der Arbeit 5/12, dem Kapital 4/12 und dem Talent 3/12 zu[2].
Ohne in alle Einzelheiten der Gewinnverteilungsregelung der Gesellschaft einzugehen[3], wurde der Nettogewinn[4] wie folgt verteilt:

25% an den Reservefonds[5],
50 bzw. 75% zu gleichen Teilen an die Faktoren Kapital und Arbeit[6],
25% an den Faktor Talent, d.h.
- 4% an den Verwaltungsdirektor,
- 16% an den Verwaltungsrat,
- 2% an den Aufsichtsrat,
- 2% für besondere Auszeichnungen,
- 1% für die finanzielle Unterstützung von Kindern der Gesellschaftsmitglieder, die staatliche weiterführende Schulen besuchten[7].

Dem Faktor Kapital kam bei dieser Verteilungsregelung nur auf den ersten Blick ein gleich großes Gewicht zu wie dem Faktor Arbeit. Maßstab für den auf das Kapital entfallenden Gewinn war nämlich nicht die Kapitalsumme, sondern der Zins, der auf 5% festgesetzt wurde. Maßstab für den Faktor Arbeit war der Lohn. Durch diese Berechnungsmaßstäbe erfolgte eine starke Zurückdrängung des Kapitals bei der Gewinnaufteilung zugunsten des Faktors Arbeit. Gide[8] hat diese Verteilungsformel zu recht als „très hardie et très suggestive“ bezeichnet.

Der auf den Faktor Kapital entfallende Gewinn wurde zudem nicht in Form von Anteilsscheinen gewährt, sondern in bar ausbezahlt. Neue Anteilsscheine erlan-

1) vgl. Duval, S. 75.

2) vgl. u.a. Leifert, S. 9.

3) Ausführliche Darstellungen z.B. bei Häntschke, S. 26; Delabre, Gautier, S. 100 ff.

4) Die Kapitalzinsen, die jeder Inhaber eines Anteilsscheins erhielt, wurden schon vorher abgezogen.

5) Der Reservefonds hatte 1882 die vorgeschriebene Höhe von 10% des Gesellschaftskapitals (Art. 131) erreicht.

6) 75% für beide Faktoren nach Füllung des Reservefonds.

7) So stellte sich die Verteilung innerhalb des Faktors Talent bis vor der Umwandlung in eine s.a. dar, vgl. Delabre, Gautier, S. 99; der Vertrag von 1880 sah eine etwas andere Verteilung, insbes. eine stärkere Begünstigung des Verwaltungsdirektors vor.

8) zit. nach Duval, S. 77.

gen konnte man demnach nur über den auf die Arbeit entfallenden Gewinn, denn nur dieser wurde in Form von Sparscheinen ausgegeben.

Ein relativ großer Anteil des auf den Faktor Talent entfallenden Gewinns, nämlich 20%, kam der Direktion des Unternehmens zu. Godin hatte dies, wie schon ausgeführt, als selbstverständlich angesehen.
Eine derartig großzügige Berücksichtigung der leitenden Personen bei der Gewinnverteilung war eine Eigenart aller „coopératives d'origine patronale"; im Unternehmen Leclaire erhielt die Direktion 18,75%, bei Laroche-Joubert 17%, während fast alle Arbeiterproduktivgenossenschaften der üblichen Art eine zusätzliche Vergütung bzw. Gewinnbeteiligung dieses Personenkreises ablehnten[1].

Die Mitgliederstaffelung schlug sich auch in der Gewinnverteilung nieder. Der Jahresverdienst der associés wurde bei der Berechnung ihres Gewinnanteils verdoppelt, der der sociétaires eineinhalbmal genommen, während bei den participants der tatsächlich erhaltene Lohn Maßstab war[2].

Das im Unternehmen aktiv tätige Gesellschaftsmitglied erhielt demnach entsprechend seinem Lohn und seiner Mitgliederstellung einen Gewinnanteil, der in Form von neuen Sparscheinen bzw. durch Erhöhung der Summe auf seinem Kontoauszug ausgewiesen wurde. Zudem erhielt es eine bestimmte Summe in bar, den auf seinen bisherigen Kapitalanteil entfallenden Gewinn sowie den vor Aufteilung des Nettogewinns schon zur Verteilung gekommenen 5%igen Kapitalzins[3].

3. Verwaltung der Gesellschaft

Godin hatte aufgrund eigener Erfahrungen erkannt, wie wichtig eine fähige und verantwortungsbewußte Leitung für den Erfolg eines Unternehmens ist. Die Garantie, daß nur Personen mit besonderen Eigenschaften die entsprechenden Positionen in der Gesellschaft ausfüllten, glaubte er durch die Organisationsform der Assoziation und die im Gesellschaftsvertrag getroffenen einzelnen Regelungen gesichert:

1) vgl. Gabriel, S. 71, 72.

2) vgl. Art. 129 Abs. 1.

3) vgl. praktisches Beispiel bei Dunand, S. 117; die Verteilung des auf den Faktor Arbeit entfallenden Gewinns hing also nur von Mitgliedsstellung und aktiver Tätigkeit im Unternehmen ab, nicht von einem etwa bereits vorhandenen Kapitalanteil, vgl. irreführend Frommer, S. 83.

„Dans toute direction, les résultats sont en concordance avec le mérite et la capacité des personnes attachées aux fonctions dirigentes. . . .[1] L'industrie sociétaire n'est plus soumise au régime arbitraire d'un seul chef de fabrique. L'Association ne peut pas permettre que la direction tombe, par voie d'héritage, aux mains d'incapables et d'inhabiles, elle est naturellement portée à la confier à l'intelligence et au mérite. Au nom de l'intérêt de tous, l'Association procède d'une façon rationnelle et d'après des règles qui ne laissent ni à l'arbitraire ni à la faveur le soin des mesures à prendre.[2] . . . Le régime de l'Association perpétue . . . les bonnes traditions, les capacités directrices et administratives; il conduit à organiser le concours à tous les emplois et à mettre ainsi en relief toutes les capacités et toutes les aptitudes. L'Association du Familistere exige deux sortes d'épreuves pour le choix et l'avancement de ses fonctionnaires. Ces épreuves sont celles du concours et de l'élection."[3]

Die Ausgestaltung der verschiedenen Verwaltungsgremien der Gesellschaft zeigt, in welchem Maße die Mitglieder der Gesellschaft an der Verwaltung tatsächlich beteiligt waren und inwieweit das für die Genossenschaften geforderte demokratische Prinzip („le principe démocratique")[4] bei der Familistère-Gesellschaft verwirklicht war.

Die Verwaltungsstruktur der Gesellschaft zeigt ferner die Gemengelage von Organen nach den Rechtsvorschriften über die société en commandite simple und Gremien, die der genossenschaftlichen Stellung der Gesellschaftsmitglieder Rechnung tragen sollten.

a) Verwaltungsdirektor[5]

An der Spitze der Gesellschaft stand der administrateur-gérant, der alleiniger Komplementär der Gesellschaft und damit Geschäftsführer war[6].
Seine Position war ein Zugeständnis an die formelle Rechtsnatur der Gesellschaft[7].

1) Godin, 1880, S. 73.

2) Godin, 1880, S. 74, 75.

3) Godin, 1880, S. 76.

4) vgl. Ramadier bei Coutant, S. 8.

5) vgl. Art. 72 ff; deutsche Bezeichnung wie bei Häntschke, S. 12; Wieser, S. 137 nennt ihn „geschäftsführenden Vorstand".

6) vgl. Art. 72 Abs. 2.

7) vgl. Moret, Doc. III, S. 442.

Er hatte nach dem Gesellschaftsvertrag eine unumschränkte Machtfülle, die sich auch darin zeigte, daß er auf Lebenszeit gewählt wurde und nur in ganz bestimmten Fällen absetzbar war[1]. Abberufungsgrund war insbesondere, wenn in zwei aufeinander folgenden Jahren keine Kapitalzinsen ausbezahlt werden können[2]. Dieser Grund war wichtig, da im Falle eines nicht ausreichenden Gewinns der Mechanismus der Art. 44 ff nicht nur verzögert, sondern u.U. ganz gestoppt und die „Association du Capital et du Travail" gesprengt werden konnte[3].

Der Verwaltungsdirektor wurde von der Generalversammlung unter den Mitgliedern des Verwaltungsrates im Range eines associé ernannt[4]. Er konnte einen Teil seiner Aufgaben an ein oder mehrere Verwaltungsratsmitglieder delegieren und Unterschriftsvollmacht erteilen[5].

Godin selbst, der als erster von 1880 bis zu seinem Tode diese Stellung innehatte, war die ideale Besetzung auf diesem Posten, da er das entsprechende Engagement und die notwendigen Fähigkeiten besaß.

Auch die Ausgestaltung dieser Position ist auf Kritik gestoßen. Axhausen[6] nannte sie „absolutistisch".
Wie schon im ersten Teil ausgeführt[7], hatte Godin einen Posten mit dieser Machtfülle nicht geplant. Die Entwürfe zu dem Gesellschaftsvertrag von 1880 sahen ein mehrköpfiges Gremium als Leitung der Gesellschaft vor. Nach dem Entwurf von 1878[8] stand an der Spitze der Gesellschaft ein Verwaltungsrat („Conseil d'administration"), der ähnlich wie der auch im Vertrag von 1880 vorgesehene Verwaltungsrat zusammengesetzt war. Die geschilderten Mißerfolge bei dem Bemühen Godins, seine Arbeiter zur Mitarbeit in der Gesellschaft heranzuziehen, ließen Godin an dem Erfolg eines solchen Gremiums an der Spitze zweifeln, so daß nicht allein die Zwänge der Rechtsform ihn zur Ein-Mann-Lösung finden ließen.

Anzumerken bleibt, daß der Gesellschaftsvertrag nicht einen Mindestanteil am Kapital der Gesellschaft für den Verwaltungsdirektor vorschrieb. Dies war z.B.

1) vgl. Art. 78.

2) vgl. Art. 78, Ziff. 1.

3) vgl. Choiselle, S. 213.

4) vgl. Art. 59 Nr. 3, 75 Abs. 2.

5) vgl. Art. 72 Abs. 5 und 6.

6) S. 54.

7) vgl. S. 57.

8) vgl. Moret, Doc. III, S. 463.

anders im Unternehmen Leclaire; dort mußte der Erste Direktor einen Anteil von frs. 200.000 haben, die beiden anderen Direktoren je frs. 100.000[1].

b) Verwaltungsrat[2]

Gem. Art. 72 Abs. 1 wurde der Verwaltungsdirektor von einem conseil de gérance unterstützt, einem höchstens sechzehnköpfigen Gremium, das, außer aus dem Verwaltungsdirektor selbst, aus den Abteilungsleitern und drei von der Generalversammlung in geheimer Wahl bestimmten associés bestand[3].

Der Verwaltungsrat hatte zwingend einmal im Monat an einem bestimmten Tag zusammenzutreten; auf Veranlassung des Verwaltungsdirektors konnte er auch zu anderen Zeiten zusammengerufen werden[4].

Die Mitglieder des Verwaltungsrates waren nicht zwingend associés[5]. Die Abteilungsleiter waren allein aufgrund ihrer Funktion Mitglieder.

Die Bedeutung des Verwaltungsrats als Mitverwaltungs- bzw. Mitbestimmungsorgan war begrenzt. Er hatte in erster Linie beratende Funktion[6]. Gem. Art. 99 entschied er über die Aufnahme von sociétaires und participants, die Belegung der Familistère-Gebäude, die Einlösung von Anteilsscheinen gem. Art. 53, 54 und die Leistungen an die Versicherungen und Kinderbetreuungseinrichtungen der Gesellschaft.
Grds. wurde die Stellung des Verwaltungsdirektors als allein entscheidungsbefugter Person durch den Verwaltungsrat nicht angefochten. Allerdings bestimmte Art. 78 Nr. 2, daß ein Abberufungsgrund für den Verwaltungsdirektor vorliegt, wenn er eine Entscheidung gegen die Empfehlung von Generalversammlung oder Verwaltungsrat getroffen hat, die zu einem Verlust der Gesellschaft in einer bestimmten Höhe geführt hat.
Von einer Mitverwaltung in wirtschaftlichen Angelegenheiten durch den Verwaltungsrat kann schon deshalb kaum gesprochen werden, weil die Mehrzahl der Verwaltungsmitglieder ohnehin leitende Funktionen ausübte. Axhausen[7] er-

1) vgl. Gabriel, S. 36.

2) vgl. Art. 82 ff; deutsche Bezeichnung wie bei Häntschke, S. 14; Wieser, S. 137 nennt ihn „Geschäftsrath".

3) vgl. Art. 82.

4) vgl. Art. 88 Abs. 1.

5) Dies ergibt sich aus Art. 83; immer associés waren natürlich die drei von der Generalversammlung gewählten Mitglieder.

6) vgl. Art. 100 bis 104.

7) S. 55.

innert der Verwaltungsrat wegen des Rechts auf Einsichtnahme in alle Bereiche des Unternehmens, insbes. in die Bücher[1], stark an das Betriebsratssystem[2]. Ob der Verwaltungsrat wirklich Arbeiterinteressen wahrnehmen konnte, muß aufgrund seiner Zusammensetzung und Befugnisse bezweifelt werden.

Entsprechend der im Gesellschaftsvertrag von 1880 angelegten bescheidenen Rolle hat sich der Verwaltungsrat auch tatsächlich während der 88 Jahre des Bestehens der Gesellschaft immer in völliger Übereinstimmung mit dem Verwaltungsdirektor befunden. Die Tätigkeit der Mitglieder dieses Gremiums erschöpfte sich im Absegnen von Entscheidungen des Verwaltungsdirektors; die Mehrzahl der Mitglieder beschäftigte sich – entsprechend ihren Funktionen im Unternehmen – mit technischen Problemen der Produktion[3].

c) Aufsichtsrat[4]

Der conseil de surveillance bestand aus drei von der Generalversammlung in geheimer Wahl mit absoluter Mehrheit ermittelten Berichterstattern, die immer associés waren und neben dieser Funktion auch noch in anderen Gremien der Gesellschaft Mitglied sein konnten[5].

Art. 109 Abs. 2 umschrieb den Tätigkeitsbereich des Aufsichtsrates mit Überwachung der Einhaltung der Bestimmungen des Gesellschaftsvertrags. Die Hauptaufgabe dieses Gremiums lag in der monatlichen Überprüfung der Bücher und jährlichen Überprüfung von Bilanz und Inventar. Das Ergebnis war in einem Bericht zusammenzufassen und der Generalversammlung mitzuteilen.

Der Aufsichtsrat hatte durch diesen Bericht an die Generalversammlung die Möglichkeit, eventuelle Mißstände und Fehler wirkungsvoll, nämlich vor einem großen Gremium von am Wohlergehen des Unternehmens interessierten Kapitalteilhabern, aufzuzeigen.
Unter dem Gesichtspunkt der Wahrnehmung von Arbeitnehmerinteressen galt für dieses Gremium allerdings dasselbe wie für den Verwaltungsrat. Die Mitglieder des Aufsichtsrats waren ausschließlich associés und damit keine echte Arbeitnehmervertretung.

1) vgl. Art. 105 und 97, der eine Unterrichtungspflicht durch den Verwaltungsdirektor aufstellt.

2) Axhausen meint dabei wohl die Grundzüge des Betriebsrätegesetzes von 1920; vgl. auch § 106 BetrVG.

3) vgl. Delabre, Gautier, S. 90.

4) vgl. Art. 109.

5) vgl. Art. 109 Abs. 1 iVm 59 Abs. 2 Nr. 2.

Nach den Protokollen der Generalversammlungen fiel der Bericht des Aufsichtsrats immer günstig für die Unternehmensleitung aus, selbst nachdem die Generalversammlung viermal die Handlungsweise des Verwaltungsdirektors mißbilligt hatte[1]. Die Zusammensetzung dieses Gremiums schien der Aufgabe, eine effektive Finanzkontrolle auszuüben, hinderlich gewesen zu sein[2].
Den Aufsichtsratsmitgliedern fehlte es wohl weitgehend auch an den betriebswirtschaftlichen Kenntnissen, um ein Unternehmen dieser Größenordnung noch zu durchblicken. Zudem galt für ihre Auswahl das gleiche wie für die Auswahl der Verwaltungsmitglieder. Die Sondervergütung, die mit diesen Ämtern verbunden war, veranlaßte die Generalversammlung, bei der Auswahl nicht nach der Fähigkeit, sondern nach der Anciennität vorzugehen[3].

d) Familistère-Rat[4] und Industrie-Rat[5]

Unter diesen Bezeichnungen tagte der Verwaltungsrat je einmal pro Woche und beschäftigte sich dabei einmal mit Problemen, die in Zusammenhang mit den Wohngebäuden und Verkaufsläden standen, zum anderen mit Fragen des Fabrikbetriebs.

e) Generalversammlung[6]

Die assemblée générale bestand gem. Art. 57 nur aus Mitgliedern der Gesellschaft im Range von associés. Sie ernannte – neben den bereits erwähnten je drei Mitgliedern des Verwaltungs- und Aufsichtsrats – den Verwaltungsdirektor. Sie konnte ihn unter bestimmten Voraussetzungen auch abberufen[7].
Die Generalversammlung befand ferner über Aufnahme und Ausschluß von associés[8].
Nur über sie konnte auch eine eventuelle, sich im Rahmen des Art. 138 haltende Änderung des Gesellschaftsvertrags von 1880 vorgenommen werden[9]. Schließ-

1) vgl. Delabre, Gautier, S. 91.
2) vgl. Fn. 1.
3) vgl. Delabre, Gautier, S. 209.
4) „Conseil du Familistère", vgl. Art. 89.
5) „Conseil de l'industrie", vgl. Art. 92, 106 ff.
6) vgl. Art. 57 ff.
7) vgl. Art. 59 Nr. 3.
8) vgl. Art. 59 Nr. 5 und 6.
9) vgl. Art. 59 Nr. 8.

lich hatte sie allein die Möglichkeit, die Auflösung der Gesellschaft zu beschließen[1]. Gem. Art. 61 hatte die Generalversammlung auch das Recht, Stellung zu nehmen zu Vorhaben wie Erwerb, Bau und Veräußerung von Gebäuden, Aufnahme von Darlehen, Errichtung neuer Werkstätten und ähnliche Projekte mit einem bestimmten Ausgabenvolumen.
Der Generalversammlung wurde am Jahresende die Bilanz vorgelegt. Sie wurde außerdem durch die Berichte von Aufsichtsrat und Verwaltungsdirektor umfassend über die Lage der Gesellschaft unterrichtet[2].

Eine ordentliche Generalversammlung hatte einmal jährlich, spätestens am ersten Oktobersonntag, zu tagen. Eine außerordentliche Generalversammlung konnte bei Bedarf einberufen werden[3].

Das durch die Bevorzugung eines Teils der Gesellschaftsmitglieder, insbes. bei der Zusammensetzung der Generalversammlung, geschaffene Elitedenken hat sich auch in der Arbeit und den Beschlüssen der Generalversammlungen niedergeschlagen. Von der Generalversammlung gingen keine Neuerungen aus, sie beschränkte sich vielmehr in der Regel darauf, den Jahresbericht des Verwaltungsdirektors zu bestätigen[4].
Ihrer hervorgehobenen Rolle in der Gesellschaft war sich die Generalversammlung auch bei den Entscheidungen über Aufnahme und Ausschluß von associés bewußt.
Ein vom Verwaltungsrat[5] im Jahre 1897 eingebrachter Vorschlag über den Ausschluß eines associé wurde von der Generalversammlung zurückgewiesen[6]. Seit diesem Vorfall schien dann von einem möglichen Ausschluß eines associé gar nicht mehr die Rede gewesen zu sein[7].

1) vgl. Art. 59 Nr. 9.

2) vgl. Art. 60 Abs. 2 iVm Art. 73.

3) vgl. Art. 62 Abs. 1 und 2.

4) vgl. Delabre, Gautier, S. 85, die, wie auch oben schon erwähnt, darauf hinweisen, daß die Generalversammlung viermal, nämlich 1933, 1947, 1950 und 1954, den Bericht des Verwaltungsdirektors zunächst zurückgewiesen hat, um ihn dann in der nächsten Sitzung zu billigen.

5) gem. Art. 99 Abs. 4 iVm Art. 27.

6) vgl. Drouin.

7) vgl. Delabre, Gautier, S. 211.

f) Schlichtungsausschuß[1]

Die Schaffung eines comité de conciliation ging allein auf die Vorstellungen Godins zurück. Ein derartiges Gremium ist nach gesellschaftsrechtlichen Vorschriften nicht vorgesehen. In der Praxis begegnet man einem comité de conciliation auch in dem Unternehmen von Leclaire.

Der Schlichtungsausschuß hatte gem. Art. 117 Abs. 1 die Aufgabe, jeden Streitfall zwischen der Gesellschaft und ihren Mitgliedern bzw. zwischen den Gesellschaftsmitgliedern untereinander zu schlichten.
Konnte der Ausschuß selbst die Beilegung des Streits nicht herbeiführen, so bestand die Möglichkeit, Schiedsrichter zu benennen, die durch Vergleich den Streit lösen sollten.
Der Schlichtungsausschuß bestand aus drei Mitgliedern im Range von associés, sociétaires und participants, die aus den verschiedenen Räten der Gesellschaft jedes Jahr in geheimer Wahl in der ersten Augusthälfte gewählt wurden[2].

Godin hatte einer gütlichen Beilegung eventueller Streitigkeiten innerhalb der Gesellschaft große Wichtigkeit beigemessen. Er hatte ja die Einrichtung von Schiedsgerichten in allen Bereichen, insbes. auch zwischen den Völkern zur Vermeidung von Kriegen und Einführung einer umfassenden Abrüstung, befürwortet[3].
Die Schaffung eines internen Gremiums zur Beilegung von Streitigkeiten innerhalb der Gesellschaft, die auch kritisch betrachtet worden ist[4], war nach Godin aber nicht Ausdruck einer beschränkten Rechtsstellung der Arbeitnehmer, sondern notwendig, um den Zusammenhalt der genossenschaftlichen Vereinigung zumindest nach außen zu demonstrieren. „Le scandale d'un procès entre membres d'une Association fraternelle“[5] sollte in jedem Fall vermieden werden.

Die Verpflichtung, mit Streitigkeiten innerhalb der Gesellschaft nicht vor ordentliche Gerichte zu gehen, war in der von jedem Mitglied bei Eintritt in die Gesellschaft zu unterzeichnenden Verpflichtungserklärung enthalten[6]. Ihre Nichteinhaltung stellte einen Ausschlußgrund dar[7].

1) vgl. Art. 117, Art. 68 bis 70 der Arbeitsordnung; Honegger, S. 86 nennt ihn „Arbeiterschiedsgericht“.

2) vgl. Art. 69 und 70 der Arbeitsordnung.

3) vgl. insbes. Godin, 1884.

4) vgl. Bauderer, S. 155, in Zusammenhang mit der Einklagbarkeit des Anspruchs auf Gewinnbeteiligung bei der Zeiss-Stiftung.

5) vgl. Art. 117 Abs. 3.

6) sog. Engagement, vgl. Anhang.

7) vgl. Art. 117 Abs. 4.

Nach Auskunft des Tribunal de Commerce in Vervins (Aisne), des Gerichts, das für solche Streitfälle zuständig gewesen wäre, hat tatsächlich ein Rechtsstreit zwischen der Gesellschaft und einem Mitglied nie stattgefunden.

g) Zusammenfassung

Die im Jahr 1880 geltenden Vorschriften über die société en commandite simple sahen weder einen Verwaltungsrat noch einen Aufsichtsrat noch eine Generalversammlung vor.
Ein Aufsichtsrat und eine Generalversammlung fanden sich bei den Vorschriften über die sociétés par actions im Gesetz vom 24.7.1867[1].

Die Verwaltungsorganisation bei der Gesellschaft in Guise war demnach eine Mischung der Organe der société en commandite simple und der in Frankreich für Genossenschaften vorgesehenen Regelungen der sociétés par actions, insbes. der société en commandite par actions.

Der conseil de surveillance bei der Gesellschaft in Guise bestand genauso wie der Aufsichtsrat bei der société en commandite par actions bzw. den Rechnungsprüfern (commissaires) bei der société anonyme aus drei Personen, die von der Generalversammlung ernannt werden und Aufgaben der Rechnungsprüfung und Kontrolle erfüllen[2].

Der Verwaltungsdirektor entspricht ausschließlich den Vorschriften über die société en commandite simple. Ein Kollegialorgan an der Spitze, wie der conseil d'administration bei der société anonyme[3], schied bei der Gesellschaft in Guise von vorneherein aus, da vertraglich nur ein Komplementär vorgesehen war und nur dieser gem. Art. 27 C. com. Geschäftsführungsaufgaben wahrnehmen kann. Aufgrund des Art. 27 C. com. war der Verwaltungsdirektor und der Verwaltungsrat der Gesellschaft auch nicht mit dem „Président du conseil" und dem „Conseil d'administration" des Ges. von 1867 vergleichbar. Nach der Absicht des Gesetzgebers sollte der als selbständiges Direktionsorgan mit der laufenden Geschäftsführung betraute „Président" grds. die Gesellschaft zusammen mit den anderen Ratsmitgliedern verwalten[4].

1) vgl. Art. 5, 25, 32 dieses Gesetzes.

2) vgl. Art. 5, 10, 32 des Ges. von 1867.

3) nach den Vorschriften des Ges. von 1867.

4) vgl. Prüm, S. 42.

Der Verwaltungsrat der Gesellschaft war andererseits nicht eine Art „Beirat", wie er bei kapitalistisch ausgestalteten Kommanditgesellschaften zu finden ist[1], da die Mitglieder des Verwaltungsrats nicht notwendig Kommanditisten waren[2].

Die Generalversammlung der Familistère-Gesellschaft war wegen des Elitegedankens, der bei den drei berühmtesten französischen Produktivgenossenschaften der Angelpunkt der Verfassung war[3], weder eine aktienrechtliche Generalversammlung noch eine bei kapitalistischer Ausgestaltung der KG mögliche Kommanditistenversammlung. Die Generalversammlung der Gesellschaft bestand, wie schon öfters ausgeführt, nicht aus allen Kommanditisten der Gesellschaft, sondern nur aus einem Teil von ihnen, der außer einem Anteil am Gesellschaftskapital noch andere Voraussetzungen erfüllte.

Von dem Verwaltungsaufbau her war die Gesellschaft stark an die Struktur der im französischen Recht typischen Rechtsform für Genossenschaften angenähert.

B) Ab Harmonisierung mit dem Gesetz von 1966

Die aufgrund dieses Gesetzes notwendig gewordene Änderung des Gesellschaftsvertrags[4] verstärkte das demokratische Prinzip in der Gesellschaft, verhalf andererseits auch der Gruppe der intéressés zu größerem Gewicht. Die Generalversammlung bestand danach aus allen Kommanditisten. Die Gewinnverteilungsregelung und die Bestimmung des Art. 44 über die ständige Weiterübertragung des Eigentums am Gesellschaftskapital wurden jedoch beibehalten, so daß die vom Gründer als genossenschaftlich angesehene Grundstruktur nahezu unverändert blieb.

C) Ab 1968

Durch den Gesellschaftsvertrag vom 1.6.1968 und die Änderung der äußeren Rechtsform wurde auch die innere Organisation verändert. Durch die Aufnahme der gesetzlichen Gewinnverteilungsregelungen des Art. 344 ff des Ges. vom 24.7. 1966 und die Streichung des Art. 44 des Gesellschaftsvertrags von 1880 wurden alle Besonderheiten des Vertrags von 1880 beseitigt. Die Gesellschaft unterschied sich ab 1968 in ihrer inneren Organisation durch nichts von einer rein kapitalistischen Aktiengesellschaft.

1) vgl. Baumbach-Duden, § 164 2) B.

2) vgl. Ausführungen auf S. 106.

3) vgl. Wieser, S. 132; mit den drei berühmtesten Produktivgenossenschaften meint er die Unternehmen Leclaire, Godin, Au Bon Marché.

4) vgl. Ausführungen auf S. 76 bis 79.

D) Zusammenfassung

Von der Gründung bis zur Umwandlung in eine AG am 1.6.1968 war die Gesellschaft eine Vereinigung, der im wesentlichen genossenschaftliche Prinzipien zugrundelagen.
Das Prinzip der Identität war allerdings eingeschränkt durch das Vorhandensein von Interessenten und Hilfskräften. Das demokratische Prinzip wurde verletzt durch die Schaffung einer besonderen Mitgliederhierarchie, die sich insbes. auf die Zusammensetzung der Generalversammlung auswirkte.
Bis zur wirtschaftlich schwierigen Zeit der 50er und 60er Jahre dieses Jahrhunderts hatte die Gesellschaft alle Vorteile, die von Genossenschaftsvertretern für erstrebenswert angesehen wurden, erreicht und andererseits alle Nachteile der typischen Arbeiterproduktivgenossenschaften zumindest in Grenzen halten können. Insbes. die völlige Durchführung des Identitätsprinzips konnten die Arbeiterproduktivgenossenschaften in Frankreich nie ganz erreichen[1].

Da die Gesellschaft aber schließlich genossenschaftliche Prinzipien ganz aufgegeben und sich in eine reine Kapitalgesellschaft, die allerdings auch mit den Problemen kaum mehr zu Rande kam, verwandelt hat, stellt sich die Frage, ob ein industrieller Betrieb vom Ausmaß des Unternehmens in Guise überhaupt mit einer genossenschaftlichen Konzeption zum Erfolg zu führen ist. Die Meinung, daß die Genossenschaft als „Assoziationsform für den kleinen Mann" den Konsumvereinen, landwirtschaftlichen Produktivgenossenschaften etc. vorbehalten ist, ist nach wie vor zu hören. Schon Wieser[2] führt aus, daß diese „Hilfsgenossenschaften" die „Vollgenossenschaften" ganz in den Hintergrund gedrängt hätten, da die genossenschaftliche Gesetzgebung fast durchweg aus ihrem Gesichtskreis geregelt wurde, obwohl die genossenschaftliche Organisationsform gerade im Großbetrieb ihren Platz finden und dort ihren Aufgaben gerecht werden müsse. Daß dies in der Praxis möglich ist, hat das Beispiel der Gesellschaft in Guise gezeigt.

1) vgl. Durand, 1962, S. 64.

2) S. 116.

DRITTER TEIL
REGELUNG DER ARBEITSVERHÄLTNISSE UND BETRIEBLICHEN ORDNUNG

In diesem Teil wird auf die in den speziellen „Règlements"[1] des Gesamtvertragswerks von 1880 enthaltene Ausgestaltung der Arbeitsverhältnisse, die betriebliche Ordnung, die Versicherungen der Gesellschaft, die Kinderbetreuungseinrichtungen und Läden eingegangen.

Während die „Deuxième Partie" des Vertragswerks ganz den verschiedenen Versicherungen gewidmet war, stellten die Vorschriften der Titres 1 bis 13 sowie 15 eine Arbeitsordnung im engeren Sinn dar, da sie auf Löhne und Gehälter, Kündigung, Verhaltenspflichten und den Aufbau der betrieblichen Organisation eingingen[2]. Titre 14 dieses Teils enthielt Vorschriften über die Wohngebäude.

Die „Troisième Partie"des Vertragswerks war typisch für die genossenschaftliche Konzeption. Bei nahezu allen französischen Produktivgenossenschaften der Arbeiter war diese Gliederung der vertraglichen Vereinbarungen ähnlich. Der Assoziationsvertrag enthielt in der Regel einen Anhang, in dem die Arbeitsordnung der Werkstätten festgelegt war, wobei die Regelungen dem Inhalt nach stets viel strenger ausgestaltet waren als die Vorschriften, die in gewöhnlichen Werkstätten galten[3].

1) Darunter werden die „Deuxième" und die „Troisième Partie" des Gesamtvertragswerks verstanden.

2) abgedruckt bei Godin, 1880, S. 203 bis 245 (s. Anhang); Wieser, S. 135, nennt den Dritten Teil „Geschäftsordnung".

3) vgl. Engländer, S. 237; S. 238 bis 241 enthalten als Muster die Arbeitsordnung der Association des ouvriers en Limes von 1850.

I. INDIVIDUALARBEITSRECHT

1. Personeller Geltungsbereich der Arbeitsordnung[1]

Da alle vertraglichen Regelungen von 1880 von der Grundkonzeption ausgingen, daß die Beschäftigten auch Mitglieder der Gesellschaft sind, also Gesellschafter- und Arbeitnehmereigenschaft in sich vereinigen, war die Unterteilung des Vertragswerks in drei Teile nicht nach der Unterscheidung in Mitglieder und Arbeitnehmer ausgerichtet. Die Unterteilung des Vertragswerks folgte vielmehr funktionellen Gesichtspunkten. Der Dritte Teil, die Arbeitsordnung, war für alle Beschäftigten, Mitglieder und Hilfskräfte, verbindlich.
Durch das „Règlement“, das etwa dem Titel V. des Statuts der Carl-Zeiss-Stiftung entspricht, ist es Godin gelungen, wie Abbe, die im Unternehmen Tätigen aus den allgemeinen einschlägigen Rechtsvorschriften zu lösen und sie einem privaten Arbeiter- und Angestelltenrecht zu unterstellen, das vielfach weitgehende Rechte verbindlich gewährt hat[2].
Verbindlich wurden die Vorschriften der Arbeitsordnung durch die Aufnahme als Mitglied in die Gesellschaft[3] oder durch den Abschluß eines Arbeitsvertrags.

Anhaltspunkte für die Art und Weise des Zustandekommens eines reinen Arbeitsverhältnisses ergeben sich nur aus Art. 34 bis 36 des Gesellschaftsvertrags, insbes. Art. 35. Danach wurde das Arbeitsverhältnis – wie im 19. Jrht. üblich – durch Aufnahme der Arbeit und Eintragung in eine besondere Liste für Hilfskräfte begründet.

Rechtlich gesehen bestanden demnach bei dem typischen Beschäftigten der Gesellschaft zwei Rechtsverhältnisse nebeneinander, ein Mitgliedschafts- und ein Arbeitsverhältnis. Die Folge davon war, daß zumindest theoretisch der Ausschluß aus der Gesellschaft das Arbeitsverhältnis nicht berührte, die Kündigung des Arbeitsverhältnisses das Gesellschaftsverhältnis unbeeinflußt ließ. Der ausgeschlossene Gesellschafter wurde, wenn ihn die Gesellschaft nicht abfand, ein-

1) Die Behandlung der „Troisième Partie“ geht vom Stand von 1880 aus. Es ist sicher anzunehmen, daß auch schon vor 1880 Regelungen über die Ordnung im Betrieb und in den Wohngebäuden, über die Aufgaben der Arbeitervertreter, die mit der Verwaltung der Hilfs- und Strafgeldkassen betraut waren, bestanden haben. Mangels Quellen wird darauf nicht eingegangen.
Die Vorschriften von 1880 blieben im wesentlichen bis nach dem 2. Weltkrieg unverändert. Danach wurden Änderungen aufgrund der Gesetzgebung notwendig. Die Arbeitsordnung bestand in jedem Fall bis 1952, vgl. Delabre, Gautier, S. 76.

2) vgl. Abbe, S. 348.

3) vgl. Art. 10, 11, 18 Nr. 2 des Gesellschaftsvertrags.

facher Teilhaber und Hilfskraft. Der gekündigte Arbeiter wurde faktisch zum Interessenten[1].

2. Gewissensfreiheit

Art. 104 der Arbeitsordnung stellte fest, daß die Achtung der Gewissens-, Glaubens- und Religionsfreiheit eine wichtige Verpflichtung der Mitglieder der Gesellschaft ist.
Die Aufnahme dieses Grundsatzes in die Arbeitsordnung entsprach der schon näher dargestellten Einstellung Godins zu Religion und Kirche.

3. Löhne und Gehälter

Godin war, wie schon ausgeführt, nicht der Lehre von der Genossenschaft als Mittel zur Neuorganisation der Arbeit im Sinne der völligen Abschaffung des Lohnsystems[2] gefolgt. Das Lohnsystem wurde bei der Gesellschaft nicht durch eine Form der „Vorschüsse", wie meist in Genossenschaften üblich, abgelöst[3], sondern Lohnsystem und Gewinnbeteiligung verbunden.

a) Lohnhöhe

In seinem Bemühen, das Ansehen der Arbeit im allgemeinen und die Freude jedes Einzelnen an der Arbeit im besonderen zu heben, hatte Godin früh erkannt, daß die Arbeit gut und gerecht bezahlt werden muß.
Die durchschnittliche Höhe der Löhne und Gehälter war im Vergleich zu ähnlichen Unternehmen zumindest bis zum 2. Weltkrieg beachtenswert[4]. Der durchschnittliche Tagesverdienst betrug bis 1880 frs. 5,50. Ab 1880 stiegen die Löhne und Gehälter ununterbrochen, die Steigerungsrate betrug 24,5%[5].

Auffallend war allerdings die Ungleichheit der im Unternehmen gezahlten Löhne, die Godin aber nicht beseitigen wollte[6]. Dabei ist daran zu erinnern, daß die un-

1) vgl. Art. 25 des Gesellschaftsvertrags; anders demnach, wenn der Gekündigte als associé oder sociétaire in den Familistèregebäuden gewohnt hat, vgl. Lestelle, S. 60.

2) vgl. sog. sozialistische Genossenschaftstheorie bei Leifert, S. 3.

3) vgl. Wendlandt, S. 161.

4) vgl. Delabre, Gautier, Tabellen nach S. 107; vgl. auch Drouin.

5) vgl. Bernardot, zit. nach Duval, S. 92, 95.

6) vgl. Delabre, Gautier, S. 107. Danach habe Godin bereits 1862 und nochmals 1881 einen Antrag der Arbeiter auf Schaffung gleicher Löhne zurückgewiesen.

terschiedlichen Löhne natürlich auch zu unterschiedlichen Gewinnanteilen führten, da für den Faktor Arbeit die Lohnhöhe maßgebend war[1].

aa) Lohnmaßstab

Im 19. Jrht. wurden die Löhne nach verschiedenen Maßstäben errechnet. Das Bemühen, eine Lösung der sozialen Probleme der Zeit zu finden, führte auch zu einer ausführlichen Diskussion über den gerechtesten Lohnmaßstab[2]. Dem insbes. in England üblichen Maßstab Preis des fertigen Produkts[3] ist Godin nicht gefolgt. Er machte vielmehr die Lohnhöhe von der Art und dem Wert der geleisteten Arbeit abhängig[4]. Dadurch sollten die Arbeiter unabhängig von Krisen, Absatzschwierigkeiten etc., also Faktoren, die außerhalb ihrer Einflußsphäre lagen, gemacht werden.

Um der damals üblichen sofortigen Kürzung der Löhne bei wirtschaftlichen Krisen in einer konkreten Situation im Jahre 1886 vorzubeugen, hatte sich Godin mit einem Schreiben vom 15.10.1886 an die Konkurrenzfirmen gewandt[5].
Die von Godin in diesem Schreiben angeregte Bildung einer Arbeitgeber- und einer Arbeitnehmervereinigung, die zusammen u.a. die Vereinheitlichung der Lohnhöhe und eine Mindestarbeitszeit vereinbaren sollten, verlief ohne Echo[6].

Der genaue Maßstab und die einzelnen Lohnhöhen waren in der Arbeitsordnung nicht angegeben. Art. 17 enthielt nur den allgemeinen Grundsatz, daß gerechte Löhne bezahlt werden müssen[7]. Von der Höhe her fest in der Arbeitsordnung bestimmt war lediglich das Gehalt des Verwaltungsdirektors der Gesellschaft. Es betrug nach der Arbeitsordnung von 1880 frs. 15.000 im Jahr[8].

1) vgl. Ausführungen auf S. 102.

2) vgl. u.a. die Theorien von Thünen und Engel bei Brandt, S. 6 ff und 25 ff.

3) vgl. Böhmert, S. 50.

4) In den 80er Jahren des 19. Jrht. basierten die Löhne in der Gesellschaft auf den Leistungen eines Arbeiters von mittlerer Befähigung, der bei 10stündiger Arbeitszeit ca. frs. 5 tgl. verdiente, vgl. Häntschke, S. 21.

5) vgl. Honegger, S. 60; Delabre, Gautier, Anlage 8; Duval, S. 27, 28.

6) vgl. dazu auch den von Godin 1873 eingebrachten Gesetzentwurf über die Arbeitnehmervereinigungen bei Choiselle, S. 260, sowie das Ges. vom 21.3.1881 „à la création des syndicats professionnels".

7) Der üblicherweise gezahlte Lohn entsprach nach Godin nur der Verpflichtung des Herrn, seinen Sklaven zu ernähren, vgl. Godin, 1880, S. 53.

8) vgl. Art. 24 Abs. 4.

bb) Lohnarten

Im Unternehmen wurden Stück- und Zeitlöhne gezahlt. Die Arbeiter in der Fabrikation wurden nach dem Stück bezahlt, die Modellarbeiter, Putzarbeiter u.ä. erhielten Stunden-, die Büroangestellten und Abteilungsleiter Monatslohn[1]. Godin war auf die Einführung dieser verschiedenen Lohnarten sehr stolz, hatte er doch selbst die anfangs des 19. Jrht. üblichen Zeitlöhne und ihre Ungerechtigkeiten erlebt.

cc) Festlegung der Lohnhöhe

Die Löhne wurden von dem in Art. 67 der Arbeitsordnung genannten Arbeitsausschuß[2] im Einvernehmen mit dem Verwaltungsdirektor festgelegt.

b) Auszahlungsmodus

Art. 65 und 66 der Arbeitsordnung legten eine heutzutage veraltet erscheinende, aber im 19. Jrht. wohl durchaus begründete Lohnzahlungsweise fest. Danach wurden die Löhne alle 14 Tage nach alphabetischer Namensliste dienstags und freitags ausbezahlt. Godin wollte damit v.a. das „Blaumachen" nach heftigen Feiern nach Zahltagen unterbinden[3].

4. Arbeitszeit

Nachdem schon der Regierungsausschuß „Commission du Luxembourg", der vom 1.3. bis 31.5.1848 getagt hatte, eine allgemeine Begrenzung der Arbeitszeit auf 12 Stunden einführte[4], legte erst das Ges. vom 23.4.1919 die tägliche Arbeitszeit auf acht Stunden fest[5]. Die Situation war demnach nur in der Anfangsphase der Gesellschaft interessant. Die Arbeitszeit war in der Arbeitsordnung nicht festgelegt. Sie betrug zunächst 11 Stunden, 1905 noch 10 Stunden[6]. Die Arbeitszeit in vergleichbaren deutschen Betrieben war schon wesentlich geringer. Bei Freese wurde 1887 9,5 Stunden, 1890 9 Stunden und 1892 8 Stunden gear-

1) vgl. dazu auch Godin, 1871, S. 16 ff.

2) vgl. dazu Ausführungen auf S. 124.

3) vgl. Godin, 1871, S. 22 bis 24.

4) vgl. Leifert, S. 10; Durand, 1962, S. 15; Abendroth, S. 36; in England war bereits am 1.5.1848 der Zehnstundenbill in Kraft getreten.

5) vgl. Durand, 1962, S. 19.

6) vgl. Duval, S. 60.

beitet[1], bei den Optischen Werkstätten in Jena betrug die Arbeitszeit bis 1899 10 bis 12 Stunden, 1899 9 Stunden und 1900 8 Stunden[2].

5. Verhaltenspflichten

Verhaltensregeln waren in Art. 46 und 47 der Arbeitsordnung festgelegt. Art. 46 Abs. 1 enthielt den Grundsatz einer nützlichen und rationellen Arbeitsweise. Dementsprechend bestimmte Art. 46 Satz 3, daß einem Beschäftigten, der seine Arbeit nicht mehr zufriedenstellend ausführt, eine weniger bedeutende zugewiesen werden kann. Eine entsprechende Bestimmung enthielt auch die Arbeitsordnung der bereits erwähnten Association en Limes[3].

a) Allgemeine Verhaltenspflichten

Die in Art. 46 und 47 für Arbeiter und Angestellte festgelegten Verhaltenspflichten verlangten gemeinschaftliche Arbeit, gegenseitige Hilfe, Einsatz aller Fähigkeiten zum Wohle der Gesellschaft.
Dies waren also alles Pflichten, die sich in erster Linie auf den Arbeitsbereich bezogen haben. Weitergehende Anforderungen an das Verhalten der Beschäftigten, insbes. im Privatbereich, wie sie z.B. in einigen deutschen Unternehmen dieser Zeit aufgestellt worden waren, hat es bei der Gesellschaft in Guise nicht gegeben.
Besondere Anforderungen an die Sauberkeit fanden sich nur in Bezug auf die Wohnungen in den Familistère-Gebäuden[4]. Danach war die Pflicht zur Sauberhaltung aber in die Verantwortung des Mieters gestellt; eine jederzeit mögliche Kontrolle bzw. ein Zutrittsrecht anderer zu diesem Zweck war generell nicht vorgesehen.

b) Pflicht zu Einarbeitung des Nachfolgers

Gem. Art. 50 wurde durch die Annahme einer Arbeit die Verpflichtung übernommen, die von der Gesellschaft aufgestellten Kündigungsfristen[5] auch selbst einzuhalten und innerhalb der Frist den Nachfolger in die Arbeit einzuführen.

1) vgl. Freese, S. 27, 29, 30.
2) vgl. Abbe, S. 151, Fn. 1.
3) vgl. S. 115 Fn. 3.
4) vgl. Art. 94 der Arbeitsordnung.
5) vgl. dazu Ausführungen auf S. 123.

c) Verbot einer bezahlten Nebentätigkeit

Art. 110 des Gesellschaftsvertrags enthielt für alle Angestellten, die jährlich mindestens frs. 3.000 in den Diensten der Gesellschaft verdienten, das Verbot, gleichzeitig eine andere bezahlte Tätigkeit auszuüben. Ausnahmen konnten gestattet werden. Art. 110 Abs. 2 wies ausdrücklich darauf hin, daß dieses Verbot – eine Ausnahme galt für den Gründer Godin – auch der Verwaltungsdirektor zu beachten hatte.

6. Urlaub

Art. 55 der Arbeitsordnung bestimmte, daß Urlaub nach Absprache mit dem Verwaltungsdirektor bzw. dem Mitglied des Verwaltungsrates, dem der Arbeiter als Abteilungsleiter unterstellt war, gewährt werden konnte. Der Urlaub war gem. Art. 56 der Arbeitsordnung unbezahlt. Für Urlaub, der ohne Absprache genommen wurde, wurden gem. Art. 57 Strafgelder fällig.
Es ist auf Kritik gestoßen, daß die Gesellschaft, die mit anderen sozialen Leistungen beispielhaft vorangegangen ist, bei dem Recht auf bezahlten Urlaub, das mittlerweile gesetzlich verankert ist[1], nicht wegweisend gewesen ist[2].

7. Einstellung, Beförderung, Übernahme eines Amtes

Art. 3 ff der Arbeitsordnung bestimmten, daß jeder Beschäftigte um eine andere Arbeit, eine Gehaltserhöhung, eine Beförderung und die Übernahme eines Amtes in der Gesellschaft nachsuchen konnte. Außer guter Führung („bonne conduite“)[3] war dafür eine schriftliche und mündliche Prüfung („concours“)[4] notwendig. Diese Regeln galten auch für die Bewerber um das Amt eines Verwaltungsratsmitglieds[5].
Das Verfahren sollte garantieren, daß nur die fähigsten Personen eine Beschäftigung bzw. ein Amt in der Gesellschaft ausübten[6].
Die Grundsätze des „concours“ waren auch in Art. 112 bis 116 des Gesellschaftsvertrags verankert.

1) vgl. Art. L. 223-1 Code du Travail.
2) vgl. Dunand, S. 135.
3) vgl. Art. 4.
4) vgl. Art. 5.
5) vgl. Art. 10 ff.
6) vgl. Art. 3 Abs. 1.

8. Stellung der Frauen und Jugendlichen

Godin trat schon früh für die Gleichstellung der Frau ein[1]. Demgemäß wurde in der Gesellschaft kein Unterschied zwischen Männern und Frauen gemacht, insbes. war den Frauen in der Gesellschaft auch das Wahlrecht zugestanden[2].

Die Gesellschaft war auch immer bemüht, die Kinder von Mitgliedern an einer Mitarbeit im Unternehmen zu interessieren. Den jungen Leuten, die keine weiterführenden Schulen besuchten, sondern im Unternehmen zu arbeiten begannen, aber aufgrund der Altersgrenzen oder, weil sie den Militärdienst noch vor sich hatten, noch nicht als Mitglied in die Gesellschaft eintreten konnten, wurden die auf ihre Arbeit entfallenden Gewinnanteile zwar nicht sofort in Sparscheinen ausgegeben, aber Sparscheine in der entsprechenden Höhe reserviert[3]. Wenn diese jungen Leute nach Erreichung des vorgeschriebenen Alters bzw. nach Ableistung des Militärdienstes in das Unternehmen zurückkehrten und als Mitglieder aufgenommen wurden, erhielten sie diese Anteilsscheine ausgehändigt. Kamen sie nicht zurück, fielen die Sparscheine an die Pensionskasse der Gesellschaft.

9. Kündigungsvorschriften

a) Kündigungsgründe

Die Kündigungsgründe waren nicht alle in der Arbeitsordnung geregelt. Näher eingegangen wird nur auf die Verletzung von Arbeitspflichten und die Kündigung infolge Arbeitsmangels.

Art. 49 der Arbeitsordnung bestimmte, daß die Verletzung von Arbeitspflichten, insbes. der Pflicht zur sorgfältigen Ausführung der Arbeit, nicht nur im Produktionsbetrieb, sondern z.B. auch in der Buchhaltung[4] eine Kündigung zur Folge haben konnte.
Bei einer Kündigung infolge Arbeitsmangels erlangte die Mitgliederhierarchie der Gesellschaft insoweit Bedeutung, als der Schutz vor diesem Kündigungsgrund größer war, je höher das Mitglied in der Hierarchie stand[5]. Gem. Art. 22 Abs. 2 mußten zuerst die Hilfskräfte gekündigt werden, dabei wiederum die am kürzesten im Unternehmen beschäftigten zuerst. Dann konnten die participants,

1) vgl. Art. 8 des Gesellschaftsvertrags; zur Frau in der Politik Godin, 1883, S. 122 ff.

2) vgl. Delabre, Gautier, S. 50.

3) sog. épargnes réservées, vgl. Art. 80, 82, 85 der Arbeitsordnung.

4) vgl. Art. 43 der Arbeitsordnung.

5) vgl. Art. 22 Abs. 1 des Gesellschaftsvertrags.

dann die sociétaires gekündigt werden, wobei hinsichtlich der Rangfolge Art. 22 Abs. 3 eine Härteklausel enthielt.
Art. 21 des Gesellschaftsvertrags bestimmte ferner, daß die Eigenschaft von sociétaires und participants vom Verwaltungsdirektor auch aufgehoben werden konnte, wenn es im Interesse der Gesellschaft notwendig war, eine Kündigung vorzunehmen.

b) Kündigungsfristen

Die Kündigungsfristen waren je nach Mitgliederstellung, Angestellten- oder Arbeitereigenschaft und Lohnhöhe unterschiedlich.
Art. 49 Abs. 4 der Arbeitsordnung legte Kündigungsfristen von höchstens 3 Monaten bis mindestens 14 Tagen fest. Die Kündigung erfolgte durch den Verwaltungsdirektor oder einen von diesem Bevollmächtigten[1]. Sie bedurfte gem. Art. 52 der Schriftform.

Art. 50 der Arbeitsordnung enthielt die bereits erwähnte Verpflichtung des Arbeitnehmers, diese Kündigungsfristen auch im Falle einer Kündigung von seiner Seite einzuhalten.
Um dieser Verpflichtung den nötigen Nachdruck zu verleihen, hatte der Kündigende gem. Art. 51 Abs. 1 an der Kasse der Gesellschaft den Betrag zu hinterlegen, den er während der Kündigungsfrist verdiente. Hielt er die Frist nicht ein, fiel die hinterlegte Summe an die Pensionskasse der Gesellschaft. Zudem verlor der Kündigende den jährlichen Gewinnanteil[2].

10. Strafgelder

Die Arbeitsordnung sah Strafgelder für die Übertretung von verschiedenen Vorschriften vor. So wurde, wie bereits erwähnt, für nicht bewilligten Urlaub ein Strafgeld fällig. Der Höhe nach in Art. 62 der Arbeitsordnung bereits festgelegt waren die Strafgelder für das Fernbleiben von der Arbeit bzw. das Zuspätkommen. Diese Strafgelder flossen in die Krankenkassen der Gesellschaft.
Schließlich sah Art. 64 der Arbeitsordnung Strafgelder für Gewaltakte, Beleidigungen, Streitereien, Beschädigungen und andere Verletzungen der Arbeitsvorschriften vor, deren Höhe entsprechend der Schwere der Verletzung von Fall zu Fall festgelegt wurde.

1) vgl. Art. 53 der Arbeitsordnung.

2) vgl. Art. 51 Abs. 2 der Arbeitsordnung.

II. KOLLEKTIVARBEITSRECHT

Der Arbeitsausschuß[1]

1. Zusammensetzung

Der Arbeitsausschuß, der bei der Gründung der Gesellschaft aus den Arbeitervertretern hervorgegangen ist, die seit 1852 mit der Verwaltung der Strafgeldkasse und der Hilfskassen beschäftigt waren, bestand gem. Art. 67 der Arbeitsordnung aus 18 Personen[2]. Neun davon wurden von allen Arbeitern der Gesellschaft und neun von den Bewohnern der Familistère-Gebäude gewählt. Die letztgenannte Gruppe bestand danach wohl in der Regel[3] aus Mitgliedern der Gesellschaft. In der ersten Gruppe war durchaus ein großer Anteil der Hilfskräfte denkbar.

2. Aufgaben

Der Ausschuß hatte die Interessen aller Arbeiter und Angestellten in Fragen des Lohns und der Arbeitsbedingungen wahrzunehmen. Er setzte die Löhne fest.

3. Effizienz

Der Arbeitsausschuß konnte diese Aufgaben natürlich nur wahrnehmen, wenn er gegenüber dem Verwaltungsdirektor eine unabhängige und starke Stellung einnahm.
Zunächst ist zu bemerken, daß die Mitglieder des Ausschusses – wie alle Mitglieder von Räten und Ausschüssen der Gesellschaft – für ihre Tätigkeit in diesem Gremium bezahlt wurden[4]. Sie erlitten durch diese Tätigkeit also keine finanzielle Einbuße.

Art. 67 Abs. 2 der Arbeitsordnung sah vor, daß sich der Arbeitsausschuß bei strittigen Fragen auf friedlichem Wege mit dem Verwaltungsdirektor einigen mußte. Gegen den Willen des Verwaltungsdirektors konnte der Ausschuß deshalb keine Maßnahmen durchsetzen.

1) „Syndicat du Travail".

2) vgl. Delabre, Gautier, S. 165.

3) aber nicht zwingend, vgl. Art. 36 Abs. 3 des Gesellschaftsvertrags, der auch Hilfskräfte zuließ.

4) vgl. Art. 74 der Arbeitsordnung.

Dunand[1] weist ferner darauf hin, daß Art. 77 der Arbeitsordnung jede heftige und scharfe Redeführung in den Sitzungen der verschiedenen Gremien der Gesellschaft untersagte. Ein solches Verhalten mußte vom Vorsitzenden sofort unterbunden und der Verursacher der Störung von der weiteren Sitzung ausgeschlossen werden. Die Verhandlungen und Sitzungen des Arbeitsausschusses verliefen demnach in einer ruhigen und vernünftigen Atmosphäre[2].

Trotz des generell guten Einvernehmens zwischen Arbeitsausschuß und Verwaltungsdirektor kam es im November 1929 zu einem einmonatigen Streik in der Fabrik in Guise. Es war dies der erste und einzige Arbeitskampf in der Geschichte der Gesellschaft.
Den Anlaß bildeten dezidierte Forderungen nach Lohnerhöhung insbes. für die Gießerei- und Schmelzarbeiter. Aufgrund der Steigerung der Lebenshaltungskosten wurde zudem eine allgemeine Lohnerhöhung für alle Beschäftigten gefordert. Das vom damaligen Verwaltungsdirektor Colin vorgeschlagene Angebot brachte die Arbeiter auf. Am 20. November begannen die Gießer und Schlosser einen Bummelstreik, der auf das gesamte Personal der Werkstätten übergriff. Als Antwort darauf verhängte Colin tags darauf die Aussperrung.
Während die Gruppe der associés Colin drängte, die Fabriktore wieder zu öffnen, und auch an die 1000 Beschäftigte am nächsten Tag die Arbeit wieder aufnahmen, blieb ein gleich großer Teil der Beschäftigten der Arbeit fern.
Nach Schlägereien zwischen Streikenden und Arbeitswilligen vor den Toren der Fabrik griff am 25. November die Polizei ein.
85 streikende Hilfskräfte wurden entlassen. Am 20. Dezember beschloß das Streikkomitee die Wiederaufnahme der Arbeit. Die Streikenden waren nur mehr 40 an der Zahl. Am 23. Dezember wurde die Arbeit wieder aufgenommen, einige Tage später auch die Lohnerhöhungen gewährt.

Dieser Streik scheint nicht ohne Einfluß auf das Klima in der Gesellschaft geblieben zu sein. Den Arbeitern war die privilegierte Stellung von Verwaltungsdirektor und associés bewußt geworden[3]. Gerade die Haltung der weit von den Ideen der Brüderlichkeit Godins entfernten Gruppe der associés scheint einer der Hauptgründe für den Streik und v.a. für die Verschärfung der Lage gewesen zu sein.
Die Stellung der Hilfskräfte im Unternehmen wurde wie folgt umschrieben:

1) S. 137.

2) vgl. Delabre, Gautier, S. 165; Dunand, S. 137.

3) vgl. Delabre, Gautier, S. 177 bis 179; zum Streik auch Dunand, S. 153; Drouin, der darauf hinweist, daß von den 1200 Arbeitern 300 bis 400 Streikende waren, davon 3 associés.

„. . . mais les ouvriers de l'usine aspirent-ils à devenir familistériens? Il paraît bien qu'ils y ont renoncé. Ce qu'ils revendiquent, ce sont avant tout des augmentations de salaires."[1]

4. Der Arbeitsausschuß und die gesetzlichen Institutionen der Arbeitnehmervertretung

Godin war mit der Schaffung des Arbeitsausschusses im Jahr 1880 der gesetzlichen Entwicklung des Arbeitnehmervertretungsrechts voraus. Er entsprach mit der Einrichtung des Arbeitsausschusses aber einer Forderung der Arbeitnehmer, die diese bereits seit 1830 erhoben hatten[2].

a) Die Arbeitsräte[3]

Die durch Dekret vom 17.9.1900 geschaffenen und auf regionaler Ebene eingesetzten Arbeitsräte waren Körperschaften, die aus einer gleichen Anzahl von Arbeitgeber- und Arbeitnehmervertretern bestanden und eine Beraterfunktion für die Regierung und eine Vermittlungs- und Schlichtungsfunktion zwischen den Parteien des Arbeitslebens ausüben sollten[4].
Ferner sollten sie auf die Ausarbeitung von Verträgen zwischen Arbeitgebern und Arbeitnehmern hinwirken[5].
Diese Arbeitsräte verfolgten damit u.a. die Aufgabe, die Godin bereits 1886 mit seinem Schreiben an die Kollegen ins Werk gesetzt sehen wollte.

b) Der Unternehmensausschuß[6]

Durch die gesetzesvertretende VO Nr. 45-280 vom 22.2.1945[7] und das Ges. vom 16.5.1946[8] wurde dieses Gremium geschaffen, das in seiner Funktion ähnlich dem deutschen Betriebsrat ist[9].

1) „La Révolution Prolétarienne", zit. nach Delabre, Gautier, S. 179.
2) vgl. Durand, 1962, S. 14.
3) „Conseils du travail".
4) vgl. Jay, S. 73.
5) vgl. Jay, S. 78.
6) „Comité d'entreprise", deutsche Bezeichnung wie bei Mahler, S. 3.
7) Änderungen seit damals vgl. Mahler, S. 5, 6.
8) vgl. Choiselle, S. 260.
9) Unterschiede vgl. Durand, 1959, S. 203.

Der Unternehmensausschuß hat Aufgaben auf wirtschaftlichem und sozialem Gebiet. Er wird über die erzielten Gewinne unterrichtet, kann Vorschläge machen für die Verbesserung der kollektiven Arbeits- und Lebensbedingungen der Belegschaft und verwaltet die betrieblichen Sozialeinrichtungen[1].

Von diesem Unternehmensausschuß unterschied sich der Arbeitsausschuß der Gesellschaft in der Zusammensetzung, denn letzterer war kein gemischtes Organ. Der Verwaltungsdirektor gehörte ihm nicht an. Auch die neun von den Bewohnern der Familistère-Gebäude gewählten Vertreter waren keine Arbeitgebervertreter.
Von den Aufgaben her war der Arbeitsausschuß allerdings mit dem Unternehmensausschuß vergleichbar.
Nach der Zusammensetzung ähnelt der Unternehmensausschuß eher dem Verwaltungsrat der Gesellschaft, wenn man die drei associés als reine Arbeitnehmervertreter ansieht.

Da die Gesellschaft die Kriterien des Art. 1 der VO vom 22.2.1945[2] erfüllte, mußte ab Inkrafttreten der VO auch ein Unternehmensausschuß errichtet werden[3]. Besonderheiten über seine tatsächliche Tätigkeit im Unternehmen sind nicht bekannt geworden.

c) Die Belegschaftsvertreter[4]

Diese wurden durch Ges. No. 46-730 vom 16.4.1946[5] geschaffen, sind aber unter der Bezeichnung „Arbeiterdelegierte" historisch älter als der Unternehmensausschuß[6]. Es handelt sich dabei, wie der Name sagt, um Betriebsangehörige, die von der Belegschaft gewählt werden.
Wegen des Unterschieds in der Zusammensetzung wurden sie neben den Unternehmensausschüssen beibehalten.

1) vgl. Durand, 1959, S. 215 und 224.

2) Die Vorschrift nennt alle Industrie- und Handelsunternehmen der Privatwirtschaft mit 50 und mehr Arbeitnehmern, vgl. Mahler, S. 28.

3) vgl. Drouin.

4) „Délégués du personnel", deutsche Bezeichnung wie Mahler, S. 3, Durand, 1959, S. 191 ff.

5) seither erfolgte Änderungen vgl. Mahler, S. 5, 6.

6) vgl. Durand, 1959, S. 193; Leminsky, S. 68.

Die Belegschaftsvertreter haben grds. nur einen beruflich-sozialen Aufgabenbereich[1], tragen v.a. der Betriebsleitung Beschwerden vor[2].

Nach Funktion, Zusammensetzung und historischer Entwicklung entsprach der Arbeitsausschuß der Gesellschaft dieser Institution. Es ist anzunehmen, daß die Gesellschaft Belegschaftsvertreter wählte[3] und der seit 1880 eingesetzte Arbeitsausschuß durch die Belegschaftsvertreter gem. Ges. vom 16.4.1946 ersetzt worden ist[4].

1) vgl. Mahler, S. 24.

2) vgl. Durand, 1959, S. 216.

3) Sie erfüllte die Voraussetzungen dieses Gesetzes; die Kriterien der verpflichteten Betriebe entsprechen den Vorschriften über die Unternehmensausschüsse, ausreichend sind hier aber 10 Arbeitnehmer und mehr.

4) Genaueres konnte nicht festgestellt werden, da das Règlement in späterer Fassung nicht vorliegt.

III. DIE VORSORGEEINRICHTUNGEN DER GESELLSCHAFT

Gem. Art. 118 unterhielt die Gesellschaft Versicherungen auf Gegenseitigkeit und Einrichtungen zur Pflege, Erziehung und Unterrichtung der Kinder der Gesellschaftsmitglieder.

1. Die Versicherungen auf Gegenseitigkeit[1]

Art. 120 Abs. 2 verpflichtete die Gesellschaft, Versicherungskassen zu unterhalten, um die Beschäftigten der Gesellschaft im Fall von Krankheit, Verletzung und Arbeitsunfähigkeit mit dem Notwendigsten zu versorgen.
Die Versicherungen bestanden aus einer Pensionskasse und einer Versicherung für den notwendigen Lebensunterhalt[2] sowie einer Krankenkasse[3]. Begünstigte waren Gesellschaftsmitglieder und Hilfskräfte[4].
Die dafür maßgeblichen Vorschriften fanden sich in dem 95 Artikel umfassenden „Zweiten Teil"[5] des Gesamtvertragswerks von 1880, auf die Art. 120 Abs. 4 des Gesellschaftsvertrags verwies.

Diese Versicherungen wurden allerdings nicht erst mit dem Gesellschaftsvertrag von 1880 geschaffen, sondern unter den genannten Vorschriften nur die Regelungen über die bis dahin im Unternehmen bestehenden Hilfskassen zusammengefaßt.

a) Die Rentenversicherung und die Versicherung für den notwendigen Lebensunterhalt

aa) Leistungen

Die Leistungen dieser Versicherung waren im einzelnen in Art. 1 der genannten Spezialvorschriften aufgeführt und deckten die Versicherungsfälle dauernde und vorübergehende Arbeitsunfähigkeit und außergewöhnliche Notlage ab. Die Leistungen bestanden in einer Arbeitsunfähigkeitsrente und in einer Unterstützung zum notwendigen Lebensunterhalt.

1) „Assurances Mutuelles de l'Association"; Zahlen bei Choiselle, S. 174, 175.

2) „Assurances de pensions et du nécessaire à la subsistance".

3) „Assurance contre la maladie".

4) vgl. Art. 120 Abs. 1 Satz 2.

5) abgedruckt bei Godin, 1880, S. 163 bis 202.

Die Höhe der Rente hing – wie so vieles in der Gesellschaft – ab von der Stellung in der Mitgliederhierarchie. Die Renten für associés und sociétaires betrugen einen bestimmten Prozentsatz des Jahreseinkommens, wobei monatliche Mindestsätze festgelegt waren. Die Renten für participants und auxiliaires berechneten sich nach Tagessätzen, deren Höhe von den geleisteten Arbeitsjahren im Unternehmen abhing. Als Mindestarbeitsdauer waren 15 Jahre vorgesehen. Bemerkenswert war in diesem Bereich die Schlechterstellung der Frauen bei der Mindesrentenhöhe.
Für vorübergehende Arbeitsunfähigkeit erhielten kranke associés und sociétaires eine Unterstützung gemäß ihrem Beitrag[1].

Eine Unterstützung für den notwendigen Lebensunterhalt wurde gewährt an die Familien von associés, sociétaires und anderen Bewohnern der Familistère-Gebäude, deren Einkommen vorübergehend unzureichend war. Auch für die Witwen und Waisen wurde gesorgt[2].

Der Anspruch aus dieser Versicherung entfiel, wenn ohne Genehmigung des Verwaltungsrat eine Tätigkeit außerhalb der Gesellschaft aufgenommen wurde, sowie bei freiwilligem Ausscheiden, Ausschluß oder Kündigung aus anderen Gründen als Arbeitsmangel[3].
Jede freiwillige Unterbrechung der Arbeit bei der Gesellschaft führte zu einer Kürzung der Bezüge, wobei die Militärzeit als unfreiwillige Unterbrechung galt[4].

Die Abwertung des Franc von 1920 wurde durch eine „vorübergehende und freiwillige Hilfe“ aufgefangen, dabei aber sichergestellt, daß dadurch eine Rente nicht höher ausfiel als das Durchschnittsgehalt eines Bezugsberechtigten[5].

bb) Mittelaufbringung

Die Mittel wurden allein durch einen Zuschuß der Gesellschaft aufgebracht. Dadurch unterschied sich diese betriebliche Versicherung von der gesetzlichen Sozialversicherung in Frankreich wie in Deutschland.
Der Versicherung kam aber auch der auf den Faktor Arbeit entfallende Gewinnanteil der Hilfskräfte zugute[6].

1) vgl. Art. 1 Nr. 3 der Vorschriften des Zweiten Teils.
2) vgl. Art. 1 Nr. 1 der Versicherungsvorschriften.
3) vgl. Art. 5 und 8 der Versicherungsvorschriften.
4) vgl. Art. 7 Abs. 1 und 2 dieser Vorschriften.
5) vgl. Notice, 1937, S. 19; Dunand, S. 121.
6) vgl. Art. 81 der Arbeitsordnung.

cc) Organisation

Die Rentenversicherung bildete zunächst nur einen Posten in der Bilanz der Gesellschaft. Zu ihren Mitteln gehörten auch Sparscheine[1] der Gesellschaft.
Für den Fall der Auflösung der Gesellschaft bestimmte Art. 121 des Gesellschaftsvertrags, daß die Mittel der Versicherungen dem Reservefonds zugeführt werden müssen, die Liquidatoren jedoch Maßnahmen zu treffen hätten, damit die lebenslange Gewährleistung der Renten gesichert bleibt.

Das Gesetz vom 30.4.1930 über die Sozialversicherung führte nicht zu einer Auflösung der betrieblichen Rentenversicherung, wie zunächst befürchtet wurde, sondern ermöglichte die Weiterführung nach Genehmigung durch das Arbeitsministerium, dem auch die finanzielle Kontrolle übertragen werden mußte[2].
Die Genehmigung hatte zur Folge, daß die Versicherung Rechtspersönlichkeit erhielt und damit völlig unabhängig von der Gesellschaft wurde. Die Gesellschaft hatte die Pflicht, bei Bedarf die Zuschüsse zu erhöhen.
Ab 1930 erbrachte die Gesellschaft folgende Leistungen:
– die Zuschüsse zur betrieblichen Rentenversicherung,
– die Arbeitgeberbeiträge zur gesetzlichen Sozialversicherung,
– die Arbeitnehmerbeiträge zur gesetzlichen Sozialversicherung.
Die letztgenannten Arbeitnehmerbeiträge zur Sozialversicherung leistete die Gesellschaft freiwillig, weil man die bisher von einer Beitragspflicht verschonten Arbeitnehmer der Gesellschaft auch durch das neue Gesetz nicht belasten wollte[3].

Die Rentenversicherung wurde von einem Ausschuß verwaltet, der aus 18 Mitgliedern bestand[4]. Diese Selbstverwaltung datierte schon seit 1852. Das Gesetz vom 30.4.1930 hat daran nichts geändert[5].

1) Im Jahr 1924/25 in Höhe von frs. 1.665.248, vgl. Dunand, S. 121; wohl u.a. aufgrund der verlorenen „épargnes réservées", vgl. Art. 85 der Arbeitsordnung; vgl. auch die Situation beim Unternehmen Leclaire, bei dem der Unterstützungsverein mit frs. 200.000 Kommanditist war, vgl. Böhmert, S. 30.

2) vgl. Dunand, S. 130.

3) vgl. R. Rabaux bei Dunand, S. 132.

4) vgl. Art. 17, 73 der Versicherungsvorschriften; die neun von allen Beschäftigten gewählten Mitglieder sollen nach Choiselle, S. 210, dieselben sein wie im Arbeitsausschuß nach Art. 67 der Arbeitsordnung.

5) vgl. R. Rabaux bei Dunand, S. 130.

b) Die Krankenversicherung

aa) Leistungen

Die betriebliche Krankenversicherung umfaßte in der ursprünglichen Gestaltung drei Abteilungen, eine, die Leistungen an alle im Unternehmen Beschäftigten erbrachte, eine, die die in den Familistère-Gebäuden wohnenden Frauen versorgte, und eine Arzneimittelkasse für alle Bewohner der Familistère-Gebäude. Diese Versicherung deckte die Versicherungsfälle Krankheit, Verletzungen, Unfälle, die Arbeitsunfähigkeit zur Folge hatten, ab. Arzthonorare und Arzneimittel wurden einschließlich eines Teils der Bestattungskosten bezahlt.

bb) Mittelaufbringung

Die Mittel wurden durch Beiträge der Berechtigten gem. Art. 18, 19 der Versicherungsvorschriften, durch die Strafgelder nach Art. 62 der Arbeitsordnung[1] und einen Zuschuß der Gesellschaft aufgebracht.

cc) Organisation

Bis 1929 waren die Beträge der betrieblichen Krankenkasse nicht aus der Bilanz der Gesellschaft ausgegliedert und hätten im Falle der Auflösung der Gesellschaft das Schicksal der Mittel der betrieblichen Rentenversicherung geteilt.

Da das Ges. vom 30.4.1930 für die Deckung der Risiken Krankheit, Mutterschaft, Tod etc.[2] Hauptkassen (caisses primaires) vorsah, die nach dem Ges. vom 1.4. 1898 nur von Versicherungsgesellschaften auf Gegenseitigkeit gegründet werden konnten, wurde von allen Beschäftigten des Unternehmens eine solche Versicherungsgesellschaft gegründet.
Bei Inkrafttreten des Gesetzes über die Sozialversicherung am 1.7.1930 umfaßte diese Versicherungsgesellschaft zwei Abteilungen:
- eine Hauptkasse der sozialen Sicherheit[3] für die nach dem Ges. vom 30.4. 1930 Pflichtversicherten,
- eine Hilfskasse auf Gegenseitigkeit (section mutuelle)[4] für alle nicht unter die gesetzliche Sozialversicherung fallenden Beschäftigten.
  Zudem waren die Mitglieder der Hauptkasse in dieser Hilfskasse durch zusätzliche Beiträge eingegliedert und gegen bestimmte Risiken versichert, die von der gesetzlichen Sozialversicherung nicht abgedeckt waren.

1) vgl. Häntschke, S. 8, der betont, daß dies entgegen dem damals üblichen Brauch, die Strafgelder dem Unternehmer zukommen zu lassen, geschah.

2) sog. risques de répartition im Gegensatz zu risques de capitalisation.

3) deutsche Bezeichnung nach Durand, 1962, S. 44.

4) deutsche Bezeichnung nach Durand, 1962, S. 46.

Beibehalten wurde die Versicherung für Frauen, die in den Familistère-Gebäuden wohnten, sowie die Arzneimittelkasse[1].

Auch vor 1929 erfolgte eine Verwaltung der Krankenkasse durch die Berechtigten selbst. Für jede der drei Abteilungen wurden 18 Mitglieder in geheimer Wahl gewählt[2].

Für die Tätigkeit in den verschiedenen Ausschüssen der Hilfskassen erhielt jedes Mitglied eine Vergütung. Ehrenmitglieder oder Schirmherren wurden von Godin kategorisch abgelehnt, da die soziale Sicherheit keineswegs mit dem Charakter eines Almosens behaftet sein dürfte[3].

Wie oben dargelegt, hat die Einführung der gesetzlichen Sozialversicherung das Versicherungssystem der Gesellschaft gründlich verändert. Choiselle[4] bemerkt, daß Godin diese Veränderungen sicher nicht mißfallen hätten, da er ja selbst immer wieder das Eingreifen des Staates auf diesem Gebiet gefordert hat[5].

2. Die Einrichtungen zur Pflege, Erziehung und Unterrichtung der Kinder

Der Erziehung und Ausbildung der Kinder der Mitglieder der Gesellschaft wurde, wie schon betont, großer Wert beigemessen. Godin wußte aus eigener bitterer Erfahrung, wie die übliche Schulbildung von Kindern der arbeitenden Klasse zur damaligen Zeit aussah[6].

Nach den Plänen Fouriers wurden gem. Art. 123 eine „nourricerie" für Kinder bis zu zwei Jahren, ein „pouponnat" für Kinder von zwei bis vier Jahren, ein „bambinat" für Kinder von vier bis sechs Jahren und eine Schule für Kinder bis zum 14. Lebensjahr eingerichtet[7]. Für besonders begabte Kinder waren fortbildende Kurse vorgesehen. Eine ganze Reihe Kinder wurde auf Kosten der Gesellschaft in weiterbildende staatliche Schulen, v.a. Ingenieurschulen, geschickt.

Art. 124 des Gesellschaftsvertrags bestimmte, daß die Benutzung der Einrichtungen kostenlos ist. Die Lehrkräfte und das übrige Personal wurden von der Gesellschaft bezahlt.

1) vgl. Notice, 1937, S. 20.

2) vgl. Art. 46, 58, 65 der Versicherungsvorschriften.

3) vgl. Godin, 1880, S. 39.

4) S. 206.

5) vgl. auch den Gesetzesvorschlag von Godin, in: Godin, 1883, S. 549 ff.

6) vgl. Ausführungen auf S. 35 Fn. 1.

7) genaue Beschreibung u.a. bei Choiselle, S. 223 ff.

Art. 124 Abs. 2 legte dafür sogar einen finanziellen Mindestaufwand fest.
Die Ausgaben für diese Einrichtungen waren beträchtlich. Duval[1] nennt eine jährliche Summe von frs. 31.000 und errechnet, daß dabei die Gesellschaft in Guise mit ca. frs. 72 pro Kind nahezu das Doppelte für Erziehung und Ausbildung der Kinder ausgibt wie Frankreich mit seiner staatlichen Erziehung und Ausbildung[2].

3. Die Verkaufsläden in den Familistère-Gebäuden

Gem. Art. 97 Abs. 1 der Arbeitsordnung sollten die Läden einmal die in den Familistère-Gebäuden wohnenden Familien mit den notwendigen Dingen des täglichen Lebens versorgen und zum anderen der Gesellschaft einen Gewinn aus dem Warenumsatz zugutekommen lassen.

Es bestand für die Mitglieder der Gesellschaft kein Zwang, in den Läden einzukaufen. Tatsächlich wurden die Läden zumindest am Anfang sehr wenig benutzt[3], obwohl die Gewinne den Käufern zumindest zum Teil entsprechend ihrer Einkäufe rückvergütet wurden[4].

Die Verkaufsläden werden zwar oft als Konsumgenossenschaften bezeichnet. Da ihr Kapital aber nicht von den Käufern stammte, sie vielmehr überhaupt kein eigenes, aus dem Gesellschaftskapital ausgegliedertes Kapital hatten[5], waren sie zumindest keine eigenständige Konsumgenossenschaft. Sie bildeten eine Abteilung des Produktionsbetriebs[6] mit einem Verwalter an der Spitze, der demgemäß auch Verwaltungsratsmitglied war[7].

4. Die Wohnungen in den Familistère-Gebäuden

Die Wohngebäude, die an anderer Stelle beschrieben und auf deren soziologische Problematik bereits hingewiesen worden ist[8], waren gem. Art. 91 Abs. 1 der Ar-

1) S. 49.
2) vgl. dazu auch die Gegenüberstellung der Ausgaben für Kinder der Städte Guise und St. Quentin bei Fischer, S. 17.
3) vgl. Umsatzzahlen bei Dunand, S. 145.
4) vgl. Dunand, S. 142.
5) vgl. Leifert, S. 66; MacSay, S. 24, 25.
6) vgl. Art. 27 Nr. 6 der Arbeitsordnung.
7) vgl. Art. 82 Nr. 8 des Gesellschaftsvertrags.
8) vgl. Ausführungen auf S. 52 bis 54.

beitsordnung Gesellschaftseigentum. Die Bewohner waren Mieter. Der Mietzins wurde nach einem Grundpreis pro qm je nach der Lage der Wohnung im Gebäude berechnet[1].

Die Wohngebäude, die in erster Linie für associés und sociétaires gedacht waren[2], sollten helfen, die Assoziation, so wie Godin sie verstanden hat, zu verwirklichen:

> „Le Palais Social et ses dépendances ont pour but de servir au bien-être et au développement moral des habitants, et de faciliter entre eux la mise en pratique de l'Association."[3]

Die Mieter traf die Pflicht zur Reinhaltung der Wohnungen. Die gemeinsamen Räumlichkeiten, Gänge und Treppen, wurden durch angestellte Putzfrauen sauber gehalten[4]. Den Bewohnern war es nicht erlaubt, in den Wohnungen Wäsche zu waschen. Dafür mußten die gemeinsamen Waschküchen und Trockenräume benutzt werden[5]. Die Verwaltung der Gebäude war gem. Art. 90 der Arbeitsordnung einem eigenen Gremium, dem Familistère-Rat, übertragen.

Obgleich die Nachfrage nach Wohnungen in den Familistère-Gebäuden immer das Angebot überstiegen hat[6], hat die Anlage des Palais Social auch vernichtende Urteile von Zeitgenossen und Nachgeborenen hinnehmen müssen. Sie wurde als „Kaserne"[7] und „Kloster"[8] bezeichnet.
Engels, der die Anlage in seinen Ausführungen zu den „Arbeiterkolonien" erwähnt, gesteht Godin zu, die Wohngebäude nicht als rentable Spekulation, sondern im Rahmen eines sozialistischen Experiments errichtet zu haben, sieht sie aber schließlich zu einer „bloßen Heimat der Arbeiterausbeutung" herabgesunken[9]. Auch für Gide hat die Anlage nichts Anziehendes:

1) vgl. Duval, S. 40.
2) vgl. Art. 86 Abs. 1 der Arbeitsordnung.
3) Art. 89 Abs. 1 der Arbeitsordnung.
4) vgl. Art. 95 der Arbeitsordnung.
5) vgl. Art. 96 der Arbeitsorndung.
6) Dies mag auch dadurch begründet gewesen sein, daß es für associés und sociétaires zwingend vorgeschrieben war, im Familistère zu wohnen. Wollte man in diese begehrten Gruppen gelangen, mußte man sich also um eine Wohnung dort bemühen.
7) so M. Reybaud, zit. nach Duval, S. 57; Hitze, S. 271.
8) M.A. Julin, zit. nach Duval, S. 58.
9) vgl. Engels, S. 44.

„Um eine Idee zu bekommen, wie ein wirkliches Phalanstère hätte aussehen können, geht man besser in die schönen Gartenstädte von Bournville und Port Sunlight in England oder Agneta-Park in Holland.“[1]

Bleibt anzumerken, daß ein besonderes Interesse an dem Betrieb und v.a. an der Art der Wohnanlage während der deutschen Besetzung im 2. Weltkrieg – horribile dictu – die Nationalsozialisten gezeigt haben, was aufgrund der im Lauf der Geschichte immer wieder hervorgetretenen grundsätzlich negativen Einstellung faschistischer Kreise zu jeglichen Genossenschaften[2] erstaunlich ist.

1) Gide, zit nach Bollerey, S. 164.

2) vgl. HWB Wirtschaftswissenschaft, S. 562.

GESAMTWÜRDIGUNG

I. „SCHEITERN" DER GESELLSCHAFT?

Delabre, Gautier nennen ihre Arbeit „L'échec du Familistère de Guise", also das „Scheitern" der Familistère-Gesellschaft. Sie begründen das damit, daß die Gesellschaft sich vor Ablauf der im Vertrag von 1880 vorgesehenen Dauer aufgelöst hat, daß sie sich nicht an die moderne Welt anpassen konnte und daß sie es nicht geschafft hat, Nachahmer zu finden[1].
Angesichts von fast 88 Jahren überwiegend erfolgreichen Bestehens und Wirkens kann dieser Schlußfolgerung nicht zugestimmt werden.

Zwar hat die Gesellschaft schließlich ihre genossenschaftlichen Prinzipien aufgegeben und sich in die kapitalistische Rechtsform der AG verwandelt. Die Gründe für diese Entwicklung lagen jedoch überwiegend außerhalb der Gesellschaft, sie waren exogen, nicht endogen.

Es mag zwar stimmen, daß die Gesellschaft es nicht geschafft hat, die rasante Entwicklung der Technik mitzumachen, für ihre Produkte neue Märkte zu erschließen bzw. ihr Produktionsprogramm auf die veränderte Nachfragesituation einzustellen sowie für ihr Management fähige Personen heranzuziehen.
In gleichem Maße waren aber auch die von außen kommenden, nicht steuerbaren Einflüsse, insbes. der Gesetzgebung, der Gesellschaft nicht förderlich.
Durch die Gesetzgebung auf dem Gebiet der Sozialversicherung und der Arbeitnehmervertretungen im 20. Jrht. sind viele Forderungen der Arbeitnehmer erfüllt worden. Die Institutionalisierung von Belegschaftsvertretern, Unternehmensausschuß und Sozialversicherungsleistungen hat viel vom sozialen Werk der Gesellschaft selbstverständlich werden lassen. Die Gesetzgebung ging zudem von anderen Prämissen aus, nämlich dem Gegensatz von Kapital und Arbeit und nicht der friedlichen Vereinigung von beiden.

Festzustellen bleibt, daß die Gesellschaft es nicht verstanden hat, andere Betriebe von ihrer Organisationsform und Arbeitsweise zu überzeugen und zur Nachahmung anzuregen. Gerade in diesem Punkt hat Godin, der fest davon überzeugt war, daß seine Unternehmensverfassung Schule machen würde, geirrt.
Wieser[2] berichtet von einem Gespräch zwischen Godin und Rabbeno in Guise über dieses Thema, bei dem Rabbeno nicht bezweifelte, daß die Gründung nachahmenswert sei, aber starke Zweifel daran äußerte, daß sich viele Godins finden

1) vgl. Delabre, Gautier, S. 7.

2) vgl. S. 142.

werden. Das Unternehmen ist – um die Worte Abbes für derartige Versuche zu verwenden – die „Oase in der Wüste“ geblieben, die der Wüstensand in der folgenden Nacht begräbt[1].
Der Gesellschaft ist es nicht gelungen, sich nach außen entsprechend darzustellen, sich „zu verkaufen“. Geschafft hat sie es gleichwohl lange Jahre, ihren Mitgliedern ein besseres, menschenwürdigeres Leben zu ermöglichen. Choiselle erlebte das Unternehmen noch Ende der 60er Jahre dieses Jahrhunderts als „ilôt d'idéalisme dans une France déchirée par les querelles d'intérêt, dans un monde emporté par la frénésie du lucre et du gain.“[2]

II. DIE GESELLSCHAFT ALS „ENTREPRISE PILOTE“[3]

Das Unternehmen war nicht nur aufgrund des technischen Standards der hergestellten Erzeugnisse bis in die Mitte dieses Jahrhunderts ein Vorreiter, es war auch aufgrund der Regelungen der Unternehmensverfassung der Arbeits- und Sozialgesetzgebung seines Landes um nahezu ein halbes Jahrhundert voraus.

Wenn Daudé-Bancel[4] Godin als Vorläufer des Gesetzes vom 26.4.1917, das Arbeiteraktien einführte und die Unternehmen, die diese Gelegenheit wahrnahmen, mit steuerlichen Vorteilen belohnte, bezeichnet, so ist nicht zu übersehen, daß Godin weiter ging. Er wollte den Arbeitnehmern nicht einen bestimmten Anteil am Gesellschaftskapital im Form von Aktien zukommen lassen, er wollte das gesamte Gesellschaftskapital in ihren Händen sehen. Die reinen Kapitalgeber sollte es nicht mehr geben. Die ständige Weiterübertragung des Eigentums am Gesellschaftskapital an die jeweils aktiv im Unternehmen Beschäftigten ist die logische Konsequenz dieser Konzeption, die nach Godin offensichtlich von niemandem mehr aufgegriffen worden ist. Allerdings ist auch in Guise die Realität hinter dem Postulat zurückgeblieben; intéressés hat es im Unternehmen immer gegeben.

Die Verordnung vom 17.8.1967 über die Beteiligung der Arbeitnehmer an den Früchten der Entwicklung des Betriebs ist das Ergebnis der langen Tradition, die die Gewinnbeteiligung in Frankreich hat. Hinter dem im Unternehmen in Guise praktizierten Gewinnbeteiligungssystem bleibt sie zurück, da sie zumindest keine unmittelbare Kapitalbeteiligung ermöglicht.

1) vgl. Abbe, S. 54.

2) S. 246.

3) so Lacroix, S. 5.

4) S. 385.

Schon 1880 hatte Godin den Staat aufgefordert, den arbeitenden Klassen Garantien für den Lebensunterhalt zu gewähren:

„Si j'éxamine . . . ce qui est à faire au point de vue des rapports industriels entre patrons et ouvriers, il me paraît indispensable de poser comme prémisse la nécessité de l'intervention de l'Etat pour donner aux classes labourieuses des garanties générales contre la misère et les privations."[1]

Nachdem 1894 ein umfassendes Sozialversicherungsgesetz für den Bergbau und 1898 ein Arbeitsunfallschutzgesetz eingeführt worden waren, erfüllte das Gesetz über die Sozialversicherung von 1930 nahezu alle Forderungen von Godin auf diesem Gebiet. Godin hatte die Priorität der Schaffung einer Sozialversicherung für alle immer betont:

„L'association des travailleurs et la participation de l'ouvrier aux bénéfices de l'industrie peuvent encore être pendant longtemps un fait d'expérimentation locale, mais il n'en sera pas de même de l'organisation de la Mutualité nationale. Le besoin en sera vite compris et les circonstances en rendront l'application vite nécessaire."[2]

Keine Pilotfunktion kam dem Unternehmen für den Bereich der Mitbestimmung zu, der in der französischen Rechtsordnung bezogen auf Unternehmerentscheidungen ohnehin keine nennenswerte Entwicklung genommen hat.
Die schwache Ausbildung der Mitbestimmungsrechte nach dem Gesellschaftsvertrag von 1880 ist auf vielfache Kritik gestoßen. Obwohl Godin die getroffene Regelung nur als Übergangslösung gedacht hatte, bis die Beschäftigten die für Leistungsfunktionen notwendigen Fähigkeiten erworben hätten, blieb die Konzentration der Entscheidungsbefugnisse beim Verwaltungsdirektor nicht nur bis zum Tode Godins, sondern bis zum Ende der genossenschaftlichen Ausrichtung des Unternehmens, also bis zur Umwandlung in eine AG, unangetastet.
Die hervorgehobene, unangefochtene Stellung des jeweiligen Verwaltungsdirektors, die den Grundsatz der französischen Staatsverwaltung „agir est le fait d'un seul"[3] verwirklichte, war zweifellos für den wirtschaftlichen Erfolg des Unternehmens in einer Wirtschafts- und Rechtsordnung, die den Genossenschaften auch im 20. Jrht. nicht günstiger gesonnen war[4], ausschlaggebend, „weil der einfältigste Unternehmer noch immer der gescheitesten Genossenschaft voraus ist"[5]. Dieser Grundsatz, den Abbe bei der Leitung der Zeiss-Stiftung immer

1) Godin, 1880, S. 36.

2) Godin, zit. nach Lacroix, S. 9.

3) vgl. Honegger, S. 40.

4) vgl. Dufour, S. 88.

5) Abbe, S. 127.

wieder unterstrich, hatte auch in Guise Geltung. Zwar verletzt eine solche Regelung genossenschaftliche Leitungsprinzipien, das Unternehmen in Guise wurde dadurch jedoch handlungs- und konkurrenzfähig, der Umgang mit den paternalistisch organisierten Geschäftspartnern wesentlich erleichtert:

> „Beim Vergleich mit dem Fourieristischen Ideal büßt die paternalistische Unternehmerpraxis an Terrain ein. Aber es war gerade die väterliche Stifterpose des J.B. André Godin und die Sicherstellung der Keimzelle der Nation, der Familie, welche das Fourieristische Experiment in Guise von der bürgerlichen Seite mit Applaus aufnehmen ließ und sein Überleben garantierte“[1].

Godin hat mit der Ausgestaltung der Position des Verwaltungsdirektors, der in Guise allerdings immer aus dem Unternehmen selbst kommen mußte, die moderne Tendenz, in Genossenschaften „Manager“ einzustellen, die in eigener Verantwortung die Unternehmenspolitik der Genossenschaft bestimmen können[2], vorweggenommen. Die Aureole des Gründers und ersten Verwaltungsdirektors Godin, die zumindest bis zur Mitte des 20. Jahrhunderts auf alle weiteren Inhaber dieser Position ausgestrahlt hat, bildete die ideelle, in dieser Konstruktion latent angelegtes Konfliktpotential ausschließende Klammer für die (vermeintlichen) Genossen.

1) Bollerey, S. 164.

2) HWB Wirtschaftswissenschaft, S. 549.

ANHANG

GESELLSCHAFTSVERTAG

(Statuts)

von

1880

PREMIERE PARTIE

TITRE DEUXIEME *)

Définition de l'Association.

Art. 3.

L'Association entre travailleurs et capitalistes, fondée au **Familistère de Guise**, par l'initiative de M. Godin, prend la dénomination de:

SOCIETE DU FAMILISTERE DE GUISE

ASSOCIATION COOPERATIVE DU CAPITAL ET DU TRAVAIL

Sous la raison sociale: GODIN et Cie

La Société est en commandite simple.

Art. 4.

L'Association a pour but d'organiser la solidarité entre ses membres par le moyen de la participation du capital et du travail dans les bénéfices, selon les conditions prévues par les présents Statuts.

Art. 5.

Elle a pour objet:

L'exploitation locative de l'immeuble constituant le **Familistère**;

L'exploitation commerciale de ses magasins et débits;

L'exploitation industrielle des usines et fonderies appartenant au Fondateur et situées à Guise et à Laeken-lez-Bruxelles (Belgique).

Art. 6.

Le siège de l'Association est au **Familistère de Guise.**

---

*) Auf den Abdruck des Titre Premier (Art. 1 und 2) wurde aus Platzgründen verzichtet.

Art. 7.

La durée de l'Association est de quatre-vingt-dix-neuf ans à dater de sa constitution définitive fixée au jour de la date des présents Statuts, avec la possibilité d'être prorogée selon les prescriptions de l'article 138.

Art. 8.

L'Association se compose:

1° Du Fondateur qui fait l'apport du fonds social;

2° Des personnes des deux sexes qui, après avoir adhéré aux présents Statuts, coopèrent aux travaux et opérations de l'Association ou acquièrent une ou plusieurs des parts d'intérêt représentant le fonds social;

3° Et de toutes autres personnes qui seront ultérieurement admises selon les règles prescrites par les présents Statuts.

TITRE TROISIEME

Du Personnel.

Catégories. – Conditions générales d'admission.

Formes de l'adhésion.

Art. 9.

L'Association comprend, outre le Fondateur, des membres aux titres suivants:

1° Associés;
2° Sociétaires;
3° Participants;
4° Intéressés.

Ces titres et qualités s'acquièrent dans les formes et conditions déterminées par les présents Statuts. Ils reposent sur la différence des mérites et des services rendus dans l'Association. Ils donnent des droits différents dans la Société et dans le partage des bénéfices.

Les droits et les devoirs de ces divers membres de l'Association sont inscrits:

Pour les Associés.	Art. 10, 14, 15, 24 à 28;
les Sociétaires. . . .	Art. 10, 17, 19, 20, 24 à 28;
les Participants. . .	Art. 10, 18, 19, 20, 24 à 27;
les Intéressés.	Art. 29 à 32.

L'Association emploie, en outre, comme auxiliaires, des employés et des ouvriers dont la situation est fixée art. 34 à 36.

Art. 10.

Les conditions générales pour être admis dans l'Association à l'un quelconque des titres d'associé, de sociétaire ou de participant sont:

1° D'être d'une moralité et d'une conduite irréprochables;

2° D'adresser à l'Administrateur-Gérant une demande d'admission, sur une formule délivrée dans les bureaux de l'Association, laquelle demande doit contenir tous les renseignements exigés sur le postulant;

3° De prendre connaissance des présents Statuts et des règlements qui y sont annexés et d'adhérer expressément aux dispositions qu'ils renferment.

Art. 11.

L'adhésion aux Statuts et règlements particuliers et l'engagement d'en observer religieusement les dispositions, donnés par tout membre de l'Association, associé, sociétaire ou participant, sont constatés dans les procès-verbaux des séances de réception sur un livre affecté à cet usage.

Le procès-verbal de réception est lu séance tenante; il est approuvé et signé du membre admis, ou si ce dernier ne sait pas écrire, mention est faite de son empêchement.

Les procès-verbaux de réception sont transcrits et signés sur trois registres déposés:

L'un entre les mains du Fondateur,

Le second dans les archives sociales,

Le troisième en lieu convenable pour être consulté par les membres de l'Association quand ils le désirent.

CHAPITRE II

Du Fondateur.

Art. 12.

Le Fondateur, en cette qualité, se réserve expressément les droits suivants:

1° D'accepter ou rejeter les nominations au titre d'associé, de sociétaire ou de participant;

2° De nommer au titre d'associé, de sociétaire ou de participant ceux qu'il en juge dignes et qui remplissent les conditions statutaires d'admission autres que celles fixées art. 14, 2°, 3°, 6°; art. 17, 2° et 4°; art. 18, 2° et 3°;

3° D'abréger, en faveur de ceux qu'il en juge dignes, les délais fixés aux présents Statuts pour être admis aux différents titres d'associé, de sociétaire ou de participant;

4° D'être à vie Administrateur-Gérant avec faculté de désigner son successeur, soit de son vivant, soit par voie testamentaire;

5° D'appeler au premier Conseil de Gérance trois associés qui tiennent la place des conseillers élus prescrits par l'article 82, et dont le mandat expire comme il est dit au titre douzième (art. 140);

6° De proposer des modifications aux présents Statuts sous réserve des prescriptions de l'art. 138, mais sans être astreint à la clause de cet article qui veut que la demande de révision soit écrite, motivée et signée des deux tiers des associés.

Art. 13.

Les droits particuliers réservés au Fondateur par l'article précédent ne passent, en aucun cas, à ses héritiers ou ayants droit.

L'acquisition par voie héréditaire ou autrement de tout ou partie des apports du Fondateur ne confère pas au nouveau possesseur le droit de s'immiscer dans les opérations sociales; il devient simple intéressé commanditaire et n'a que le droit de tirer de ses titres, dans les conditions prévues art. 31, les mêmes avantages pécuniaires qu'en aurait tirés le Fondateur.

CHAPITRE III

Des Associés.

Art. 14.

Les associés sont les membres de l'Association qui, outre les conditions générales énumérées (art. 10), remplissent les conditions particulières suivantes:

1° Etre âgé d'au moins vingt-cinq ans;

2° Résider depuis cinq ans au moins dans les locaux du Familistère;

3° Participer au moins depuis le même temps aux travaux et opérations qui font l'objet de l'Association;

4° Savoir lire et écrire;

5° Etre possesseur d'une part du fonds social s'élevant au moins à 500 francs;

6° Etre admis par l'Assemblée générale des associés.

Les conditions prescrites nos 2, 3, 6, ne sont pas obligatoires pour le membre appelé à la qualité d'associé en vertu des droits réservés au Fondateur par l'art. 12.

Art. 15.

Les associés ont la priorité sur tous les autres membres de l'Association pour être occupés en cas de pénurie de travaux.

Ils participent à la répartition des bénéfices conformément aux articles 128 et 129.

Ils composent les Assemblées générales et prennent part aux votes de ces assemblées.

Ils jouissent des avantages attachés à l'habitation du Familistère. (Voir en outre l'art. 24.)

L'associé forcé par l'âge, la maladie ou les infirmités de cesser de prendre part aux travaux de l'Association, continue à jouir des avantages résultant de l'habitation sociétaire, conformément aux règlements, avec le droit de siéger et de voter aux Assemblées générales.

Art. 16.

Les associés sont inscrits, selon l'ordre de leur admission, sur le registre spécial contenant la liste des membres de l'Association de cette catégorie.

L'Administrateur-Gérant délivre à chaque associé un diplôme constatant sa qualité, la date de son admission et le numéro de son inscription sur le registre des associés.

Le diplôme relate les conditions à remplir pour obtenir et conserver le titre d'associé, les droits que confère ce titre et les devoirs qu'il impose.

CHAPITRE IV

Des Sociétaires.

Art. 17.

Les sociétaires sont les membres de l'Association qui, outre les conditions générales énumérées (art. 10), remplissent les conditions particulières suivantes:

1° Etre âgé d'au moins vingt et un ans et libéré du service militaire dans l'armée active;

2° Travailler au service de l'Association depuis trois ans au moins;

3° Habiter le Familistère;

4° Etre admis par le Conseil de Gérance et l'Administrateur-Gérant.

Les sociétaires peuvent, mais sans que cette condition soit obligatoire, posséder une part du fonds social.

Les conditions prescrites nos 2 et 4 ne sont pas obligatoires pour le membre appelé à la qualité de sociétaire, en vertu des droits réservés au Fondateur par l'art. 12.

CHAPITRE V

Des Participants.

Art. 18.

Les participants sont les membres de l'Association qui, outre les conditions générales énumérées article 10, remplissent les conditions particulières suivantes:

1° Etre âgé d'au moins vingt et un ans et libéré du service militaire dans l'armée active;

2° Travailler au service de l'Association depuis un an au moins;

3° Etre admis par le Conseil de Gérance et l'Administrateur-Gérant.

Les participants peuvent ou non habiter le Familistère et posséder une part du fonds social.

Les conditions prescrites nos 2 et 3 ne sont pas obligatoires pour le membre appelé à la qualité de participant, en vertu des droits réservés au Fondateur par l'art. 12.

CHAPITRE VI

Dispositions communes aux Sociétaires et aux Participants.

Art. 19.

Le sociétaire et le participant prennent part aux bénéfices. (Articles 128, 129. Voir en outre l'article 24.)

Art. 20.

L'admission ou le rejet des postulants au titre de sociétaire ou de participant est mentionné au procès-verbal de la séance du Conseil de Gérance, avec indication du titre conféré ou refusé.

Les sociétaires et les participants sont inscrits, selon l'ordre de leur admission, sur un registre spécial, en deux listes distinctes.

Il leur est délivré par l'Administrateur-Gérant un diplôme constatant la qualité de sociétaire ou de participant, la date de l'admission et le rang d'inscription sur la liste spéciale à laquelle ils appartiennent.

Ce diplôme relate les conditions à remplir pour obtenir et conserver le titre auquel il est délivré, les droits que confère ce titre et les devoirs qu'il impose.

Art. 21.

La qualité de sociétaire et celle de participant, ainsi que les droits qui s'y rattachent, peuvent être suspendus par l'Administrateur-Gérant, avis pris du Conseil de Gérance, lorsque, pour cause de manque d'ouvrage, il y a dans l'intérêt de l'Association nécessité de congédier des travailleurs, employés ou ouvriers.

Art. 22.

En cas de chômage pour manque d'ouvrage, les sociétaires ont, après les associés, privilège pour le travail sur tous les autres membres de l'Association; les participants ont la priorité sur les auxiliaires. (Art. 34.)

Les congés sont d'abord donnés aux auxiliaires, en commençant par les derniers inscrits et en remontant aux plus anciens, puis, dans le même ordre, aux participants et enfin aux sociétaires.

Néanmoins, quant à l'ordre des congés à donner, le Conseil de Gérance dans les avis qu'il émet et l'Administrateur-Gérant dans les décisions qu'il prend, peuvent tenir compte des besoins des familles et des besoins de l'industrie.

Art. 23.

Des registres spéciaux sont tenus pour l'inscription des congés et départs.

Le sociétaire ou le participant congédié pour manque d'ouvrage reprend en rentrant dans l'Association son droit d'ancienneté.

Le sociétaire ou le participant qui a volontairement quitté l'Association n'y peut être réadmis que comme nouveau venu.

CHAPITRE VII

Dispositions communes aux Associés, aux Sociétaires et aux Participants.

Art. 24.

Les associés, sociétaires et participants ont droit aux garanties qui leur sont offertes, selon leur qualité, par les Institutions de prévoyance. (Art. 118 à 124.)

Art. 25.

L'associé et le sociétaire conservent la liberté de renoncer à l'habitation dans les locaux du Familistère; mais en quittant le Familistère ils perdent la qualité d'associé ou de sociétaire pour devenir simples participants. (Art. 18)

L'associé ou le sociétaire qui cesse à la fois d'habiter le Familistère et de prendre part aux travaux de l'Association, de même que le participant qui cesse de coopérer aux travaux, ne conservent que les droits attachés à la possession des parts d'intérêt qui leur appartiennent. (Art. 29 à 33.)

L'associé, le sociétaire et le participant obligés de s'absenter pour satisfaire aux lois du service militaire dans la réserve ou dans l'armée territoriale reprennent, en rentrant dans l'Association, leurs qualités et rangs d'inscription, si cette rentrée s'effectue dans les deux mois qui suivent leur libération.

CHAPITRE VIII

Des Exclusions.

Art. 26.

L'associé, le sociétaire ou le participant peut perdre sa qualité et les droits qui s'y rattachent pour l'une des causes ci-après:

1° Ivrognerie;

2° Malpropreté de la famille et du logis gênante pour le Familistère;

3° Actes d'improbité;

4° Inassiduité au travail;

5° Indiscipline, désordre ou actes de violence;

6° Infraction à l'obligation de donner l'instruction aux enfants dont il a la responsabilité à un titre quelconque. (Règlement, 3e partie, art. 99.)

Art. 27.

L'exclusion d'un associé ne peut être prononcée que sur la propostion du Conseil de Gérance prise à la majorité des deux tiers des membres du Conseil.

Elle ne devient définitive qu'après décision conforme de l'Assemblée générale, statuant à la majorité d'au moins les deux tiers des membres présents.

L'exclusion d'un sociétaire ou d'un participant est prononcée par le Conseil de Gérance à la majorité des voix.

Les exclusions sont notifiées par l'Administrateur-Gérant aux membres exclus.

Art. 28.

Le membre exclu, associé, sociétaire ou participant, passe dans la catégorie des simples titulaires de parts d'intérêt. Ses droits acquis au titre qu'il a perdu sont arrêtés au jour de son exclusion, pour déterminer les bases du dividende à lui revenir lors de la répartition des bénéfices de l'année courante.

CHAPITRE IX

Des Intéressés.

Art. 29.

Sont désignées sous le nom d'Intéressés les personnes qui sont membres de l'Association seulement parce qu'elles possèdent, par héritage, achat ou toute autre voie, des parts du fonds social.

Les Intéressés n'ont pas d'autre droit que celui fixé par l'article 31.

CHAPITRE X

Des possesseurs du fonds social.

Art. 30.

Le fonds social appartient aux possesseurs d'apports ou d'épargne et leurs droits sont représentés, selon leur origine, par des certificats d'apports ou d'épargne, ainsi qu'il est réglé articles 48 et suivants.

Art. 31.

Tout propriétaire de certificat d'apport a droit dans le fonds social à une part proportionnelle à la quotité de son titre.

Le possesseur de certificat d'épargne jouit des mêmes droits, sauf les cas prévus article 53.

L'un et l'autre ont droit, en outre, à un intérêt maximum de cinq pour cent du montant de leurs apports ou épargnes:
cet intérêt leur est payé avant tout partage de bénéfices comme constituant le salaire du concours du capital.

Toutefois, si les résultats d'un exercice annuel ne suffisent pas pour assurer le service de tout ou partie des intérêts du fonds social, le possesseur d'apports ou d'épargne ne reçoit pas d'intérêts ou ne reçoit que le prorata d'intérêts qu'il est possible de servir selon le cas, sans aucun droit de répétition sur les exercices suivants.

Enfin les Intéressés prennent part à la répartition des bénéfices nets (art. 128) proportionnellement à l'importance des intérêts auxquels ils ont droit.

Art. 32.

Il est expressément stipulé que l'Association est représentée par ses seuls membres associés et que les parts du fonds social, constatées par les certificats d'inscription d'apport ou d'épargne, ne confèrent à leurs possesseurs aucun droit personnel d'immixtion dans les Conseils et les affaires du Familistère, des usines ni de l'Association.

Toute acquisition de certificats d'apport ou d'épargne par substitution, héritage ou toute autre voie entraîne de la part du nouveau possesseur l'acceptation de la représentation de ses droits par l'Assemblée générale des associés et par le Conseil de Surveillance dans toutes les opérations sociales, y compris celles de contrôle et de reddition de comptes prévues articles 57 à 71.

Afin que nul n'en ignore, le présent article est compris aux dispositions statutaires imprimées sur les certificats d'inscription d'apport ou d'épargne.

Art. 33.

L'Association se réserve expressément le droit de désintéresser tout possesseur d'apport ou d'épargne en le remboursant au pair.

Ce droit s'exerce par un vote de l'Assemblée générale des associés sur la proposition du Conseil de Gérance.

CHAPITRE XI

Des Auxiliaires.

Art. 34.

L'Association peut occuper en qualité d'auxiliaires salariés des ouvriers et des employés de tous ordres, sans qu'ils aient qualité ni d'associés, ni de sociétaires, ni de participants.

Les employés supérieurs peuvent eux-mêmes être engagés à ce titre.

L'Association fait avec ceux qu'elle emploie ainsi des conditions en conséquence.

Art. 35.

Les auxiliaires sont, au fur et à mesure de leur admission dans les ateliers ou bureaux de l'Association, inscrits sur un registre spécial.

Art. 36.

Outre leur salaire, les auxiliaires jouissent des avantages qui leur sont offerts par les Assurances mutuelles. (Art. 119, 120.)

Ils peuvent, après avoir rempli les conditions exigées, être admis dans l'Association, d'abord comme participants ou comme sociétaires, ensuite comme associés. (Art. 10.)

Les auxiliaires peuvent, sur leur demande, être admis par le Conseil de Gérance à habiter le Familistère.

TITRE QUATRIEME

Du Fonds social.

CHAPITRE I

Composition du Fonds social.

Art. 37.

Le fonds social se compose à l'origine des apports statutaires du Fondateur.

M. Godin, Fondateur de l'Association, fait à lui seul l'apport du fonds social, afin de régler les obligations et les droits du capital pendant toute la durée de la Société.

SECTION I

Des apports statutaires du Fondateur. – De leur évaluation.

Art. 38.

Les apports statutaires du Fondateur consistent dans:

1° Le Familistère de Guise, ses dépendances, son matériel;

2° Son usine de Guise, ses dépendances, son matériel, ses modèles et la jouissance exclusive pendant toute leur durée des brevets et additions qui s'y rattachent, ainsi que le port de Longchamps avec ses charges et obligations;

3° Son usine de Laeken, ses dépendances, son matériel, ses modèles et la jouissance exclusive pendant toute leur durée des brevets et perfectionnements qui s'y rattachent.

Les terrains et constructions constituant le Familistère et les deux usines sont décrits et désignés dans un recensement en date du trente juin mil huit cent quatre-vingt, et un plan de même date, annexés aux présents statuts, sous les cotes 1 et 2.

Les matériels et modèles sont apportés tels qu'ils sont constatés dans les inventaires de Guise, clos le trente juin mil huit cent soixante-dix-neuf, et de Laeken, clos le même jour, consignés dans les livres desdites usines et dans les albums de l'année et vérifiés par l'inventaire de mil huit cent quatre-vingt;

4° Les marchandises, matières premières et produits ouvrés existant au jour de la constitution définitive de l'Association et repris par elle pour leur valeur constatée aux livres des trois établissements;

5° Les marchés, traités et commandes relatifs aux opérations de l'Association, tels qu'ils se trouvent en sa possession à la même date;

6° La somme de trois cent cinquante-cinq mille six cent quatre francs trente-neuf centimes, en espèces et valeurs.

Art. 39.

Les apports désignés sous les nos 1, 2 et 3 de l'article précédent représentent la somme de deux millions deux cent quatre-vingt-huit mille trois cents quatre-vingt-trois francs quarante-quatre centimes, calculée en prenant pour base les prix d'acquisition des immeubles, les dépenses de construction et d'entretien des bâtiments et de création du matériel, le tout diminué annuellement, à partir de 1857, d'un amortissement de dix pour cent pour le matériel et de cinq pour cent pour les contructions et dépenses d'entretien. Au résultat de ces calculs sont ajoutés, pour faire ladite somme, le prix de revient des modèles amorti à dix pour cent, les dépenses, amorties au même taux, faites pour l'étude des brevets et les redevances payées jusqu'à ce jour pour ces dernier.

Les apports dédignés sous le no 4 représentent la somme de un million neuf cent cinquante six mille douze francs dix-sept centimes, calculée d'après la valeur pour laquelle ils sont portés dans les livres de la comptabilité.

Les apports désignés sous le no 5 ne sont l'objet d'aucune évaluation.

Art. 40.

En conséquence, l'ensemble des apports statutaires du Fondateur énumérés articles 38, y compris la somme qui fait l'objet du no 6, est fixé à la somme de quatre millions six cent mille francs et forme le montant du capital social à ce jour.

Art. 41.

Les apports du Fondateur sont faits sous les conditions suivantes:

1° L'Association prend les immeubles et leurs accessoires dans l'état où ils se trouvent au jour de l'entrée en jouissance, sans aucun recours pour n'importe quelle cause que ce soit.

2° Elle acquitte, à partir du même jour, les redevances annuelles pour les brevets, ainsi que les impôts grevant lesdits immeubles et l'industrie qui y est exploitée; elle prend à sa charge tous traités et contrats qui s'y rattachent, et en assure l'exécution.

3° Elle supporte les servitudes passives, apparentes ou occultes dont lesdits immeubles peuvent être grevés, et jouit des servitudes actives, le tout sans recours contre le Fondateur.

4° Les marchés, traités et commandes énoncés au n° 5 de l'article 38 lui sont remis à la condition de prendre, à la décharge du Fondateur, la responsabilité de leur exécution.

5° Elle prend possession et entre en jouissance de l'ensemble des apports statutaires du Fondateur le jour de sa constitution définitive aux termes de l'article 7;

6° Le même jour, le Fondateur lui fait la remise des titres de propriété des immeubles ainsi que des marchés, traités et commandes intéressant l'industrie.

Il lui remet également les livres de la comptabilité tant du Familistère que des usines.

Les brevets, certificats d'additions et de perfectionnements restant la propriété du Fondateur, ne sont remis à la Société qu'à titre de dépôt; des conventions ultérieures devant déterminer ceux que le Fondateur cédera définitivement à la Société.

SECTION II

Modifications du fonds social. – Remboursement des Titres primitifs. – Rachat par la Société.

Art. 42.

Si l'Administrateur-Gérant, avis pris du Conseil de Gérance, juge nécessaire l'augmentation du fonds social, ce fonds peut chaque année, quand il y a lieu à répartition de bénéfices, être augmenté du montant des parts de bénéfices et dividendes attribués en titres d'épargne aux divers membres de l'Association, par les articles 128 et 129.

Art. 43.

Si l'augmentation du capital social n'est pas jugée nécessaire, les mêmes parts de bénéfices et dividendes sont appliqués au rachat: 1° des titres d'apports, lesquels sont annulés et remplacés par des titres d'épargne au profit des ayants droit en représentation de leurs dividendes ainsi employés; 2° des titres d'épargne.

Art. 44.

Afin d'assurer la transmission successive du fonds social aux mains des coopérateurs, et de perpétuer les forces de l'œuvre commune au service de ceux qui la soutiennent et la font vivre, le remboursement des parts ou titres d'apports se fait en commençant par ceux dont le Fondateur ou ses héritiers sont possesseurs; il se continue par ceux des possesseurs substitués à ceux-ci dans le cas prévu art. 52.

Le remboursement des certificats d'inscriptions d'épargne a lieu ensuite par ordre d'ancienneté des titres originaires.

Art. 45.

Le remboursement est effectué en même temps que le paiement des intérêts. Faute par le titulaire de remettre son titre, le montant de la somme à lui due est déposé, après offres réelles, à la Caisse des dépôts et consignations, avec les intérêts qui lui sont dus.

Art. 46.

Il est, en outre, procédé au rachat successif du capital social au moyen de la part réservée sur les bénéfices généraux, dans la mesure et selon les règles fixées par l'article 131 des Statuts.

CHAPITRE II

Division du Fonds social. – Des Certificats d'inscription. De leur transmission.

Art. 47.

Les apports statutaires du Fondateur, ainsi que les épargnes échues en dividendes aux travailleurs et retenues pour l'augmentation du fonds social aux termes de l'article 42, sont consignés sur les livres de la Société au crédit de chacun des ayants droit, et les substitutions ou remboursements portés à leur débit.

Il est en outre délivré aux titulaires des certificats d'inscription représentant le montant de leurs droits, à l'exception du Fondateur, auquel est remis l'un des originaux du présent acte pour lui tenir lieu de certificat d'insription de ses apports statutaires.

Art. 48.

Les certificats d'inscription sont de deux sortes et désignés sous les noms de:

Certificats d'apport pour ceux représentant le capital de fondation,

Certificats d'épargne pour ceux représentant les dividendes échus à titre de travail.

Art. 49.

Les certificats d'apport sont de cinq cents francs ou de multiples de cinq cents francs. Les certificats d'épargne sont de cinqante francs.

Les fractions d'épargne au-dessous de cinquante francs sont inscrites au compte particulier du membre de l'Association: un livret contenant un extrait de son compte lui est remis, en attendant qu'il ait réuni la somme suffisante pour recevoir un certificat d'inscription.

Art. 50.

Les certificats d'apport et d'épargne sont détachés de deux registres à souche distincts:

Ils sont nominatifs;

Ils portent le numéro et le folio du compte du titulaire;

Ils sont timbrés du sceau de l'Association et revêtus des signatures de l'Administrateur-Gérant et d'un membre du Conseil de Surveillance délégué à cet effet par le Conseil.

Art. 51.

Le titulaire a la faculté de faire diviser tout ou partie de ses apports en se conformant à l'article 49.

La division d'un certificat en plusieurs titres donne lieu au payement d'un franc par chaque division du titre.

La délivrance de titres en duplicata donne lieu au même payement.

Art. 52.

La Société du Familistère étant surtout fondée en vue de consacrer les droits du travail et d'améliorer la condition du travailleur, les parts d'intérêts constatées par les certificats d'apport ou d'épargne ne sont pas cessibles par voie de transfert ni à des tiers étrangers à la Société.

Néanmoins et sans avoir à intervenir dans les arrangements particuliers entre les tiers et le titulaire d'un certificat d'apport ou d'épargne, la Société peut admettre celui-ci à se substituer en tout ou en partie un autre titulaire avec l'agrément du Conseil de Gérance.

La demande de substitution est adressée à l'Administrateur-Gérant, qui saisit de la question le Conseil de Gérance.

L'agrément de ce Conseil obtenu, le substituant remet à l'Administrateur-Gérant son certificat d'apport ou d'épargne bien et dûment quittancé. En échange de ce titre et si la substitution est intégrale, il est remis au substitué, dans la forme prescrite par l'article 50, un certificat emportant en principal et accessoires les mêmes droits que celui du substituant. Si la substitution n'est que partielle, il est remis au substitué un certificat de l'importance de la substitution et au substituant un nouveau certificat de ce dont il reste titulaire en apports ou épargne.

Mention de la substitution est faite aux souches de l'ancien et du ou des nouveaux certificats, et le premier reste en possession de la Société comme preuve de sa libération envers le substituant.

Un compte est ouvert dans la comptabilité sociale au nom du substitué portant à son crédit le montant du titre qui lui est délivré; le compte ouvert au substituant est débité de la même somme et soldé et clos, si la substitution comprend tout son crédit, ou balancé jusqu'à concurrence du montant de cette substitution.

Art. 53.

En cas de décès d'un possesseur de certificat d'épargne sans laisser d'enfants ou descendants, si les héritiers ne font pas partie des associés, des sociétaires ni des participants, l'Association a la faculté d'opérer le retrait du titre, moyennant le remboursement aux héritiers, ayants droit ou ayants cause de 50 %, tant du capital nominal que de ses accessoires, et le surplus est transféré au crédit de l'Assurance des pensions et du nécessaire. (Assurance mutuelle, 2e partie, art. 3.)

En cas de substitution partielle dans les apports du Fondateur, il est dispensé de remettre et de faire renouveler son titre; il suffit que l'opération soit consignée dans la comptabilité comme il est dit à l'article précédent, et qu'en marge du titre il soit fait mention des écritures passées avec indication du registre et des folios où elles sont inscrites. Cette mention est revêtue des signatures prescrites par l'article 50.

Art. 54.

Dans le cas où les héritiers, ayants droit ou ayants cause du titulaire, refuseraient de rendre le certificat, ce titre est annulé, et l'Association libérée envers eux par l'offre réelle, suivie du dépôt à la Caisse des Depôts et Consignations des sommes déterminées à l'article précédent, sans autre procédure ni formalité.

Mention de cette annulation est faite à la souche du titre annulé et au compte particulier du titulaire.

Art. 55.

Le titulaire d'un certificat d'apport ou d'épargne qui a perdu son certificat peut s'en faire délivrer un duplicata.

Ce duplicata porte la mention: «*En remplacement* du «*certificat primitif No* .»

La même mention est inscrite à la souche du duplicata, et la délivrance de ce duplicata est mentionnée à la souche du certificat primitif, avec déclaration que ce dernier est annulé.

Le duplicata est établi et délivré dans la forme prescrite par l'article 50.

Art. 56.

Les droits et obligations attachés à la possession d'un ou de plusieurs certificats d'inscription d'apport ou d'épargne suivent le titre, en quelques mains qu'il passe.

TITRE CINQUIEME

Des Assemblées générales.

CHAPITRE I

Composition. – Différentes sortes d'Assemblées générales.
Attributions. – Réunions.

Art. 57.

L'Assemblée générale est composée des membres de l'Association au titre d'associé.

Art. 58.

Les Assemblées générales se réunissent en séances ordinaires ou extraordinaires.

Art. 59.

L'Assemblée générale a pour mission de veiller à tous les intérêts de l'Association.

Elle a pour attributions:

1° La nomination des membres électifs du Conseil de Gérance, selon les dispositions des articles 84, 85;

2° L'élection, au scrutin secret et à la majorité absolue des votants, de trois Commissaires Repporteurs formant le Conseil de Surveillance;

Ces trois Commissaires sont choisis parmi les associés et peuvent faire partie des divers Conseils de l'Association;

3° Nomination et révocation de l'Administrateur-Gérant dans les cas prévus articles 75 à 79;

4° Remplacement dans le Conseil de Gérance des membres élus, sortants, décédés ou démissionnaires;

5° Admission ou rejet des postulants au titre d'associé, sauf réserve des droits du Fondateur (art. 12);

6° Exclusion d'un associé;

7° Sanction des modifications proposées aux règlements particuliers des Assurances mutuelles (2e partie) pour leur donner force obligatoire;

8° Modifications proposées aux présents Statuts, sous réserves des dispositions de l'article 138.

9° Opportunité de la dissolution de l'Association dans le cas prévu articles 135 à 137.

Art. 60.

L'Assemblée générale ordinaire reçoit communication du bilan de fin d'année.

Elle entend le rapport annuel de l'Administrateur-Gérant (art. 37) sur la situation morale, industrielle et financière de l'Association.

Elle entend aussi le rapport du Conseil de Surveillance sur le même sujet.

Elle approuve ces rapports, s'il y a lieu.

Art. 61.

Les Assemblées générales ordinaires ou extraordinaires donnent leur avis sur tout ce qui est mis à leur ordre du jour dans l'intérêt de l'Association, et notamment sur les sujets suivants:

Acquisitions, constructions et aliénations d'immeubles,
Emprunts hypothécaires ou autres,
Etablissement de nouveaux ateliers,
Toutes dépenses importantes en dehors des opérations ordinaires de l'Association dépassant les sommes produites par les prélèvements prescrits article 127,
Moyens de couvrir ces dépenses.

Art. 62.

Les Assemblées générales ordinaires ont lieu une fois par an, au plus tard le premier dimanche d'octobre.

Les Assemblées générales extraordinaires sont convoquées chaque fois que le réclame l'intérêt de l'Association.

CHAPITRE II

Convocations. – Ordres du jour. – Tenue des Séances. Nombre de voix. – Scrutins. – Procès-Verbaux.

Art. 63.

Les Assemblées générales ordinaires et extraordinaires sont convoquées par les soins de l'Administrateur-Gérant, sauf les cas prévus art. 75 et 79.

Les convocations en Assemblée générale sont faites par voie d'affiches dans le Familistère et les ateliers de l'Association.

Les affiches sont placardées dix jours au moins avant la réunion.

Elles indiquent le lieu, le jour et l'heure de la réunion, ainsi que les objets à l'ordre du jour.

Art. 64.

L'ordre du jour est arrêté par l'Administrateur-Gérant, avis pris du Conseil de Gérance.

Toute proposition de mise à l'ordre du jour est déposée entre les mains du Président du Conseil de Gérance, qui décide s'il y a lieu de convoquer une Assemblée générale extraordinaire ou de porter la question à l'ordre du jour de la prochaine Assemblée ordinaire.

Les Assemblées générales ne peuvent délibérer sur aucun sujet en dehors de leur ordre du jour.

Art. 65.

Le Président et les membres du bureau du Conseil de Gérance composent le bureau des Assemblées générales.

L'appel des associés est fait à l'ouverture de la séance.

La présence d'au moins les trois quarts des associés est nécessaire pour la validité des scrutins et délibérations de l'Assemblée générale. Les Associés représentés (art. 70) comptent comme membres présents.

Cette condition est constatée par une liste de présence qui demeure annexée au procès-verbal.

Art. 66.

Lorsque sur une première convocation les conditions de l'article précédent ne sont pas remplies, l'Assemblée s'ajourne jusqu'à une nouvelle convocation faite dans les conditions de l'article 63.

Cette seconde réunion a lieu quinze jours au moins aprés la première et a le même ordre du jour. Dans le cas d'une Assemblée générale ordinaire, si la seconde réunion ne se compose pas encore des deux tiers des associés, l'Assemblée délibère et le scrutin est valable s'il réunit la majorité des deux tiers des membres présents.

Lorsqu'il s'agit d'une Assemblée générale extraordinaire, les questions portées à l'ordre du jour sont ajournées à six mois.

Art. 67.

Tout membre de l'Assemblée générale n'a droit qu'à une voix, sauf le cas prévu article 70.

Art. 68.

Les décisions des Assemblées générales, autres que les élections, sont prises à la majorité des deux tiers des membres présents ou régulièrement représentés. (Art. 70.)

Art. 69.

Si la majorité absolue n'est pas acquise dans les scrutins d'élection où elle est exigée, il est procédé à un second tour de scrutin où la majorité relative décide de la nomination.

En cas d'égalité de voix, le candidat premier inscrit sur le livre d'ordre des associés est nommé. (Art. 16.)

Art. 70.

En cas d'empêchement, tout associé peut se faire représenter à une Assemblée générale par un mandataire ayant personnellement le droit d'y assister, mais nul ne peut se charger de plus d'un mandat de ce genre et par conséquent avoir plus de deux voix à exprimer.

La délégation doit être donnée par écrit; elle doit être datée et signée du délégateur. Elle est jointe à la liste de présence (art. 65).

Art. 71.

Les délibérations et les scrutins de l'Assemblée générale sont constatés par des procès-verbaux inscrits sur un registre spécial, folioté, dont chaque feuillet est paraphé par le Président du Conseil de Gérance.

Ils sont écrits sans laisser d'intervalles blancs entre eux.

Chaque procès-verbal est signé par le Président, le Secrétaire et les membres du Conseil de Gérance après adoption par l'Assemblée.

Avant la clôture des séances, le Secrétaire donne lecture des notes qu'il a prises pour lui servir à rédiger le procès-verbal, afin de permettre les rectifications s'il y a lieu.

TITRE SIXIEME

De l'Administration et des Conseils.

CHAPITRE I

De l'Administrateur-Gérant.

Art. 72.

L'Association est administrée par un Gérant assisté d'un Conseil de Gérance.

L'Administrateur-Gérant a seul la signature sociale et seul il represente la Société vis-à-vis des tiers.

Il ne peut faire usage de la signature sociale que pour les opérations de la Société.

Il nomme et révoque tous les employés et fonctionnaires dans les conditions des articles 112 à 116.

Il délègue à un ou plusieurs des membres du Conseil de Gérance dans l'usine de Guise, à un sous-directeur dans l'usine de Laeken, et à un Économe dans les services du Familistère, une partie de ses attributions.

Il donne, sous sa responsabilité, à chacun de ces fonctionnaires mandat de signer, sous la formule: *Par procuration de l'Administrateur-Gérant,* la correspondance et tous actes auxquels ce dernier serait dans le cas d'apposer sa signature comme Administrateur-Gérant.

Chacun de ces fonctionnaires reste sous l'autorité de l'Administrateur-Gérant, et sa signature apposée sur la correspondance ainsi que sur les actes émanés des bureaux et relatifs aux affaires industrielles et commerciales, est contresignée par l'un des agents comptables de l'établissement auquel il est attaché.

Art. 73.

L'Administrateur-Gérant soumet à l'Assemblée générale les questions qui sont de sa compétence exclusive. (Art.59.)

Il rédige le rapport qu'il doit soumettre à l'Assemblée générale ordinaire (art. 60), sur la situation morale, industrielle et financière de l'Association et sur les propositions qui peuvent lui être déférées.

Il veille à ce que tous ces documents soient, pendant les délais statuaires (art. 63), à la disposition des membres de l'Association à qui appartient le droit d'en prendre connaissance.

Art. 74.

L'Administrateur-Gérant consulte l'Assemblée générale dans les cas spécifiés (art. 59 à 61), le Conseil de Gérance dans les cas spécifiés (art. 99 à 104), les Conseils du Familistère et de l'Industrie dans les cas spécifiés (art. 106 et 107).

Les avis des Assemblées générales et des Conseils, touchant les mesures d'ordre intérieur fixées art. 59 et 99, sont obligatoires pour l'Administrateur-Gérant.

Dans tous les autres cas, celui-ci, conformément au droit qui lui appartient en vertu de la loi, demeure libre d'agir à son gré vis-à-vis des tiers, sous sa responsabilité personnelle et sous réserves des cas de révocation prévus par l'article 78. En conséquence, l'Administrateur-Gérant n'a jamais à justifer aux tiers des avis dont il s'agit.

Art. 75.

Dans le cas où le Fondateur viendrait à décéder sans avoir désigné l'Administrateur-Gérant qui devra lui succéder, le plus ancien associé, parmi les membres du Conseil de Gérance, convoque immédiatement l'Assemblée générale pour élire le nouvel Administrateur-Gérant, en le choisissant parmi les membres associés du Conseil même.

Si, après trois tours de scrutin, cette nomination ne peut être faite à la majorité absolue du nombre des associés, le conseiller qui a obtenu le plus de voix est provisoirement délégué à l'administration, avec charge de convoquer l'Assemblée générale dans le délai d'un mois, à l'effet de procéder à la nomination du Gérant définitif, lequel dans tous les cas ne peut être choisi que parmi les membres associés de Conseil de Gérance.

La majorité absolue n'est pas exigible dans cette dernière élection.

Il est expressément stipulé que le Gérant provisoire ne peut rien changer dans le personnel de l'administration. Il pourvoit provisoirement aux vacances accidentelles.

Art. 76.

Sous la gérance des successeurs du Fondateur, chaque année, dans le courant du mois de septembre, les membres associés du Conseil de Gérance élisent, à la majorité absolue, celui d'entre eux qui remplace l'Administrateur-Gérant en cas de décès, de démission, de révocation ou de retraite.

Le membre ainsi nommé prend le titre de Gérant désigné.

Si après trois tours de scrutin, on n'obtient pas la majorité absolue, le choix est fait, toujours parmi les membres associés du Conseil de Gérance, par l'Assemblée générale, qui a dans tous les cas à ratifier le choix proposé par le Conseil.

Art. 77.

Si le mandat de Gérant désigné vient à prendre fin,

Soit parce que celui-ci devient Administrateur-Gérant,

Il est pourvu immédiatement à la nomination d'un Gérant désigné dont le tie du Conseil de Gérance.

Il est pourvu immédiatement à la nomination d'un Gérant désigné dont le mandat expire au mois de septembre suivant.

Le Gérant désigné est rééligible chaque année.

Art. 78.

L'Administrateur-Gérant autre que le Fondateur peut être révoqué par l'Assemblée générale des associés, sur la proposition du Conseil de Surveillance, dans les cas suivants:

1° Impossibilité pour l'Association de servir deux années consécutivement aucun intérêt au capital;

2° Pertes dépassant 50,000 francs dans des opérations faites contrairement aux avis de l'Assemblée générale ou du Conseil de Gérance;

3° Inobservation des prescriptions relatives aux réunions des divers Conseils et Assemblées de l'Association, manque de procès-verbaux constatant leurs avis.

4° Défaut de pourvoir aux vacances dans les emplois supérieurs dans un délai de trois mois, après sommation à lui faite par le Conseil de Gérance, d'avoir à procéder au choix des titulaires;

5° Avoir pris ou conservé un intérêt personnel quelconque dans une entreprise ou un marché fait pour le compte de l'Association; avoir détourné ou avoir employé à son usage personnel les fonds de l'Association.

Art. 79.

La révocation se fait contradictoirement sur un rapport rédigé par le Conseil de Surveillance, rapport dans lequel sont indiquées les causes de la demande de révocation.

Le Conseil de Surveillance présente ce rapport au Conseil de Gérance, qui convoque immédiatement l'Assemblée générale pour lui en donner connaissance.

L'Assemblée décide, à la majorité des associés inscrits au registre de l'Association, s'il y a lieu de donner suite à la demande de révocation.

Dans l'affirmative, elle nomme une Commission de cinq de ses membres, lesquels ont charge d'entendre les témoins, d'examiner les actes de l'Administrateur-Gérant, de faire enfin toutes les enquêtes nécessaires et d'en dresser rapport à l'Assemblée générale.

L'Assemblée, après avoir entendu le rapport de la Commission et ce que l'Administrateur-Gérant peut présenter pour sa justification, décide au scrutin secret et à la majorité des deux tiers des associés, si oui ou non la révocation est prononcée.

La décision est sans appel.

Art. 80.

Les fonctions de l'Administrateur-Gérant sont remplies par le Gérant désigné, du jour où l'Assemblée générale est convoquée pour statuer sur la demande de révocation jusqu'au terme de l'enquête ou jusqu'à la nomination d'un nouveau Gérant, s'il y a lieu.

Art. 81.

Le Conseil de Surveillance arrête au jour de la révocation les comptes de la gestion du Gérant révoqué, afin d'établir les éléments des respinsabilités qui peuvent lui incomber.

CHAPITRE II

Composition. – Organisation et fonctionnement des Conseils.

SECTION I

Conseil de Gérance.

Art. 82.

Le Conseil de Gérance se compose:

1° De l'Administrateur-Gérant, Président du Conseil;

2° De trois Associés élus au scrutin secret par tous les associés (art. 84);

3° Du Directeur commercial;

4° Du Directeur de la fabrication;

5° Du Directeur du matériel;

6° Du Directeur des modèles;

7° Du Directeur de la comptabilité;

8° De l'Économe, directeur des services du Familistère;

9° Enfin de tout autre fonctionnaire dont l'Assemblée générale déciderait l'admission sur la proposition de l'Administrateur-Gérant.

Art. 83.

Les chefs de service appelés par leur fonction même à la qualité de membres du Conseil de Gérance et qui n'ont pas qualité d'associés n'ont pas droit de voter dans les cas où le scrutin est réclamé.

Art. 84.

Les conseillers élus sont nommés pour trois ans, parmi les auditeurs (conformément aux prescriptions des art. 10 et 11 du Règlement, 3e partie): le mandat de l'un d'eux expire chaque année.

En cas de décès ou de démission parmi les membres élus, l'Assemblée générale est convoquée dans le délai de deux mois pour compléter le Conseil, en choisissant le titulaire parmi les auditeurs.

Le membre ainsi nommé achève le terme du mandat de son prédécesseur.

Art. 85.

Dans le cas où, faute de candidats réunissant les conditions voulues, l'élection ne pourrait porter au Conseil de Gérance le nombre de membres fixé (art. 82), le concours demeurerait ouvert jusqu'à la nomination du nombre voulu de conseillers.

Les membres ainsi élus au cours d'une période triennale achèvent le temps à courir dans la période.

Art. 86.

En cas d'absence ou d'empêchement de l'Administrateur-Gérant, le Conseil de Gérance est présidé par le Gérant désigné ou en son absence par celui des conseillers associés que l'Administrateur charge de remplir cette mission.

Art. 87.

L'Administrateur-Gérant désigne le ou les Secrétaires. (Règlement, 3e partie, art. 26.)

Art. 88.

Le Conseil de Gérance se réunit obligatoirement une fois par mois, aux jour, heure et lieu convenus, sans convocation; il se réunit facultativement sur convocation de son Président chaque fois que le réclament l'intérêt de l'Association et l'urgence des affaires à expédier.

Pour être émis au nom du Conseil, il faut qu'un avis réunisse un nombre de voix au moins égal aux deux tiers du nombre des associés du Conseil.

SECTION II

Conseil du Familistère.

Art. 89.

Le Conseil du Familistère est composé de tous les membres associés faisant partie du Conseil de Gérance.

Les chefs de fonction membres du Conseil de Gérance et qui n'ont pas la qualité d'associé, peuvent, s'ils habitent le Familistère, être appelés au Conseil du Familistère, mais n'ont pas droit de voter dans les cas où le scrutin est réclamé.

Art. 90.

L'Administrateur-Gérant préside le Conseil du Familistère.

En cas d'absence ou d'empêchement, il délègue ses pouvoirs au Gérant désigné, ou, en l'absence de ce dernier, à celui des conseillers associés qu'il charge de remplir cette mission.

Art. 91.

Pour être émis au nom du Conseil, il faut qu'un avis réunisse les voix de plus de moitié des membres associés du Conseil.

Si, par suite d'absence, cette majorité n'est pas acquise, la question ou proposition est renvoyée à une séance ultérieure.

Toute proposition rejetée ne peut être représentée qu'après un délai de trois mois, et que si elle a subi des modifications dans les dispositions qui l'ont fait rejeter.

SECTION III

Conseil de l'Industrie.

Art. 92.

Le Conseil de l'Industrie se compose des mêmes membres, sans exception, que le Conseil de Gérance.

Tous ont voix délibérative et droit de vote dans ce Conseil.

Les membres auditeurs au Conseil de Gérance assistent en cette même qualité aux séances du Conseil de l'Industrie.

Art. 93.

L'Administrateur-Gérant préside le Conseil de l'Industrie.

En cas d'absence ou d'empêchement, il délègue ses pouvoirs au Gérant désigné, ou, en l'absence de ce dernier, à celui des conseillers qu'il charge de remplir cette mission.

Art. 94.

Pour être émis au nom du Conseil, il faut qu'un avis réunisse une majorité dépassant moitié du nombre des membres du Conseil.

SECTION IV

Dispositions communes aux Conseils du Familistère et de l'Industrie.

Art. 95.

Les Conseils du Familistère et de l'Industrie se réunissent obligatoirement chacun une fois par semaine, sans convocation, au lieu ordinaire de leurs séances.

Ils se réunissent facultativement, sur la convocation du Président, chaque fois que le réclament l'intérêt de l'Association et l'urgence des affaires à expédier.

Ils peuvent appeler à leurs séances toutes personnes qu'ils jugent aptes à les renseigner utilement.

Les Secrétaires de ces deux Conseils sont les mêmes que ceux du Conseil de Gérance (art. 87).

SECTION V

Procès-Verbaux des Séances des trois Conseils.

Art. 96.

Le Conseil de Gérance et les Conseils du Familistère et de l'Industrie ont chacun un registre spécial sur lequel sont consignés les procès-verbaux de leurs avis et délibérations.

Les procès-verbaux des séances du Conseil de Gérance sont vérifiés par le Président et par un délégué du Conseil; ils sont lus et approuvés à la séance suivante et signés de tous les membres du Conseil.

Les procès-verbaux des deux autres Conseils sont signés du Président, du Secrétaire et d'un délégué de chacun de ces Conseils.

Tout associé peut consulter les registres des délibérations en les demandant aux secrétaires et sans déplacement de ces registres.

CHAPITRE III

Attributions des Conseils.

SECTION I

Conseil de Gérance.

Art. 97.

L'Administrateur-Gérant remet, chaque mois, au Conseil de Gérance, dans le but de l'éclairer sur la marche des services du Familistère et des affaires industrielles:

1° Les balances des écritures;

2° Les éléments nécessaires à la comparaison entre la production et les besoins de la vente;

3° L'état des produits qui ne sont pas en quantité suffisante dans les magasins.

Sauf les objets réservés à l'examen de l'Assemblée générale des associés par le titre cinquième, chapitre I, articles 59 et 61, le Conseil de Gérance donne son avis sur toutes les questions importantes qui sortent du cadre des affaires courantes soit du Familistère, soit de l'Industrie, et sur toutes les choses qui ont un caractère d'exception.

Art. 98.

Le Conseil de Gérance embrasse tous les intérêts de l'Association; il peut évoquer toute affaire à la demande de son Président, ou d'au moins trois de ses membres, que cette affaire concerne le Familistère ou l'Industrie.

Art. 99.

Le Conseil de Gérance a pour attributions spéciales de décider sur:

Les admissions au titre de sociétaire ou de participant et les substitutions au titre d'intéressé porteur de certificat d'apport ou d'épargne;

Les admissions dans les logements du Familistère et les congés de ces logements;

Les propositions d'exclusion de l'Association à soumettre à l'Assemblée générale dans les cas prévus article 26;

Les remboursements de titres d'épargne dans les cas prévus articles 53, 54;

Les subventions destinées à entretenir les Assurances mutuelles (art. 120, 127);

Les dépenses des Institutions de l'enfance au Familistère. (Art. 122 à 124, 127.)

Art. 100.

Le Conseil de Gérance donne son avis sur:

La mise à la retraite, s'il y a lieu, des travailleurs, employés ou ouvriers, devenus insuffisants dans leurs fonctions (Assurances mutuelles, 2e partie, art. 4 à 9; Règlement, 3e partie, art. 25 et 46);

Les congés pour manque d'ouvrage;

Les dépenses d'entretien des bâtiments et du matériel, dans le Familistère comme dans les usines;

Les traités, les marchés, les achats de matières premières, de machines et outils importants;

Les propositions émanées soit des membres de l'Association individuellement, soit des divers comités (Assurances mutuelles, 2e partie, art. 73, et Règlement, 3e partie, art. 26, 71 à 73);

Enfin les opérations industrielles et commerciales, et les mesures sociétaires dont le renvoi devant lui est demandé.

Art. 101.

Le Conseil de Gérance donne son avis sur l'exercise de toute action en justice appartenant à l'Association et sur la défense à toutes celles qui lui sont intentées, quelle que soit la juridiction à laquelle elles sont déférées;

Sur tous compromis, transactions, oppositions, prises, mainlevées et radiations partielles ou totales d'inscription de privilège ou d'hypothèque, conventions et mesures conservatoires.

Art. 102.

Le Conseil de Gérance donne son avis sur l'organisation des fonctions et emplois dans l'Association, sur les attributions et les appointements.

Art. 103.

Le Conseil de Gérance donne son avis sur les candidats associés qui peuvent être éligibles aux fonctions de conseillers de gérance, et sur les promotions et nominations aux emplois, le tout après concours. (Art. 84, 112 à 116.)

Art. 104.

Le Conseil donne son avis sur les travaux exceptionnels à entreprendre et les produits à faire entrer dans la production des usines.

Art. 105.

Tout membre du Conseil de Gérance peut demander des renseignements soit dans les bureaux, les ateliers, les magasins de l'industrie et les services du Familistère, soit dans les livres de comptabilité de l'industrie et du Familistère, les comptes de fabrication et de vente, les caisses, les portefeuilles et toutes les écritures se rapportant à l'administration, à la direction industrielle ou à l'économat.

SECTION II

Conseil du Familistère

Art. 106.

Le Conseil du Familistère a pour attributions le soin des intérêts sociétaires et commerciaux du Familistère.

Il donne son avis sur toutes les affaires commerciales, approvisionnements, achats et ventes de toutes choses nécessaires dans les magasins, débits et services de l'habitation sociétaire, et sur toutes les mesures concernant l'entretien des bâtiments et de leur dépendance, la police, la propreté et l'hygiène des logements.

Il donne son avis sur les admissions dans les logements du Familistère et sur les congés de ces logements.

Il examine et apprécie les propositions faites dans l'intérêt de l'Association et pour l'amélioration des services soit par les membres associés, soit par les comités (Règlement, 3e partie, art. 26, 71 à 73); il donne son avis sur la suite à leur donner.

SECTION III

Conseil de l'Industrie.

Art. 107.

Le Conseil de l'Industrie a pour mission de délibérer sur toutes les questions industrielles et les constructions qui intéressent l'Association.

Il donne son avis sur la marche journalière de toutes les opérations industrielles et commerciales dans les usines, ateliers, magasins et bureaux de l'industrie.

Il examine et apprécie les propositions concernant les améliorations industrielles, faites soit par les membres de l'Association soit par ses comités (Règlement, 3e partie, art. 26, 71 à 73); il donne son avis sur la suite à leur donner.

SECTION IV

Disposition commune aux Conseils du Familistère et de l'Industrie.

Art. 108.

Les Conseils du Familistère et de l'Industrie réservent au Conseil de Gérance tout ce qui excède leur compétence propre.

Lorsqu'il y a doute sur la compétence, l'affaire est portée au Conseil de Gérance.

CHAPITRE IV

Conseil de Surveillance.

Art. 109.

Les trois Commissaires-Rapporteurs nommés par l'Assemblée générale des associés (art. 59) constituent le Conseil de Surveillance.

Ce Conseil veille à l'exécution des présents Statuts.

Il s'assure de la bonne tenue des écritures et se fait présenter les balances mensuelles.

Il assiste au 30 juin de chaque année aux inventaires généraux de l'Association, vérifie les comptes et le bilan soumis par l'administration à l'Assemblée génerale des associés.

Il rédige le rapport qu'il doit, de son côté, soumettre à la même Assemblée sur les opérations et la situation de l'Association et sur les propositions qui peuvent lui être déférées.

Il propose à l'Assemblée générale, dans les cas spécifiés article 78, la révocation de l'Administrateur-Gérant.

Il délègue un de ses membres à la signature des certificats d'apports et d'épargne. (Art. 50.)

Les rapports, délibération, avis et résolutions de ce Conseil sont, par les soins de l'un de ses membres qu'il délègue à cet effet, consignés dans des procès-verbaux inscrits sur un registre spécial et signés des membres qui ont assisté à la séance.

CHAPITRE V

Dispositions générales à l'égard des Fonctionnaires.
Concours aux emplois.

Art. 110.

Tout employé dont les appointements annuels atteignent trois mille francs ne peut, sans une autorisation expresse de l'Association, remplir en dehors d'elle aucune mission salariée.

L'Administrateur-Gérant autre que le Fondateur, en sa qualité de premier fonctionnaire de l'Association, est lui-même soumis à cette règle.

Art. 111.

A moins de contrats écrits particuliers, l'Association n'a vis-à-vis de son personnel aucune obligation ni convention autres que celles prescrites par les présents Statuts et règlements.

Art. 112.

Les fonctions et emplois dans l'Association sont obtenus par le concours et l'élection, d'après les règles tracées dans le Règlement, 3e partie, art. 11 à 13.

Art. 113.

L'Administrateur-Gérant choisit les employés parmi ceux qui ont obtenue les premiers rangs dans les concours.

Art. 114.

Tout membre de l'Association peut prendre part aux concours.

Lorsque l'Administrateur-Gérant et le Conseil de Gérance le jugent nécessaire, des personnes étrangères à l'Association peuvent être également appelées à concourir.

Toutefois, à mérite égal, le choix est fait en faveur d'un membre de l'Association ou, si tous les candidats font partie de l'Association, en tenant compte de l'ancienneté.

Art. 115.

Quiconque postule pour une augmentation d'appointements doit satisfaire à un examen comprenant les mêmes épreuves que le concours pour un emploi supérieur à celui qu'il occupe.

Art. 116.

Tous les travaux écrits présentés par les candidats, fonctionnaires ou employés, quels qu'ils soient, deviennent la propriété de l'Association et restent dans ses archives, où ils sont classés de manière à être consultés avec facilité.

CHAPITRE VI

Du Comité de Conciliation.

Art. 117.

Un comité de conciliation est organisé dans l'Association. Son rôle est de chercher à régler tout différend qui peut survenir entre l'Association et ses membres, ou entre les membres mêmes de l'Association.

Son mode de nominations est indiqué au Règlement, 3e partie, art. 68 à 70.

Lorsque l'intervention du Comité n'a pu opérer la conciliation, les parties en désaccord sont invitées à ne point donner le scandale d'un procès entre membres d'une Association fraternelle, mais à nommer des arbitres chargés, par un compromis régulier, de trancher souverainement le différend qui les divise.

Le refus par un membre quelconque, associé, sociétaire ou participant, de se prêter à ces moyens d'arrangement amiable, peut devenir un motif d'exclusion.

TITRE SEPTIEME

Des Institutions de prévoyance.

Art. 118.

Pour appliquer le principe: « que le concours de la nature, dans tous les faits de la production, représente la part des faibles, des malades, des invalides, ce que l'humanité doit à ceux qui ont besoin,» l'Association entretient dans son sein:

1° Les Assurances mutuelles;

2° Les Institutions fondées pour les soins, l'éducation et l'instruction de l'Enfance.

CHAPITRE I

Assurances mutuelles.

Art. 119.

Les Assurances mutuelles ont pour principal objet d'empêcher les membres de l'Association de tomber dans la privation du nécessaire; elles subviennent, en conséquence, aux besoins des malades, des blessés et des invalides du travail.

Elles pourvoient, en outre, aux besoins des familles nécessiteuses des associés, sociétaires et autres habitants du Familistère.

Art. 120.

Tout membre de l'Association rémunéré à un titre quelconque est inscrit de plein droit comme participant à ces Assurances. Il en est de même pour les auxiliaires.

L'Association est tenue d'entretenir les Assurances mutuelles.

Les applications des ressources sont faites conformément aux règles spéciales des Assurances, telle qu'elles ressortent des délibérations de leurs comités respectifs approuvées par le Conseil de Gérance et santionnées par l'Assemblée générale des associés.

Ces règles spéciales sont inscrites à la suite des présents Statuts sous le titre: Assurances mutuelles, 2e partie, pour devenir la loi de ceux qu'elles intéressent, étant réservées les modifications possibles.

Art. 121.

En cas de dissolution de l'Association du Familistère, ou à l'expiration de son terme, les fonds disponibles des Assurances, s'il y en a, seront portés au fonds de réserve (art. 130 à 133) pour être liquidés comme toutes les autres valeurs de la Société.

Néanmoins, les liquidateurs prendront les mesures nécessaires pour assurer le paiement à vie des pensions aux invalides du travail.

CHAPITRE II

Institutions de l'Enfance.

Art. 122.

L'éducation et l'instruction de l'Enfance s'imposent comme un devoir essentiel à toute Société prévoyante et soucieuse de sa prospérité et de son progrès.

Ce devoir devient plus impérieux dans une Association qui s'est donné pour loi les principes formulés en tête des présents Statuts.

En conséquence,

La Gérance et les divers Conseils ont pour mission de veiller au progrès de l'instruction générale de l'Enfance au Familistère.

L'Administration de la Société doit surtout assurer par un bon enseignement la culture morale des élèves, dans le but de développer en eux le sentiment des devoirs de solidarité qui les unissent les uns aux autres.

Elle doit leur faire enseigner et s'attacher à leur faire comprendre la grandeur et les bienfaits de l'Association, afin que tous les élèves, autant que possible, deviennent de dignes continuateurs de l'œuvre de leurs prédécesseurs.

Art. 123.

L'éducation et l'instruction de l'Enfance, dans l'Association, comprennent:

1° La Nourricerie donnant à la mère aide et assistance pour les soins de l'enfant du premier âge jusqu'à deux ans;

2° Le Pouponnat, premier jardin d'enfants, où sont accordés les soins et les amusements nécessaires aux enfants de 2 à 4 ans;

3° Le Bambinat, second jardin d'enfants, où commencent l'enseignement et les exercices instructifs et récréatifs, pour les élèves de 4 à 6 ans;

4° Les Classes d'école qui assurent à tous les enfants du Familistère, au moins jusqu'à l'âge de 14 ans, un bon enseignement primaire;

5° Enfin, l'Association doit, en outre, entretenir des cours supérieurs où l'on puisse développer les aptitudes et les facultés des enfants exceptionnellement doués et enseigner surtout les principes et la morale de l'Association.

Art. 124.

L'éducation et l'instruction sont gratuites au Familistère; elles sont données par des instituteurs et institutrices salariés par l'Association.

Les frais qui s'y rattachent ne peuvent être inférieurs:

1° A la somme de quinze mille francs pour la rémunération des personnes attachées au soin et à l'enseignement de l'enfance;

2° A la somme de dix mille francs pour tous les déboursés divers nécessités comme frais généraux de l'éducation et de l'instruction.

Ces chiffres peuvent être augmentés par l'administration de l'Association, quand elle en reconnaîtra le besoin. Mais pour le cas où les sommes indiquées ci-dessus ne seraient pas employées annuellement, le reliquat serait porté au crédit du compte spécial de l'instruction et tenu en réserve pour ses besoins.

TITRE HUITIEME

De la Comptabilité.

CHAPITRE I

Contrôle et tenue des écritures.

Art. 125.

Les établissements de l'Association ont chacun leur comptabilité particulière. L'Administrateur-Gérant et les Conseils de Gérance et de Surveillance doivent veiller à ce que ces comptabilités soient tenues de façon à permettre de se rendre parfaitement compte de toutes les opérations de chacun des établissements.

Une comptabilité spéciale résume les opérations des divers établissements et fice les droits de chacun dans l'Association. Cette comptabilité est tenue au siège social. L'Administrateur-Gérant, les Commissaires de surveillance et les Conseils veillent à ce que toutes les opérations en soient faites en temps utile pour la répartition annuelle des bénéfices, art. 126 à 129.

CHAPITRE II

Inventaires. – Clôture des écritures.

Art. 126.

La clôture des écritures dans chaque établissement a lieu chaque année le 30 juin.

A cette date, il est fait un inventaire général et le bilan de l'Association est dressé.

Les marchandises fabriquées sont évaluées au prix de revient, défalcation faite des non-valeurs.

Les matières premières sont évaluées aux prix des cours majorés des frais de transport, s'il y a lieu.

Les mesures propres à assurer l'exécution des dispositions comptables prescrites dans le présent titre sont déterminées par le Règlement, 3e partie, art. 40 à 44.

TITRE NEUVIEME

Des Bénéfices et des Pertes.

CHAPITRE I

Emploi des Bénéfices.

Art. 127.

Sur les bénéfices industriels et commerciaux constatés par les inventaires annuels, il est opéré les défalcations suivantes à titre de charges sociales:

1° Prélèvements de 10 % de la valeur du matériel et de 5 % de la valeur des immeubles;

Ces sommes restent au crédit d'un comte spécial d'amortissement dont le débit balance les divers comptes de dépenses faites soit pour l'entretien ou la réparation des immeubles ou du matériel, soit pour la création de bâtiments ou de matériel neufs;

2° Subventions aux diverses Assurances mutuelles, 2e partie, art. 3, 18, 47, 59;

3° Frais d'éducation et d'instruction, Statuts, art. 122 à 124;

4° Intérêts aux possesseurs des apports et des épargnes. Ces intérêts sont payables en espèces.

Ce qui reste constitue le bénéfice net.

Art. 128.

Le bénéfice net est réparti de la manière suivante:

1° Il est appliqué d'abord au fonds de réserve, puis au rachat par la Société des certificats d'apports et d'épargne, selon les règles fixées par les articles 131 et 132, 25%, ci. 25

2° Au capital et au travail, 50%, ci 50
Dans cette attribution, la part du travail est représentée par le total des appointements et salaires touchés pendant l'exercise, et la part du capital par le total des intérêts des apports et des épargnes.
Les 50% sont répartis au marc le franc entre ces deux éléments producteurs.
Les dividendes du capital sont payables en espèces et ceux du travail en titres d'épargne.
Le reste est distribué en titres d'épargne, savoir:

3° A l'Administrateur-Gérant, 12%, ci. 12

4° Aux autres membres du Conseil de Gérance, 9%, ci. . . 9
La répartition est faite entre les membres du Conseil de façon que le participant ait une part, le sociétaire une part et demie, et l'associé deux parts.

5° Au Conseil de Surveillance, 2%, ci. 2
Ces trois attributions sont indépendantes de ce qui peut revenir aux parties prenantes dans la part attribuée au travail sous le n° 2.

6° A la disposition du Conseil de Gérance pour être répartis, dans le courant de l'année, aux employés et aux ou-

A reporter 98

vriers qui se seront distingués par des services exceptionnels (Règlement, 3e partie, art. 78, 79), 2 %, ci. 2

Total 100

CHAPITRE II

Mode de repartition des Bénéfices entre les Travailleurs, Associés, Sociétaires et Participants.

Art. 129.

Afin de faire la part du dévouement à l'Association et du mérite intellectuel et moral des membres sur lesquels elle peut le plus compter pour l'avenir de l'œuvre, il est stipulé que dans la répartition proportionnelle de la part afférente au travail, art. 128, 2°, l'associé intervient à raison de deux fois la valeur, le sociétaire à raison d'une fois et demie la valeur, et le participant à raison de la somme exacte de leurs salaires ou appointements respectifs.

La part revenant au travail des auxiliaires est versée à l'Assurance des pensions et du nécessaire, sous la réserve faite au titre XIII du Règlement, 3e partie, art. 80 à 85.

CHAPITRE III

Fonds de réserve. – Pertes.

Art. 130.

Le fonds de réserve a pour objet de parer aux pertes affectant le capital de l'Association.

Le fonds de réserve ne peut en aucun cas, ni dans aucune mesure, être employé à une autre destination, notamment à des paiements d'intérêts ou de dividendes.

Art. 131.

Dès que le fonds de réserve atteint le dixième du fonds social, les 25 % affectés au fonds de réserve sont employés au rachat pour le compte de la Société des titres d'apports tant qu'il y en a, et ensuite des titres d'épargne, jusqu'à ce que le capital social soit remboursé. Ce rachat a lieu selon l'ordre fixé par les articles 44 et 46.

Les titres ainsi rachetés cessent de porter intérêt.

Art. 132.

Le fonds de réserve reste dans le fonds de roulement de l'Association sans compte d'intérêts.

Dans le cas où ce fonds de réserve est entamé, le remboursement des titres est suspendu et la réserve rétablie à son taux statutaire, jusqu'à ce que le fonds ait atteint de nouveau le dixième du fonds social.

Art. 133.

Les pertes sont d'abord supportées par le fonds de réserve jusqu'à son épuisement.

Le fonds de réserve épuisé, elles sont réparties entre tous les possesseurs du fonds social au marc le franc et jusqu'à concurrence du montant de leurs certificats d'apports ou d'épargne, sans aucun recours sur le surplus de leurs biens, sauf bien entendu la responsabilité indéfinie de l'Administrateur-Gérant envers les tiers.

TITRE DIXIEME

De la Dissolution.

Art. 134.

L'Association n'est dissoute et la marche de ses travaux et opérations n'est arrêtée ou suspendue ni par la mort, ni par la retraite, ni par la faillite ou la déconfiture, ni par la révocation ou l'exclusion d'aucun de ses membres.

Elle continue de plein droit, sauf, dans ces cas, à procéder suivant les règles tracées par les présents Statuts.

Art. 135.

A moins de revers mettant la Société dans l'impossibilité de remplir ses engagements, la dissolution ne pourra être prononcée par l'Assemblée générale que du consentement unanime des associés.

Art. 136.

En cas de dissolution prononcée par l'Assemblée générale, celle-ci nomme un ou plusieurs liquidateurs pour procéder à la liquidation. Elle règle le mode de liquidation et peut donner aux liquidateurs les pouvoirs les plus étendus, soit pour la vente, soit pour l'apport à une autre Société, de tout ou partie de l'actif social.

Art. 137.

Les liquidateurs informent immédiatement le public, par circulaires et insertions dans les journaux, de la mise en liquidation de l'Association.

Ils soumettent annuellement leurs comptes à une Assemblée générale qui les approuve, s'il y a lieu, et en donne décharge.

TITRE ONZIEME

Des Modifications aux Statuts.

Art. 138.

Afin de permettre à l'Association de profiter de toutes les modifications que le législateur introduira sans doute dans la loi sur les Sociétés, les présents Statuts peuvent être modifiés et même revisés, avec l'assentiment de l'Administrateur-Gérant, sur la demande écrite, motivée et singée des deux tiers des associés.

Cette demande est adressée au Conseil de Gérance qui en fait rapport à l'Assemblée générale des associés, seule compétente pour statuer sur les modifications proposées. (Art. 59.)

L'Assemblée générale a le pouvoir d'apporter aux Statuts toutes les modifications qu'elle juge utiles, mais sous les exceptions ci-après énumérées:

1° Aucune modification concernant les intérêts, droits et garanties stipulés en faveur du Fondateur, ne peut être accueillie et ordonnée que de son consentement spécial;

2° L'Association intégrale du capital et du travail, telle qu'elle est établie aux présents Statuts, devra être conservée et aucune modification ne pourra être introduite dans les relations du capital et du travail, soit pour la représentation aux Assemblées générales, soit pour la répartition des bénéfices;

3° Les prescriptions de l'art. 44 des présents Statuts devront être religieusement maintenues pendant toute la durée de l'Association;

4° La Société s'engage, en outre, de la façon la plus absolue, à ne pas amoindrir la part des faibles, c'est-à-dire les subventions aux Assurances mutuelles et les dépenses des Institutions d'éducation et d'instruction de l'Enfance, telles qu'elles sont prévues, Status, art. 118 à 124; Assurances mutuelles, 2e partie, art. 3, 18, 47, 59;

5° A maintenir les clauses d'admission au titre d'associé, de sociétaire et de participant;

6° Et à ne rien changer à la composition de l'Assemblée générale, ni aux conditions d'éligiblité dans le Conseil de Gérance.

L'Assemblée générale est autorisée à proroger la durée de la Société, dans les trois ans qui précéderont le terme de son expiration, et ainsi à chaque période subséquente.

Art. 139.

Le Fondateur propose avec confiance à l'adhésion des Travailleurs, qui voudront concourir au développement de la justice et de la solidarité parmi les hommes, les Statuts qu'il a élaborés en vue d'avancer dans cette voie.

Sans doute, leurs dispositions ne sont pas la formule parfaite et le dernier mot du progrès auquel tendent les sociétés humaines, mais elles correspondent à l'état d'avancement des esprits et des consciences et marquent un pas vers les destinées offertes à l'humanité.

Pratiquées avec dévouement et sincérité, elles seront pour les adhérents la garantie d'un état social plus doux et plus satisfaisant. Elles deviendront peut-être, pour ceux qui en recevront et en comprendront l'exemple, une incitation à des efforts plus efficaces vers l'avènement du règne de la Justice sur la terre.

L'expérience enseignera en quoi ces dispositions sont défectueuses et perfectibles; c'est afin de profiter de ses leçons que le droit de révision des Statuts est réservé.

TITRE DOUZIEME

Constitution de la Société.

Art. 140.

M. Godin explique que l'Association, dont les présents Statuts ont pour but de consacrer et de légaliser l'existence, fonctionne en fait depuis plusieurs années.

Et il demeure entendu que l'Association est fondée dès ce jour entre M. Godin, Fondateur, et les Travailleurs qui remplissent les conditions indiquées aux présents Statuts pour être admis dans la Société à un titre quelconque;

Que les Conseils et les Assemblées générales fonctionnent dorénavant dans les conditions réglées par les présents Statuts.

M. Godin, en vertu de l'article 12, 5°, a la faculté d'appeler au premier Conseil de Gérance trois associés.

Le tirage au sort indiquera dans quel ordre il sera pourvu au remplacement de chacun d'eux par la voie du concours et de l'élection, selon les dispositions des articles 84 et 85.

Toutefois, nul n'est admis à un titre quelconque dans l'Association régularisée qu'après une adhésion formelle aux Statuts, conformément aux prescriptions de l'article 10.

Afin de constituer immédiatement l'Association, M. Godin déclare admettre des ce jour les personnes suivantes, auxquelles il cède des parts d'intérêt représentées par des certificats d'épargne pour les sommes dont elles sont créditrices.

Savoir:

Au titre d'Associés:

Au titre de Sociétaires:

Au titre de Participants:

Lesquels, intervenus au présent acte, ont, après lecture des Statuts et Règlements, déclaré y adhérer sans réserve.

En conséquence, l'Association est, à compter d'aujourd'hui, légalement et définitivement constituée.

Art. 142.

Les présents Statuts sont publiés et déposés conformément à la loi du 24 juillet 1867, articles 55, 56, 57 et 60. Les modifications qu'ils pourront recevoir par la suite, notamment en ce qui touche l'augmentation du capital (art. 42) et les nominations d'Administrateur-Gérants (art. 12, 75 et 76), seront de même déposés et publiés, conformément à la loi, par les soins et sous la responsabilité de l'Administrateur-Gérant en exercice.

Fait en six originaux, sont quatre déposés aux Greffes des Tribunaux de commerce et des Justices de paix de France et Belgique (Loi du 24 Juillet 1867, art. 55), le cinquième remis aux archives de la Société, et le sixième remis au Fondateur (art. 47).

A Guise, le

TROISIEME PARTIE*)

REGLEMENT

TITRE PREMIER

De l'Existence matérielle de l'Association.

ARTICLE PREMIER

Une première obligation s'impose à l'Association, celle d'assurer ses moyens d'existence et de durée, afin d'accomplir les devoirs sociaux, qui sont sa principale raison d'être.

Art. 2.

C'est par le travail que l'Association doit vivre et se soutenir, et c'est par une bonne direction que le travail devient fructueux et profitable.

Il est donc nécessaire pour l'Association d'avoir une bonne administration, afin de tirer le meilleur parti possible de ses forces, de faire le meilleur usage de ses ressources, d'assurer la prospérité commune et d'atteindre ainsi le but moral qu'elle s'est assigné.

L'ordre dans les détails et dans l'ensemble des services est une des premières conditions pour atteindre ces résultats.

L'Association doit donc veiller avec la plus grande attention à donner à l'activité, à la capacité et à l'intelligence la place qui leur convient: car c'est dans le travail intelligemment dirigé que se trouve la puissance qui procurera aux membres de l'Association l'aisance et la richesse.

---

*) Auf den Abdruck der Deuxième Partie, Assurances Mutuelles de l'Association, wurde aus Platzgründen verzichtet.

CHAPITRE I

Des Concours.

Art. 3.

Afin de mettre les fonctions et emplois aux mains des plus dignes et des plus capables, les concours institués (art. 112 à 115 des Statuts) sont réglés de la façon suivante:

Le concours est permanent. Toute personne attachée à l'Association peut, quand il lui plait, remettre entre les mains du Président des Conseils un mémoire, selon les règles prescrites ci-après, en vue d'obtenir soit un nouvel emploi, soit de l'avancement, soit une augmentation d'appointements.

Art. 4.

Une bonne conduite est la première condition pour être admis à concourir.

Art. 5.

Le concours se fait en deux séries d'épreuves:

1° Epreuve écrite,

2° Epreuve orale.

Art. 6.

Tout mémoire déposé est examiné pendant le mois qui suit son dépôt, et l'examen oral a lieu au plus tard dans le mois suivant, par le Conseil de Gérance ou par une délégation de ce Conseil.

Art. 7.

Chaque mémoire doit être daté, signé et écrit en entier de la main du candidat.

Les personnalités doivent y être soigneusement évitées. Le mémoire qui, à un degré quelconque, soulève une discussion de personnes n'est pas pris en considération et est renvoyé à son auteur.

Art. 8.

L'examen oral porte d'abord sur les points traités dans le mémoire, de manière à s'assurer que le candidat possède bien la matière qui en fait l'objet.

L'examen s'étend ensuite à toutes autres questions que les examinateurs jugent à propos de poser, afin de s'assurer de la valeur intellectuelle et morale du candidat, de ses aptitudes et de sa capacité au point de vue de la fonction qu'il postule, ou pour se rendre compte du bien-fondé de sa demande.

Le résultat de l'examen est constaté dans un procés-verbal dont copie est annexée à la demande.

CHAPITRE II

Mémoires annuels des Conseillers.

Art. 9.

Pour donner l'exemple des mesures d'ordre qui sont la règle de l'Association, les membres du Conseil de Gérance déposent chaque année, sur le bureau du Conseil, à la séance de clôture de l'exercice annuel, un mémoire sur les principaux faits se rattachant à leurs fonctions, les conséquences et les prévisions à en tirer, les améliorations utiles à introduire dans les services, enfin toute idée utile à la bonne marche des affaires de l'Association et à sa prospérité.

Les données théoriques et pratiques que renferment ces mémoires constituent le manuel des connaissances pratiques à l'usage de la direction de l'Association.

Ces mémoires sont soumis aux prescriptions de l'article 7 du présent Règlement.

Si un Conseiller ne dépose pas son mémoire annuel, mention en est faite au répertoire-catalogue desdits mémoires.

CHAPITRE III

Concours aux fonctions électives de Conseillers de Gérance.

Art. 10.

Chaque candidat aux fonctions électives de Conseiller de Gérance doit remettre à l'Administrateur-Gérant un mémoire exposant ses idées sur:

1° Les devoirs des Conseillers envers l'Association;

2° Les attributions que comporte son emploi;

3° Les propositions qu'il croit profitables à l'intérêt commun.

L'examen de ces travaux a lieu comme il est dit articles 6 et 8.

Un examen récapitulatif est fait, en outre, chaque année par les soins du Conseil de Gérance dans la première quinzaine du mois d'avril.

A la suite de cet examen, le Conseil détermine quels sont les candidats qui peuvent être admis à titre d'Auditeurs au Conseil de Gérance et au Conseil de l'Industrie.

Art. 11.

Lorsqu'une vacance se produit parmi les Conseillers élus, il est annoncé par voie d'affiche que le concours à cette fonction est ouvert pendant un mois.

Les nouvelles demandes doivent être déposées pendant les quinze jours qui suivent l'affichage.

Les candidats admis par ce nouveau concours sont adjoints à ceux de la précédente liste.

Tout Conseiller dont le mandat est expiré doit, s'il veut faire partie des éligibles, déposer un mémoire nouveau, mais sans qu'il y ait lieu pour lui à un nouvel examen oral.

C'est dans la liste des Auditeurs ainsi complétée que se fait l'élection; cette liste est portée à la connaissance des associés quinze jours au moins avant l'élection. Les candidats y sont inscrits selon l'ordre de mérite qui leur a été attribué dans le concours.

Les mémoires déposés à cette occasion sont tenus à la disposition des associés.

CHAPITRE IV

Concours aux Emplois.

Art. 12.

Tout aspirant à un emploi ou à une promotion quelconque doit déposer entre les mains de l'Administrateur-Gérant sa demande et un mémoire dans lequel il expose:

1° Ses idées sur la fonction à laquelle il aspire, au point de vue des intérêts de l'Association, de la production industrielle et de la bonne marche de l'industrie;

2° Les améliorations qu'il croit possibles dans son emploi présent, s'il est déjà employé.

L'examen a lieu comme il est dit art. 6 et 8.
La suite à donner à la demande est remise aux soins de la Gérance.

Art. 13.

Tous les mémoires déposés, tant ceux des Conseillers de Gérance que ceux des aspirants à une fonction ou à un emploi quelconque, sont soigneusement conservés et classés aux archives de l'Association, avec les procès-verbaux qui les concernent, dans l'ordre arrêté par le Conseil de Gérance, de façon à être facilement consultés par les associés.

CHAPITRE V

Election et choix des surveillants du travail.

Art. 14.

Les surveillants du travail doivent savoir lire, écrire et chiffrer. Ils sont nommés pour un an et rééligibles.
Chaque année, les associés, les sociétaires et participants de chaque atelier élisent, au scrutin, les candidats à la surveillance de chaque section d'atelier. (Art. 60.)
L'Administration choisit le titulaire parmi les trois candidats qui ont réuni le plus de suffrages dans le scrutin pour chaque section.
Quiconque tient un débit de boissons ne peut être employé dans l'usine à titre de surveillant, contre-maître ou chef d'atelier.

TITRE DEUXIEME

De la main-d'œuvre et des Tarifs.

Art. 15.

Pour conserver son travail et ses ressources, l'Association doit perpétuer dans son sein les bonnes traditions de travail, les connaissances techniques et l'esprit de création et d'invention. Elle doit se préoccuper sans cesse de faire les choses utiles réclamées par les besoins de la consommation.

Art. 16.

La perfection et le bon marché des produits sont les deux qualités que l'Association doit chercher à atteindre pour mériter la confiance du commerce et des consommateurs.

Art. 17.

L'Association, tout en cherchant un salaire rémunérateur pour ses membres, doit faire en sorte que le gain tiré de la production soit raisonnablement établi. Il faut, en outre, que le travail soit fait rapidement et par les moyens les plus économiques.

Les membres de l'Association ont intérêt, pour vendre leurs produits, à ce que les prix de la main-d'œuvre soient justement établis dans tous les travaux, puisque, s'il y a bénéfice, il est partagé en proportion du travail que chacun a fait.

S'il arrive qu'il y ait perte sur la fabrication, c'est la preuve, au moins dans l'état présent de l'organisation de l'industrie, que le travail a été trop payé ou mal exécuté; il est alors de l'intérêt de l'Association que l'Administration revise les tarifs et les prix du travail, et qu'elle veille avec plus de rigueur à supprimer la main-d'œuvre et les emplois inutiles ou onéreux. Elle doit faire appel à toutes les forces de l'Association pour perfectionner et améliorer la fabrication et pour créer de nouvelles ressources.

Art. 18.

La perte doit être considérée comme existant sur la production du moment où l'Association, ayant payé les salaires du travail, ne peut payer les intérêts du capital.

TITRE TROISIEME

Des attributions et de l'ordre des Services.

CHAPITRE I

Considérations générales.

Art. 19.

Les dispositions du règlement concernant les fonctions ont pour principal objet d'introduire dans l'Association la règle et l'obligation de bien délimiter le département et l'étendue des attributions de chacun des employés.

Mais il est de principe que les fonctions doivent être confiées aux personnes qui ont le plus d'aptitude à les bien remplir. Ėn conséquence, il peur être de l'intérêt de l'Association, en certaines circonstances, de faire passer partie des attributions d'une fonction dans une autre, de diviser une fonction ou de réunir plusieurs fonctions en une seule.

Ces changements, quand ils ont lieu, sont arrêtés en Conseil de Gérance et parfaitement définis avant la mise à exécution.

Art. 20.

Les attributions des fonctionnaires composant le Conseil de Gérance sont exposées, définies et arrêtés au Conseil même, de manière à bien séparer les responsabilités et à éviter les conflits de pouvoir.

Art. 21.

Toutes les fonctions doivent être suffisamment délimitées et définies pour que les titulaires puissent les remplir sans froissement et sans embarras pour la bonne marche des affaires.

Toute cause de conflit d'attributions doit être immédiatement soumise à l'Administrateur-Gérant, afin d'être résolue en Conseil.

Art. 22.

Le classement des attributions et des responsabilités se perfectionne surtout par l'expérience et par l'étude des mémoires et rapports de chacun des fonctionnaires.

Art. 23.

Il ne peut y avoir cumul d'appointements; les fonctions remplies par intérim ou celles de détail dont un fonctionnaire supérieur se charge en dehors de sa fonction principale n'entraînent pas d'augmentation d'appointements.

CHAPITRE II

De l'Administrateur-Gérant.

Art. 24.

En vertu des pouvoirs qui lui sont dévolus par les Statuts, l'Administrateur-Gérant surveille d'une manière générale les établissements et les affaires de l'Association.

Il a autorité sur toutes les fonctions; il est l'ordonnateur des décisions prises en Conseil de Gérance; il en confie l'exécution aux chefs de service dans les attributions desquels ces décisions peuvent rentrer; il veille sur l'ensemble des opérations et des travaux pour s'assurer de leur exécution.

Par les qualités du cœur et du caractère, il doit maintenir l'accord entre tous les fonctionnaires, afin d'obtenir l'ordre et l'harmonie dans tous les services.

Les appointements de l'Administrateur-Gérant sont fixés à la somme de quinze mille francs par an.

Art. 25.

L'Administrateur-Gérant unit et concentre tous les pouvoirs de l'Association. Il doit être l'âme de la concorde entre les chefs de fonction, les employés et tous les membres de l'Association.

Il veille au respect et à l'application des Statuts.

Aidé du Conseil de Gérance, il veille à ce que chaque service au Familistère, comme dans les usines, ait à sa tête un employé capable.

Dans la rémunération des services, il tient compte avant tout des services que rendent les fonctionnaires.

D'accord avec le Conseil de Gérance (Statuts, art. 100), il met à la retraite, s'il y a lieu, le travailleur, employé ou ouvrier, devenu insuffisant dans sa fonction.

Dans le cas de mise à la retraite, l'Administrateur-Gérant peut utiliser les services du pensionnaire sous une forme nouvelle après entente avec ce dernier. (Assurances mutuelles, 2e partie, art. 4, 15.)

Art. 26.

L'Administrateur-Gérant s'adjoint un ou plusieurs Secrétaires qui, dans les Conseils, sont chargés de la rédaction des procès-verbaux des séances.

Ce sont eux, en outre, qui transmettent aux chefs de fonction les communications de la Gérance; ils accomplissent tous travaux que l'Administrateur-Gérant juge nécessaire de confier à leurs soins dans les différents services.

Ce sont eux également qui inscrivent sur un registre spécial les propositions utiles que les personnes attachées à l'Association ou les Comités d'études libres jugent à propos de faire connaîtreà la Gérance. (Art. 71 à 73 du présent Règlement.)

Après examen de ces propositions l'Administrateur-Gérant porte chaque question devant les Conseils compétents. (Statuts, art. 100, 106, 107.)

CHAPITRE III

De la Division des Fonctions.

Art. 27.

Les fonctions principales qui donnent droit de siéger au Conseil de Gérance, conformément à l'article 82 des Statuts, sont:

1° La direction commerciale: approvisionnements industriels et vente des produits;

2° La direction de la fabrication générale: exécution de la commande, distribution du travail dans les ateliers, classement des produits en magasin, expéditions.

3° La direction du matériel: construction des machines, des bâtiments, soin des réparations, entretien général;

4° La direction des modèles: création des produits nouveaux, procédés de fabrication, inspection de la bonne exécution du travail produit;

5° La direction de la comptabilité: surveillance et organisation des bureaux, création des livres et contrôle de toutes les écritures de l'Association;

6° La direction des services du Familistère: soins des approvisionnements et de la vente, correspondance commerciale, surveillance générale de l'habitation.

Chacun des titulaires de ces fonctions doit, au plus haut degré, posséder l'intelligence des intérêts généraux de l'œuvre commune et donner l'exemple de l'amour du travail, de l'activité et de l'ordre unis à l'économie des procédés.

Art. 28.

Les attributions détaillées de chacun des fonctionnaires et de tout le personnel placé sous leurs ordres sont arrêtés par délibération du Conseil de Gérance, revisées quand il y a lieu, et consignées sur un registre spécial tenu aux archives de l'Administration.

L'extrait concernant chaque emploi est remis aux mains du titulaire à son entrée en fonction.

Art. 29.

Chacun des fonctions énumérées article 27 forme un département particulier des affaires de l'Association. Chacun des titulaires de ces fonctions, dans sa sphère, ne relève que de l'Administrateur-Gérant; mais il est conforme aux principes d'une direction sage et profitable que chacun d'eux soit toujours prêt à recevoir avec courtoisie les avis de ses collègues sur les choses qui dépendent de son service: car il est du devoir de chacun des membres des Conseils de ne rien voir en souffrance sans le signaler obligeamment et avec bienveillance au collègue qui doit y remédier.

TITRE QUATRIEME

Mesures d'ordre principales.

CHAPITRE I

Rapports et Documents divers.

Art. 30.

Le Conseil de Gérance arrête toutes les mesures d'ordre général pour fixer la bonne marche et la facile expédition des affaires.

Art. 31.

A moins de convocations spéciales, le Conseil de Gérance se réunit le dernier mardi de chaque mois;

Le Conseil de l'Industrie, le mardi de chaque semaine;

Le Conseil du Familistère, le vendredi.

Art. 32.

Chaque chef de division, membre du Conseil, remet, au moins trois jours avant la séance mensuelle du Conseil de Gérance, à l'un des Secrétaires de l'Administrateur-Gérant un rapport sur l'état des opérations, des travaux, des affaires et du service qui rentrent dans ses attributions.

Ces rapports sont examinés en Conseil dans la séance qui suit leur dépôt, afin que l'on puisse prendre les mesures qu'ils comportent.

Art. 33.

Le Directeur commercial doit consigner dans son rapport l'état des approvisionnements de toutes matières;

Signaler celles dont le stock s'affaiblit; la règle de l'Association étant que tous les gros approvisionnements doivent être faits sur un stock existant au moins pour six mois à l'avance.

Il fait également connaître la marche de la commande et de la vente comparée à celle des précédentes années, de manière à attirer l'attention sur les produits dont la fabrication doit être accélérée et sur ceux pour lesquels elle doit être ralentie.

Le Directeur commercial doit, en outre, donner communication des faits principaux de la correspondance et surtout de celle des voyageurs.

Tous les faits relatifs à la marche de la vente et de la commande doivent aussi être portés devant le Conseil de l'Industrie, chaque semaine, pendant les mois de septembre, octobre, novembre et décembre.

Art. 34.

Le Directeur de la fabrication générale, dans son rapport mensuel, outre les observations sur l'ensemble de son service, doit faire connaître:

L'état des magasins et de la production comparé à celui des années précédentes;

Les rapports qui existent entre les commandes du jour et les expéditions de l'année précédente;

Enfin tous les éléments propres à permettre au Conseil d'apprécier s'il y a concordance entre la production et les besoins du commerce.

Pendant les derniers mois de l'année, le Directeur de la fabrication fait d'une façon sommaire ces communications chaque semaine, concurremment avec le Directeur commercial.

Art. 35.

Le Directeur du matériel consigne dans son rapport les travaux achevés pendant le mois, ceux en cours d'exécution et ceux que réclament les besoins de l'établissement.

Art. 36.

Le Directeur des modèles, dans son rapport mensuel, fait connaître les modèles achevés, ceux mis en fabrication et ceux qu'il désire faire exécuter.

Il tient le Conseil au courant des modèles qui se font ailleurs et des progrès de l'industrie.

Art. 37.

Le Directeur de la comptabilité remet, chaque mois, un état de la situation des écritures des divers établissements; il signale les écritures en retard, s'il y en a.

Il fait connaître l'état des comptes en banque, l'état de la caisse et du portefeuille.

Il remet un bordereau des comptes en souffrance avec note des motifs du non-payement.

Il signale les comptes apurés du bordereau du mois précédent.

Il dépose sur le bureau la balance mensuelle des comptes.

Art. 38.

L'Econome, directeur des services du Familistère, remet mensuellement:

1° Un état détaillé de la marche des services commerciaux d'après une formule adoptée;

2° Un état des dépenses faites sur chacun des crédits ouverts au budget;

3° La situation des recettes et dépenses des Assurances de mutuelle protection.

Art. 39.

Chacun de ces fonctionnaires porte chaque semaine, en séance des Conseils de l'Industrie ou du Familistère, toutes les questions urgentes et de détail qu'il est de l'intérêt et de la bonne marche des affaires d'examiner.

CHAPITRE II

Comptabilité.

Art. 40.

La comptabilité est la science de l'ordre et des rapports qui existent dans les opérations de l'activité sociale.

Le travail et l'industrie ont surtout besoin de son concours pour assurer une sage économie dans la production et l'équité dans la répartition.

C'est à l'aide des règles d'une comptabilité bien suivie que l'Association doit maintenir un juste équilibre dans toutes ses opérations, sauvegarder ses intérêts et répartir équitablement ses bénéfices entre ses membres.

Art. 41.

La Gérance et les Conseils doivent veiller à ce que l'ordre comptable soit introduit dans tous les détails des opérations de l'Association, afin de pouvoir se rendre compte des suites et des conséquences de ces opérations, ainsi que des résultats qu'elles donnent.

Art. 42.

La comptabilité sociale ayant pour objet (art. 125 des Statuts) de résumer les opérations annuelles de la Société, d'en fixer les bénéfices et d'en opérer la répartition, elle tient à ce sujet toutes les écritures nécessaires et, en particulier, les comptes des possesseurs d'apports et d'épargnes.

A cet effet un grand livre est ouvert pour l'inscription des apports et des épargnes, il constate les substitutions de titulaires qui peuvent être faites et les mutations auxquelles ces substitutions donnent lieu.

Art. 43.

L'Administrateur-Gérant et les Conseils ne doivent souffrir ni négligence ni retard dans les écritures, sous aucun motif.

Tout employé comptable associé, sociétaire, participant ou auxiliaire, qui laisse en souffrance le travail d'écriture qui lui est confié, sans avoir justifié de causes majeures, est passible des mesures prescrites par l'article 49.

Art. 44.

Chacun des Commissaires de surveillance, à tour de rôle, vérifie en fin de mois la caisse et le portefeuille, et fait connaître au Conseil de Gérance le résultat de sa vérification.

CHAPITRE III

Correspondance.

Art. 45.

L'ouverture de la correspondance est faite dans la forme reconnue la plus propre à assurer la prompte expédition des affaires et à saisir rapidement les bureaux des travaux à exécuter.

Le dépouillement en doit être fait de manière que chaque chef de division soit instruit sans retard de ce qui rentre dans son service.

Les mesures doivent être prises pour que toutes les affaires importantes que la correspondance renferme soient soumises à l'attention des Conseils.

Chacun des membres des Conseils peut, du reste, demander communication des lettres et correspondances qu'il juge à propos de consulter.

TITRE CINQUIEME

Devoirs des Fonctionnaires de tous ordres.

CHAPITRE I

Règles de Conduite.

Art. 46.

Nul dans l'Association n'est dispensé de se rendre utile.

Chacun doit élever ses services à la hauteur de la fonction dont il accepte la charge.

S'il devient insuffisant dans sa fonction, il doit accepter un emploi moins important.

En cas d'incapacité absolue de travail, il est mis à la retraite, s'il y a droit. (Statuts, art. 100; Assurances mutuelles, 2e partie, art. 4 à 9; Règlements, art. 25.)

Les membres des Conseils doivent se dévouer au soin des affaires, porter leur attention de tous côtés et veiller à l'ordre partout.

Un des premiers devoirs de tout fonctionnaire, c'est d'être affable, bienveillant et complaisant pour tous ses collègues; car, en association surtout, l'orgueil et l'ambition désordonnée sont incompatibles avec une bonne direction des intérêts sociétaires et ne peuvent conduire qu'à la ruine et à la dissolution.

Chacun des membres de l'Association a pour devoir de faire servir toutes ses connaissances industrielles à la prospérité de l'œuvre commune. Ce devoir est d'autant plus grand que le membre occupe une fonction plus élevée dans la Société.

L'Administrateur-Gérant et tous les chefs de fonction des usines et du Familistère doivent d'abord, en s'inspirant des principes fondamentaux de l'Association, savoir observer et faire observer les Statuts, puis faire preuve de prévoyance, d'exactitude et de vigilance dans la conduite des opérations qui rentrent dans leurs attributions.

Les employés doivent accomplir ponctuellement la surveillance et le travail qui leur sont confiés, sans négligence et sans erreurs.

Les ouvriers doivent exécuter avec soin l'ouvrage qui leur est délivré.

Art. 47.

Tous les membres de l'Association se doivent de mutuels égards. Dans la marche des services, chacun doit être préoccupé de bien faire, d'aider les autres à accomplir leur tâche et de concourir à la prospérité commune: l'ouvrier, en suivant avec déférence les recommandations qui lui sont faites; le contre-maître, en transmettant avec attention et convenance les instructions qui lui sont communiquées par la direction; enfin la direction elle-même, en veillant avec une ferme bienveillance à ce que l'intelligence et l'activité règnent partout dans la conduite du travail.

CHAPITRE II

Discipline.

Art. 48.

L'associé, le sociétaire, le participant ou l'auxiliaire qui manquerait aux devoirs exposés dans le présent Règlement est passible de la censure de son supérieur et de celle du Conseil de Gérance.

Art. 49.

Si par indifférence, négligence ou toute autre motif contraire à la bonne marche des services, un employé ou fonctionnaire à un titre quelconque, ne tenant pas compte des avertissements de l'Administrateur-Gérant, laisse en souffrance sa fonction et compromet les intérêts de l'Association, il est procédé à son égard de la façon suivante:

Le Conseil de Gérance arrête les termes observations et de la censure encourues par l'employé en faute; copie en double en est faite, puis le Conseil appelle devant lui le fonctionnaire à avertir.

Le Président donne au comparant, séance tenante, lecture des observations et de la censure convenues. Il lui remet, en outre, la copie faite à l'avance.

Le tout est transcrit en détail au registre des délibérations du Conseil.

S'il s'agit d'un membre du Conseil, la séance dans laquelle sont arrêtés les termes de la censure a lieu sans que le conseiller en faute soit convoqué. Il n'y est appelé que pour recevoir les observations, comme il est dit ci-dessus.

Après deux avis donnés dans ces conditions, si le fonctionnaire ou l'employé laisse encore péricliter le service qui lui est confié, l'Administrateur-Gérant peut le congédier en le prévenant, savoir:

3 mois à l'avance pour les associés et les employés ayant, par mois, 300 francs d'appointements et au-dessus;

2 mois à l'avance pour les sociétaires et les employés ayant de 200 à 300 francs;

1 mois à l'avance pour les participants ou les employés gagnant moins de 200 francs;

15 jours à l'avance pour les auxiliaires.

L'Administrateur-Gérant peur abréger ces délais par voie de transaction avec les employés et ouvriers congédiés.

Art. 50.

Tout fonctionnaire ou employé, associé, sociétaire, participant ou auxiliaire contracte, par le seul fait de l'acceptation de ses fonctions, l'engagement de ne quitter son travail qu'en donnant à l'Association les mêmes délais que celle-ci lui accorde. Il s'engage, en outre, à utiliser ces délais, à mettre au courant du travail le titulaire qui doit le remplacer.

Art. 51.

Pour garantie de cette clause, tout fonctionnaire ou employé laisse, selon son rang, en dépôt à la Caisse de l'Association, en espèces ou en récépissé de dividendes, une somme égale aux appointements qu'il gagne pendant les délais fixés art. 49.

En cas de départ précipité, au mépris du présent règlement et de la transmission régulière des fonctions, la somme déposée est acquise à l'Association et versée par elle à l'Assurance des pensions. L'employé ou l'ouvrier perd, en outre, tout droit à la répartition annuelle.

Art. 52.

Afin que leur date soit fixée sans contestation possible, les congés et démissions sont notifiés par lettre de l'Administrateur-Gérant au congédié, ou du démissionnaire à l'Administrateur-Gérant. La partie prevenue donne immédiatement récépisé du congé ou de la démission.

Art. 53.

Aucun chef de fonction ne peut congédier ou révoquer les employés sous ses ordres que dans les formes prescrites (art. 49) et avec l'autorisation de l'Administrateur-Gérant.

CHAPITRE III

Voyages et Missions.

Art. 54.

Tout employé chargé pour le compte de la Société d'un voyage ou d'une mission doit, des sa rentrée, présenter à l'Administrateur-Gérant un compte rendu sommaire de ses opérations en même temps que la note de ses frais. Après vérification, l'Administrateur-Gérant appose son visa, afin que le règlement de ces frais soit opéré à la Caisse.

CHAPITRE IV

Vacances.

Art. 55.

Tout membre de l'Association, employé ou ouvrier, peut prendre des vacances après entente avec l'Administrateur-Gérant ou le membre du Conseil chef de son service, de manière à ce que sa fonction soit remplie en son absence.

Art. 56.

Toute vacance donne lieu à la suspension des appointements pedant sa durée.

Art. 57.

Le Conseil de Gérance, d'accord avec le syndicat du travail (art. 67), fixe, selon les traditions de l'établissement, les amendes pour vacances non autorisées.

TITRE SIXIEME

Des Ateliers.

CHAPITRE I

Direction et Surveillance du Travail.

Art. 58.

Chaque division de l'industrie dans les usines de l'Association constitue un atelier, et chaque atelier est sous la direction d'un chef.

Art. 59.

Le chef d'atelier procède à la répartition du travail; il en assure la bonne marche sur tous les points; il attire l'attention des surveillants sur les imperfections de l'exécution.

Art. 60.

Les ateliers sont divisés en sections suivant leur importance; chaque section d'ouvriers a son surveillant du travail.

Art. 61.

Le surveillant distribue le travail aux ouvriers et veille à la bonne exécution des produits.

CHAPITRE II

Infractions et Amendes.

Art. 62.

Les amendes pour absence au travail sont:

Pour les ouvriers de seize ans et au-dessus, soixante-quinze centimes par tiers de jour;

Pour les dames et les ouvriers de moins de seize ans, trente-cinq centimes par tiers de jour.

Le travailleur qui arrive après la fermeture de l'établissement est admis à entrer, au cours de la première demi-heure qui suit chaque reprise de travail, moyennant une amende de vingt-cinq centimes.

Les amendes prescrites par le présent article sont versées à l'Assurance contre la maladie. – (Assurances mutuelles, 2e partie, article 18.)

Art. 63.

Les surveillants remettent chaque jour aux délégués de chaque atelier la liste des absents; ces listes doivent concorder avec le livre de pointage des présents, tenu par le contre-maître de l'atelier; elles servent de contrôle pour les perceptions d'amendes.

Art. 64.

Les amendes pour actes de violence, injures, rixes, préjudice causé à l'établissement, et pour toute dérogation aux bonnes règles de l'atelier sont fixées suivant la gravité des cas et la tradition de l'établissement.

CHAPITRE III

Paie des Ouvriers.

Art. 65.

Le paiement des salaires à tous les ouvriers à la fois dans un même établissement est souvent cause de chômage de l'atelier pendant un ou deux jours, après chaque quinzaine.

Pour éviter les entraînements aux folles dépenses de cabaret, la paie dans les ateliers de l'Association se fait et devra toujours se faire de manière à ne jamais payer qu'une partie des ouvriers d'un même jour, et à ce que tel qui dans un atelier reçoit sa quinzaine se trouve à côté de camarades qui ne reçoivent rien.

D'où, économie pour la famille et moralisation indirecte du travailleur; d'un autre côté, diminution des frais généraux de l'industrie par un meilleur emploi de son matériel.

Art. 66.

En conséquence, la liste de paie est faite suivant l'ordre alphabétique des noms du personnel, sans égard ni aux professions ni aux ateliers dans lesquels les ouvriers travaillent.

La liste est ensuite divisée en quatre sections égales, dont deux sections sont payées le mardi et le vendredi d'une semaine; les deux autres le mardi et le vendredi de la semaine suivante, de façon que chaque section et chaque ouvrier se trouvent payés tous les quinze jours.

TITRE SEPTIEME

Syndicat du Travail.

Art. 67.

En vue de fixer avec le plus d'exactitude possible les prix du travail dans l'Association, et de régler avec équité toutes les questions qui s'y rattachent, le Comité des délégués nommés au Familistère et à l'usine, selon les prescriptions de l'article 76 des Assurances mutuelles, 2e partie, représente tous les ouvriers dans les questions de salaire et de travail.

Ce syndicat, par l'organe de son Président, soumet toutes les questions en litige à l'Administrateur-Gérant, celui-ci, après examen, réunit le Comité pour donner à ces questions une solution conforme aux intérêts communs; et au besoin, si la solution présente des difficultés, l'Administrateur-Gérant peut réunir le Conseil de Gérances et le syndicat pour trancher la difficulté.

TITRE HUITIEME

Comité de conciliation.

Art. 68.

La mission du Comité de conciliation est indiquée article 117 des Statuts de l'Association.

Art. 69.

Le Comité de conciliation est composé de trois membres choisis dans les différents Conseils de l'Association et élus par tous les travailleurs, associés, sociétaires ou participants.

Art. 70.

Les élections pour le Comité de conciliation ont lieu au scrutin secret chaque année, dans la première quinzaine d'août.

Les membres sortants sont rééligibles.

TITRE NEUVIEME

Etudes libres et Comités divers.

Art. 71.

Les membres de l'Association, dans le but de se rendre utiles à l'œuvre commune et de faciliter l'essor de leurs propres facultés, peuvent se constituer en Comités d'études, afin d'examiner les progrès et les améliorations possibles dans les questions qui les préoccupent.

Dans le cas où un Comité d'études libres a une proposition à faire connaître, il demande au secrétariat de la Gérance, art. 26 du présent Règlement, l'inscription de ladite proposition sur le livre spécial destiné à recevoir ces sortes de communications. Il remet au Secrétaire les documents et objets divers qui se rapportent à la question.

Art. 72.

Toute personne attachée à l'Association jouit individuellement du même droit de présenter des idées utiles et d'en demander l'inscription au registre spécial. (Règlement, art. 26.)

Art. 73.

Les idées nouvelles et perfectionnements ainsi proposés sont, par les soins de l'Adiminstrateur-Gérant, jugés soit en Conseil de Gérance, soit en Conseils du Familistère ou de l'Industrie (Statuts, art. 100, 106, 107; Règlement, 3e partie, art. 26).

Si la proposition est mise en pratique, elle donne droit pour son auteur à participer aux récompenses exceptionnelles fixées art. 128, 6° des Statuts, sous réserve des prescriptions des art. 78, 79, du présent Règlement.

TITRE DIXIEME

Rémunération des Comités.

Art. 74.

Il est de principe dans l'Association de rémunérer toutes les fonctions, tous les services utiles.

En conséquence, les membres du Comité d'Assurances mutuelles et de tout autre Comité déclaré, par le Conseil de Gérance, utile à l'Association, sont payés pour le temps qu'ils consacrent au service de la mutualité ou des intérêts communs, lorsque ces services sont donnés en dehors du temps déjà payé par l'Association.

Cette rémunération est fixée en Conseil de Gérance, après avis du Comité qu'elle concerne.

TITRE ONZIEME

Tenue de Séances des Conseils et Comités.

Art. 75.

L'ordre du jour a la priorité sur toutes les autres questions. A défaut d'ordre du jour, le Président donne à l'étude des questions l'ordre qu'il croit le meilleur. Lorsqu'un sujet lui paraît devoir être médité avant tout examen, il le renvoie à une séance suivante.

Art. 76.

Les propositions, les avis et les conseils sont émis avec convenance et modération, écoutés avec bienveillance, discutés sans passion ni parti pris, et appréciés avec l'attention réfléchie d'hommes investis de la responsabilité d'intérêts sociétaires.

En séance comme au dehors, les rapports doivent être empreints d'une fraternelle cordialité.

Art. 77.

Tout discours autoritaire, acrimonieux ou violent est immédiatement réprimé par le Président, qui en rappelle l'auteur aux convenances et aux égards que se doivent les membres d'une même Association.

Si la réprimande est infructueuse, l'auteur de l'infraction est tenu de se retirer sur-le-champs, et il lui est interdit de se représenter aux séances, jusqu'à ce que le Conseil ou le Comité en ait décidé autrement.

TITRE DOUZIEME

Récompenses sur le fonds annuel.

Art. 78.

Le fonds mis annuellement par l'article 128, 6° des Statuts à la disposition du Conseil de Gérance pour récompenser les services exceptionnels doit s'appliquer aux idées et aux faits avantageusement produits par les membres de l'Association en dehors de ce qui concerne leur fonction. (Art. 71 à 73 du présent Règlement)

Art. 79.

Ces récompenses ne sont pas applicables aux études, ni aux travaux incombant à la fonction des chefs de services et principaux employés. Ceux-ci doivent tout le concours de leurs idées et de leur talent à l'Association que les rétribue pour faire acte d'initiative et d'innovation.

Néamoins le Conseil de Gérance est juge des exception à faire à leur égard.

TITRE TREIZIEME

Épargnes réservées.

Art. 80.

Lors de la répartition des bénéfices, le salaire des personnes attachées au service de l'Association, et n'ayant pas obtenue qualité de membre à un titre quelconque, se divise en deux catégories:

La première comprend le salaire des jeunes gens dont le père ou la mère sont associés, sociétaires ou participants et qui, par leur bonne conduite et leur travail, mériteraient d'être inscrits comme membres de l'Association à un titre quelconque.

La seconde comprend le salaire des personnes occupées par l'Association comme simples auxiliaires.

Art. 81.

La part de dividende représentée par les salaires des simples auxiliaires est portée au compte de l'Assurance des pensions et du nécessaire.

Art. 82.

La part de dividende représentée par les salaires des jeunes gens reconnus par le Conseil de Gérance comme aspirants au titre d'associés, de sociétaires ou de participants, est employée en titres d'épargne et inscrite à un compte particulier intitulé: Epargnes réservées.

Art. 83.

Ces jeunes gens ont chacun leur compte spécial au compte des Épargnes réservées. Ce compte a pour but de constater l'importance des services de chacun d'eux jusqu'à sa majorité.

Si, à leur majorité et après leur libération du service militaire dans l'armée active, ces jeunes gens, par leur travail dans l'Association et leur bonne conduite, méritent d'être déclarés participants, sociétaires ou associés, conformément aux règles des Statuts, le Conseil de Gérance les dote alors des titres représentant les dividendes réservés auxquels leurs salaires ont donné lieu.

Art. 84.

L'Association restant en possession des épargnes représentant les parts d'intérêts stipulées dans l'article qui précède, le Conseil de Gérance décide quelle application doit être faite des intérêts et dividendes revenant à ces épargnes.

Art. 85.

Si, arrivée à l'âge fixé par les Statuts, la personne en vue de laquelle la part d'intérêt à été réservée n'a pas acquis dans l'Association la qualité d'associé, de sociétaire ou de participant, la part d'intérêt réservée à son nom passe définitivement au compte de l'Assurance des pensions et du nécessaire.

TITRE QUATORZIEME

L'Habitation Sociétaire.

CHAPITRE I

Dispositions générales.

Art. 86.

Le Familistère est le palais d'habitation des membres principaux de l'Association, c'est-à-dire des associés et des sociétaires.

Chaque famille y jouit de la liberté du foyer, d'un intérieur tranquille et pourvu des commodités nécessaires.

Art. 87.

L'habitation sociétaire n'oblige les familles qu'aux règles imposées par la raison à une population unie dans le sentiment de la solidarité et de l'association. Chacun doit y faire un juste usage des utilités mises au service de tous et ne nuire en quoi que ce soit à l'usage que les autres en font de leur côté.

Art. 88.

Les articles de ce règlement concernant l'habitation n'ont donc pour objet que d'indiquer la marche d'une bonne direction, et les mesures d'intérêt commun de nature à faciliter à l'habitant du Palais social le bon usage et le bon emploi des ressources que l'Association lui procure.

Art. 89.

Le Palais social et dépendances ont pour but de servir au bien-être et au développement moral des habitants, et de faciliter entre eux la mise en pratique de l'Association.

Placé près de l'atelier, le Palais social offre à l'ouvrier le repos au sortir du travail.

Dans le but de lui offrir en même temps le confort, le Familistère possède:

1° Des magasins d'approvisionnement et de vente: boulangerie, boucherie, charcuterie, légumes, vêtements, épicerie, mercerie, boissons, etc.;

2° Des buanderies et lavoirs;

3° Des bains et piscines.

Il renferme, en outre, en vue des satisfactions intellectuelles et morales:

4° Des salles d'éducation et d'instruction ouvertes aux enfants depuis la naissance jusqu'à l'âge de l'apprentissage professionnel;

5° Des salles de réunion pour les adultes, théâtre, bibliothèque, casino, etc.

CHAPITRE II

Administration.

Art. 90.

Le Familistère est administré par un Conseil dont la composition et les attributions sont réglées articles 89 et 106 des Statuts.

L'exécution des décisions de ce Conseil est confiée à un Econome, chef des services.

La direction du Palais social doit être fraternelle, bienveillante; le bien-être et la satisfaction générale de la population doivent toujours être son objectif.

CHAPITRE III

Location des Appartements.

Art. 91.

L'habitation étant propriété sociale, tout membre de l'Association habitant le Familistère est locataire de son logement.

Les locataires, associés, sociétaires ou autres s'entendent avec l'Administration pour le choix du logement, le nombre de pièces qu'ils veulent occuper, la cave ou le grenier dont ils ont besoin.

Art. 92.

Les familles sont admises à prendre des logements plus ou moins grands à mesure que leurs besoins se modifient.

Art. 93.

Lorsqu'un logement vacant est demandé par plusieurs personnes, il est donné à l'individu qui en offre le plus haut prix, ou tiré au sort sur le prix du tarif minimum des locations.

CHAPITRE IV

Propreté.

Art. 94.

La propreté intérieure de l'appartement est placée sous la vigilance du locataire; toute famille habitant le Familistère doit se respecter assez pour avoir un intérieur irréprochable sous le rapport de la propreté.

Une conduite contraire serait un motif d'exclusion. (Art. 26 des Statuts.)

Quel que soit le respect de l'Association pour la liberté du foyer, ce respect ne s'entend que de la liberté qui ne nuit à personne.

Art. 95.

L'entretien et la propreté des choses d'un usage commun: escaliers, galeries, couloirs, fontaines, cabinets aux balayures, cabinets d'aisance, cours, etc., sont à la charge de l'Association; ces soins sont l'objet de fonctions rétribuées.

CHAPITRE V

Lavage du Linge.

Art. 96.

Il est contraire à la conservation de l'édifice et à l'hygiène de faire à domicile la lessive, le lavage et le séchage du gros linge. Ces opérations se font dans les buanderies, lavoirs et étendoirs mis à la disposition de la population.

CHAPITRE VI

Magasins et Débits.

Art. 97.

Les approvisionnements et débits ont pour premier objet de placer dans l'habitation toutes les choses nécessaires aux besoins des familles, puis de réaliser au profit de l'Association les bénéfices de ces approvisionnements.

Ces magasins et débits doivent être régis et ordonnés de la façon la plus avantageuse aux membres de l'Association.

L'affabilité, la complaisance et la bienveillance sont des qualités indispensables chez les personnes attachées à la vente.

CHAPITRE VII

Sécurité.

Art. 98.

La sécurité de l'habitation est garantie d'abord par les précautions prises dans sa construction, puis par des réservoirs d'eau établis dans les combles, par des assurances contre l'incendie; enfin elle est particulièrement placée sous la vigilance d'un corps de pompiers organisé parmi les habitants du Familistère.

Ce corps a son règlement particulier; il est indemnisé de ses vacations.

CHAPITRE VIII

Education et Instruction.

Art. 99.

Par le seul fait de leur admission au Familistère, les membres de l'Association, chefs de famille, tuteurs ou chargés à un titre quelconque de la responsabilité d'enfants au-dessous de quatorze ans, s'obligent non-seulement à faire que ceux-ci reçoivent au moins l'instruction primaire, mais encore à veiller à leur bonne éducation et à seconder, par un concours vigilant et ferme, les soins des maîtres et maîtresses chargés de leur dispenser l'instruction.

Le mépris de ces devoirs devient un motif d'exclusion de l'Association. (Art. 26 des Statuts.)

Il est de règle que l'éducation et l'instruction soient l'objet de la plus haute sollicitude de l'Administration. A la Nourricerie et au Pouponnat, elle doit s'occuper avant tout de la santé des élèves; dans les classes suivantes, cette préoccupation doit garder la place qu'elle mérite.

Partout, la direction doit être bienveillante, patiente, affectueuse. Elle doit se tenir au courant des méthodes les plus propres à concourir au progrès des enfants et, autant que cela lui est possible, les mettre en pratique.

Les Conseils de l'Association, les Instituteurs et Institutrices, ainsi que les Parents, ne doivent jamais perdre de vue que le but de l'enseignement doit être de former pour l'Association des hommes et des femmes recommandables par les qualités du cœur et les capacités intellectuelles.

En conséquence, les enfants doivent être habitués, dès leurs premières années, à concourir, par leur bonne conduite, aux charmes de l'habitation unitaire et au bien-être de la population.

Ils doivent être amenés à prendre pour guide et pour règle dans tous leurs actes la recherche du bien de tous. Chacun doit s'efforcer de faire pénétrer dans le cœur des enfants et des jeunes gens l'amour de l'Association, l'amour des principes qui ont donné naissance aux présents Statuts et Règlements, et la volonté de les mettre en pratique.

Art. 100.

Dès qu'il atteint quatorze ans, l'élève, si ses parents le jugent à propos, est admis, suivant ses aptitudes, à l'apprentissage dans l'une des professions de l'Association.

Art. 101.

Le respect de la propriété générale du Palais et de ses dépendances est confié à la vigilance des familles, ainsi qu'à celle des instituteurs et institutrices. Chacun a pour devoir d'habituer de bonne heure ses enfants à la conservation des choses d'un usage commun, des allées, massifs et promenades du parc et des jardins.

CHAPITRE IX

Spectacles, Fêtes et Plaisirs.

Art. 102.

Deux grandes fêtes sont instituées au Familistère: la fête du Travail, au premier dimanche de mai; la fête de l'Enfance, au premier dimanche de septembre. Elles ont lieu selon les traditions de l'établissement.

Le Conseil du Familistère prend les mesures nécessaires pour que les spectacles et les fêtes publiques de l'Association concourent le plus possible à la satisfaction générale.

Le corps de musique doit être un puissant élément de charme dans ces spectacles et fêtes par la bonne volonté et le zèle qu'il peut y apporter.

Art. 103.

Quant aux plaisirs, jeux et amusements particuliers, les habitants du Familistère se groupent entre eux, se forment en comités, font leurs règlements et organisent leurs réunions, leurs jeux, leurs plaisirs à leur gré, après s'être concertés avec l'Administration au sujet des emplacements et locaux dont ils peuvent avoir besoin.

TITRE QUINZIEME

Liberté de Conscience.

Art. 104.

Le respect de la liberté de conscience, de croyance et de culte est un devoir essentiel pour les membres de l'Association.

La tolérance et la bienveillance doivent être les premières vertus observées parmi eux.

L'Association mettant en lumière cette vérité que c'est par l'union et l'accord entre les hommes dans les œuvres utiles à tous que la volonté humaine s'habitue au bien et s'élève à l'amour social, il devient évident pour chacun des membres de l'Association que la seule voie salutaire est celle de la bienveillance les uns pour les autres, du travail conçu et dirigé en vue du bien et du progrès de la vie humaine; qu'en dehors de cette voie la volonté et l'activité de l'homme restent infructueuses.

D'où il suit que la vraie religion a pour principe l'amour de tout ce qui sert efficacement au progrès et à la perfection de la vie générale, et que c'est seulement en travaillant à leur satisfaction mutuelle et à leur bonheur commun que les hommes s'élèvent à la perfection morale.

Elevé jusqu'à ces notions par sa raison et sa conscience, l'homme, peu préoccupé de la forme extérieure du culte, en place la réalité dans son cœur. Il rend hommage aux bonnes intentions, applaudit aux bonnes œuvres et s'occupe activement à se rendre utile à tous.

Telles sont les pratiques religieuses et fraternelles que l'Association doit se donner mission de professer. Ce sont elles qui assurent le progrès et le bonheur des sociétés et qui ouvrent à l'homme les perspectives d'une vie plus parfaite.

BEITRITTSERKLÄRUNG

ENGAGEMENT

Des Membres de l'Association

Moi, N . . . . (employé ou ouvrier) dans les établissements de la Société du Familistère de Guise, *Association coopérative du Capital et du Travail, sous la raison sociale* Godin et Cie,

Après avoir fait une lecture complète et attentive des Statuts et des règlements qui y sont annexés,

Je reconnais que le but de cette Association est de réaliser le plus de bien possible au profit de ceux qui concourent à l'œuvre commune et que, conçue dans un esprit de solidarité et de justice, elle a pour objet de réaliser la paix parmi les hommes;

Que chaque membre de cette Association doit agir suivant les principes d'équité qui ont présidé a sa fondation et s'abstenir de toute action de nature à y porter le trouble ou la discorde.

Je reconnais enfin que, admis dans cette Association et appelé à y jouir des avantages pécuniaires et moraux qu'elle confère a ses membres, il est juste que, par réciprocité, je travaille de tout mon pouvoir à sa prospérité.

Par ces raisons, je prends aujourd'hui, en toute liberté, l'engagement d'honneur:

De faire au profit de l'Association un travail consciencieux et régulier, de veiller attentivement à ses intérêts et de consacrer mes facultés à la recherche des moyens propres à lui éviter des pertes et à lui faire réaliser des économies;

De me rendre utile à toutes les personnes attachées à l'Association et de m'efforcer d'entretenir avec elles des rapports bienveillants et obligeants;

De faire tous mes efforts pour faciliter la bonne éducation et l'instruction complète de l'enfance;

De contribuer à rendre le séjour de l'habitation sociétaire agréable à tous;

Enfin, de me soumettre aux Statuts, aux Règlements et à toutes les décisions régulièrement prises par l'Association et, au cas où je jugerais ne pas pouvoir m'y conformer, de me retirer sans provoquer ni conflit ni procès.

En foi de qui j'appose ici ma signature, le

LE FAMILISTÈRE OU PALAIS SOCIAL

Boulangerie *Écoles* *Théâtre* *Écoles* *Débits* *Restaurant* *Boucherie* *Bain*

Ateliers *divers* *Café* *Billard* *Écuries* *Remises* *Basses-Cours*

La nourricerie est derrière le Pavillon central du Palais.

MANUFACTURE

et Lavoirs *Bureaux* *Dessin* *Sculpture* *Mécanique* *Emaillage* *Fonderies* *Ébarbage*

Gazomètre *Magasins* *Ajustage et Montage*

UNTERSUCHUNGEN ZUR GESCHICHTE DES ARBEITSRECHTS UND DER SOZIALPOLITIK

Band 1 Kurt Klaßen: Mitverwaltung und Mitverantwortung in der frühen Industrie. Die Mitbestimmungsdiskussion in der Paulskirche. 1984.

Band 2 Gabriele Stauner-Linder: Die Société du Familistère de Guise des J.-B. A. Godin. Eine Würdigung ihrer Geschichte unter besonderer Berücksichtigung der gesellschafts- und arbeitsrechtlichen Problematik. 1984.

Rückert, Joachim / Friedrich, Wolfgang

BETRIEBLICHE ARBEITERAUSSCHÜSSE IN DEUTSCHLAND, GROSSBRITANNIEN UND FRANKREICH IM SPÄTEN 19. UND FRÜHEN 20. JAHRHUNDERT

Eine vergleichende Studie zur Entwicklung des kollektiven Arbeitsrechts

Frankfurt/M., Bern, Las Vegas, 1979. 160 S.
Rechtshistorische Reihe. Bd. 7
ISBN 3-8204-6317-8 br. sFr. 39.–

Arbeiterausschüsse als Vermittlungs- und Verwaltungsinstanzen und ihr Verhältnis zur gewerkschaftlichen Interessenvertretung bilden die drei Bereiche, anhand derer Entwicklung und Aufgabenstellung der Ausschüsse verfolgt werden. Durch die Betrachtung funktional-äquivalenter Einrichtungen und gesetzgeberischer Vorstösse in Grossbritannien und Frankreich wird ein Entwicklungsprofil in diesen Ländern deutlich und ein eingehender Vergleich ermöglicht. Er macht tiefverwurzelte Traditionen sichtbar, die Ausgestaltung und Verbreitung betrieblicher Mitwirkungsformen prägen.

Ehrle, Peter Michael

VOLKSVERTRETUNG IM VORMÄRZ

Studien zur Zusammensetzung, Wahl und Funktion der deutschen Landtage im Spannungsfeld zwischen monarchischem Prinzip und ständischer Repräsentation – Teil 1 und 2

Frankfurt/M., Bern, Cirencester/U.K., 1979. Teil 1: LXX, 328 S.
Teil 2: 556 S., 54 S. Tabellenanhang.
Europäische Hochschulschriften: Reihe 3, Geschichte und ihre Hilfswissenschaften. Bd. 127
ISBN 3-8204-6646-0 (2 Bde.) br. sFr. 139.–

Die Arbeit untersucht den Vertretungscharakter, die verfassungsrechtliche Struktur, die Wahl und die allgemeine Funktion der vormärzlichen Landtage unter Berücksichtigung sämtlicher Verfassungs- und Wahlgesetze und der zeitgenössischen politischen Theorie. Sie enthält die erste Gesamtdarstellung des vormärzlichen Wahlrechts und ermöglicht durch ihren systematischen Teil und die beigefügten Tabellen einen Gesamtüberblick über die neuständische Zusammensetzung der deutschen Volksvertretungen zwischen 1814 und 1847.

Verlag Peter Lang Bern · Frankfurt a.M. · New York

Auslieferung: Verlag Peter Lang AG, Jupiterstr. 15, CH-3000 Bern 15
Telefon (0041/31) 32 11 22, Telex verl ch 32 420

Spindler, Helga

VON DER GENOSSENSCHAFT ZUR BETRIEBSGEMEINSCHAFT

Kritische Darstellung der Sozialrechtslehre Otto von Gierkes

Frankfurt/M., Bern, 1981. 199 S.
Rechtshistorische Reihe. Bd. 16
ISBN 3-8204-6966-4 br. sFr. 53.–

Die Entstehung des deutschen Arbeits- und Sozialrechts ist eng mit der Arbeit Otto v. Gierkes verknüpft. Unter Einbeziehung bisher unbeachteter Quellen wird die Wechselwirkung zwischen der Entwicklung der Sozialrechtsvorstellungen bei Gierke und seinem sozialpolitischen, philosophischen und ökonomischen Umfeld herausgearbeitet. Dadurch wird deutlich, wie bei Gierke der liberale Genossenschaftsgedanke durch ein konservatives, apologetisches Gemeinschaftsdenken verdrängt wird, das mit wechselnder Intensität das Arbeitsrecht bis heute durchzieht.
Aus dem Inhalt: Genossenschaft als Sozialmodell – Verhältnis zur Genossenschaftsbewegung – Gierkes Beziehung zum Verein für Sozialpolitik – Zur DNVP – Kriegssozialismus – Personenrechtliche Gemeinschaft und Treudienstvertrag – Sozialrecht – Die sozialreformische Gierke-Interpretation.

Schlosstein, Karl-Hans

DIE WESTFÄLISCHEN FABRIKENGERICHTSDEPUTATIONEN – VORBILDER, WERDEGANG UND SCHEITERN -

Frankfurt/M., Bern, 1982. 219 S.
Rechtshistorische Reihe. Bd. 20
ISBN 3-8204-7111-1 br. sFr. 49.–

Die westfälischen Fabrikengerichtsdeputationen im preussischen Regierungsbezirk Arnsberg um das Jahr 1830 errichtet, sind eine bisher noch nicht näher untersuchte Sonderform arbeitsgerichtlicher Instanzen des frühen 19. Jahrhunderts. Ursprung und Werdegang dieser Behörden sind verknüpft mit den gewerbeverfassungsrechtlichen Veränderungen innerhalb der preussischen Monarchie im Vormärz, mit den Bestrebungen, den ausufernden Wirtschaftsliberalismus ordnungs- und sozialpolitischen Notwendigkeiten anzupassen. Die Arbeit befasst sich mit rechtlichen, terminologischen und organisatorischen Problemen bei der Errichtung der Deputationen und stellt sie in einen Gesamtzusammenhang mit der beginnenden Arbeitsgerichtsbarkeit im vorigen Jahrhundert.
Aus dem Inhalt: Die Verdrängung der Zunftverfassung durch die brandenburg-preussische Gewerbepolitik – Gewerbliche Gerichtsbarkeit des 18./19. Jahrhunderts in Berlin – Die märkische Gewerbeverfassung und gewerbliche Gerichtsbarkeit vor und nach der Einführung der Gewerbefreiheit – Einflüsse der französischen Arbeitsgerichtsbarkeit – Anhang: Rechtsquellensammlung.

Verlag Peter Lang Bern · Frankfurt a.M. · New York
Auslieferung: Verlag Peter Lang AG, Jupiterstr. 15, CH-3000 Bern 15
Telefon (0041/31) 32 11 22. Telex verl ch 32 420